周易注

〔魏〕王弼 ◇ 撰　楼宇烈 ◇ 校释

中华书局

图书在版编目（CIP）数据

周易十书/（魏）王弼等撰. —北京:中华书局,2020.10
(2024.5重印)
ISBN 978-7-101-14720-9

Ⅰ.周… Ⅱ.王… Ⅲ.《周易》-研究 Ⅳ.B221.5

中国版本图书馆 CIP 数据核字(2020)第 160361 号

书　　名　周易十书(全十册)
撰　　者　〔魏〕王弼 等
责任编辑　石　玉　徐真真　邹　旭　王　娟　王　璇
　　　　　朱立峰　余　瑾
责任印制　管　斌
出版发行　中华书局
　　　　　(北京市丰台区太平桥西里 38 号　100073)
　　　　　http://www.zhbc.com.cn
　　　　　E-mail:zhbc@zhbc.com.cn
印　　刷　三河市中晟雅豪印务有限公司
版　　次　2020 年 10 月第 1 版
　　　　　2024 年 5 月第 5 次印刷
规　　格　开本/880×1230 毫米　1/32
　　　　　印张 127¼　插页 20　字数 2532 千字
印　　数　12001-13000 册
国际书号　ISBN 978-7-101-14720-9
定　　价　450.00 元

周易十书序

　　宋代道学的集大成者、著名思想家朱熹有一首名诗观书有感，其中说："问渠那得清如许，为有源头活水来。"如果我们从中华文化的角度加以理解，可以说，周易就是中华文化的源头活水之一。早在春秋战国时代，它就受到人们的推崇，以后在长期的封建社会中，一直被尊奉为神圣的经典。从汉朝开始，由于儒家经学的确立和发展，周易被尊为"群经之首，大道之源"。周易一书蕴藏着丰富的智慧和深刻的理论思维内容，为中华文化的思想体系提供了一个基本框架，并作了哲学上的论证。中华文化的形成和发展，中国人的理论思维水平和智慧的提高，与对周易的研究和阐发有着密切的联系。周易，尤其是易传，对铸造中华民族精神，推动中国文化的发展，做出了巨大贡献。

　　历代有真知灼见的易学研究者，从各个方面反映各时代、各阶层的重大问题。研究易学，古人有古人的重点，今人有今人的重点。二十世纪八九十年代，北京大学教授朱伯崑先生撰写了150余万字的易学哲学史，开创了哲学史研究与经学史研究相结合的道路，又与著名哲学家任继愈先生一道，团结全国乃至世界范围的易学专家、青年学者,致力于正本清源、弘扬理性,提出"疾虚妄"的任务,力图摆脱神学迷信,探讨易学与现代科学技术相结合的途径。

近年,学术界又在探讨"易学的核心价值与基本精神"。我们大致可以概括为:倡导"安而不忘危,存而不忘亡"、"惧以终始"的忧患意识;推崇"与时偕行"、"变通趋时"的时中观念;阐发"一阴一阳之谓道"、"阴阳不测之谓神"、"刚柔相推而生变化"、"生生日新"的阴阳变易学说;尊奉"保合太和"、"天下和平"的价值理想;高扬"自强不息"、"厚德载物"的民族精神。这是一个重要的学术问题,可以深入发掘,广泛讨论,各抒己见。尽管见仁见智,不可定于一说,但有一点却是学术界普遍的共同认识,这就是:易学对中国古代哲学、宗教、史学、科学、文学艺术以及政治和伦理生活、风俗习惯,都起了深刻的影响,是中国学术史上的一块丰碑。这是确定无疑的。

周易系统的典籍,有史可查的逾四千种,目前流传下来的也有近千种之多,可谓浩如烟海,洋洋大观。为解决易学爱好者文本选择方面的难题,使之在研读周易时少走弯路,中华书局推出了这套周易十书。其中有现存最早的注本王弼周易注,此书以老庄玄学注解周易,一扫汉易中象数之学的烦琐解易学风,给人以清晰明快而又意义深远之感,是易学史上的一大转变。唐孔颖达周易注疏,采王弼、韩康伯二注,推崇玄学派易学,但又对王学加以修正和改造,成为宋代易学尤其是张载气学派易学的先驱。李鼎祚的周易集解,汇集汉易系统中象数学派的注解,"刊辅嗣之野文,补康成之逸象",以纠孔疏之偏,乃提倡象数之学的代表。二者都具有融合象数和义理两派易学的倾向,标志着唐代易学发展的新方向。宋代理学大师程颐的周易程氏传,仿王弼周易注,只注解周易经文和彖、象、文言三传,对系辞以下皆无注解,对王弼的观点,有吸收,有扬弃,开创了理学派易学以天理解易的易学体系。南宋朱震的汉上易传,对汉易和北宋象数之学的观点作了初步整理和介绍,为象数派的易学提供了一套理论体系,对清代汉学家研究汉易和图书学派的演变,起了很大影响;同时又对程氏和张载易学有所阐发,对宋明哲学中本体论的发展也有一定影响。南宋理学大师朱熹的周易本义,其目的在于说明易本卜筮之书,但重点是解说卦爻辞,注重文义,言简义赅,不通之处,宁可存疑,是理学派易学的重要著作,明清时期被列为科举考试的教科书。明清之际经学大师王夫之的周易外传,并不逐句解释经文,而是依据周易经传中的概念、范畴、命题及其理论思维加以发挥,用来解释世界和处理人类生活,实乃易学史上的名著,成为宋明易学的集大成者。黄宗羲的易学象数论,对汉代易学、象数图书之学加以考辨,穷本溯源,探其流变,以辨象学之讹,以订数学之失。清代惠栋的周易述,依汉儒诸家之说,逐句解释周易经传,自为注又自疏之,乃清代易学家研究汉易的代表。清末民初尚秉和先生的周易尚氏学,继承象数学的传统,重在以象释易,并与焦氏易林相互发明,是民初以来不可多得的自成体系的易学著作。

这套书的整理者既有知名的易学大家和古籍整理专家,又有近二十年来涌现的中青年易学专家,他们有系统的古典文献科学训练的基础,有深厚的传统文化素养,有严肃认真的学风,易学造诣各有专攻。这套书版本精良,校勘严谨,断句准确,又保留了专名线和相关附录,它的面世,必将为初学者提供绝佳的入门津梁,为高深造诣者研究易学提供翔实可靠的资料。

在这套周易十书付梓出版之际,中华书局嘱我写一序言,盛情难却,于是不揣浅陋,略述感想,以为之序。

郑万耕

2020 年 7 月 15 日于北京

目　录

前　言

　　王弼,字辅嗣,魏山阳高平(今山东金乡县西北)人,生于公元二二六年(魏黄初七年),死于公元二四九年(正始十年),是魏晋玄学的主要创始者之一。

　　魏晋玄学发生于魏正始年间(公元二四〇——二四九年)。当时,在一批执政者和知识分子中,以极大的兴趣反复讨论关于有无、本末、体用等理论问题。他们以老子、庄子和周易为论理的基本思想资料,崇尚虚无,出言玄妙,因而人们称这种讨论为"玄谈",有所谓"正始玄风"之称(以后,老子、庄子、周易三书被称为"三玄",一时成为知识分子必读之书)。

　　王弼哲学思想的根本观点是:"以无为本"、"举本统末"。王弼认为,"天下之物,皆以有为生。有之所始,以无为本。将欲全有,必反于无也"(老子四十章注)。这是说,天地万物都以有形有象为存在,而有形有象的万物得以发生,是由于"无"这个根本。因此,要使有形有象的万物得以保全,就必须反回去守住万物的根本——"无"。王弼说:"夫象者,出意者也。言者,明象者也。""是故,存言者,非得象者也;存象者,非得意者也。""然则,忘象者,乃得意者也;忘言者,乃得象者也。得

意在忘象,得象在忘言。"(周易略例 明象)这里,王弼所谓
"象"、"言"是就周易中卦象及卦、爻辞而言,"意"是就卦象所
包含的意义而言,但它也具有普遍的认识论上的方法论意义。
这也就是说,只有不执着于具体物象、言辞,才能真正获得其
中所包含的意义。

　　王弼著作据隋书 经籍志记载,计有周易注十卷、论语释疑
三卷、老子道德经注二卷、王弼集五卷、录一卷(亡)。旧唐书
经籍志记载有:周易大演论一卷、论语释疑二卷、玄言新记道
德二卷(即老子道德经注)、王弼集五卷。

　　王弼周易注自唐修订五经正义定为官方注释,一直流传
了下来。旧唐书 经籍志所载周易大演论一卷,可能就是韩康
伯系辞注中所引的王弼大衍义。东汉郑玄周易注说:"衍,演
也。"所以大衍义亦即大演论。但韩康伯引文不到百字,不足
以成一卷之数。这里有几种可能:一、王弼大衍义除韩注所引
外尚有佚文;二、包括荀融的难王弼大衍义(见何劭王弼传);
三、包括今天所流传的周易略例。这些现在已无法详考了。

　　本书汇集并校释了王弼的周易注和周易略例。

　　周易注是以注经形式出现的,离开所注经文便无法了解
注文意义,所以本书将周易原文一并录入。

　　王弼注周易包括六十四卦的卦、爻辞,以及文言、上下彖
辞、大小象辞。晋韩康伯注的上下系辞、说卦、序卦、杂卦等,
基本上是承继和发挥王弼思想而作的,其中也征引了王弼的
一些言论,如引王弼对"大衍之数"的解释就是重要的材料,因
此附印于王弼周易注之后,以供参考。

周易略例原有唐邢璹注，对理解王弼思想也有一定帮助，今分别将其全部录入校释中。

由于本书目的是取王弼的思想资料，所以校释只限于王弼注文部分，周易原文则仅录原本而不作校释。周易原文之句读、标点均按王弼注文之意而定，其中或与通行读本有不一致之处。

校释部分凡征引它种版本或前人研究成果者，均注明出处。凡述以己见者，则冠一"按"字，以示区别。

校勘中底本的错字、衍文一律保留，用小字排印，外加（　）号；改正、增补的字，外加〔　〕号。

关于本书各部分校释所用底本及参校版本等情况，简述如下：

周易注　以清阮元刻十三经注疏本为底本。

参校版本有：

周易校勘记（清阮元著。其用以校勘的版本有：岳本、古本、足利本、宋本、十行本、闽本、监本、毛本等，详见阮元校勘记序——简称校勘记）。

周易注（四部丛刊影印宋本——阮元校勘记未收入）。

敦煌古写本周易王注校勘记（清罗振玉著——见广仓学窘丛书）。

用以参校的各种征引王弼周易注注文的书籍有：

周易正义（唐孔颖达著——简称孔颖达疏）。

周易集解（唐李鼎祚著——简称集解本。此书所收王弼注文，阮元校勘记多有遗漏）。

周易举正（唐郭京著。此书作者自称得王弼注古本，用以订正周易经注之误，然后人考订皆以为是后人伪托，多不取用。但朱熹著周易本义时已有所取用。今观其所举正之处，颇有可取，不失为前人对周易及王弼注文较好之校勘本，故本书择其善者以备参考）。

文选注（唐李善著）。

困学纪闻（宋王应麟著）。

周易拾补（清卢文弨著——见群书拾补）。

用以参校与释义的前人著作有：

周易补疏（清焦循著）。

经义述闻（清王引之著）。

经义丛钞（清洪颐煊著）。

六十四卦经解（清朱骏声著）。

周易略例　以明汲古阁毛晋本为底本。参校以四部丛刊影印宋本、汉魏丛书本、津逮秘书本等。

以上所列仅为校释时所参考的部分主要书目，尚有一些参考书籍，则不一一列举了。

楼宇烈

周易注

上经

乾

䷀ 乾下乾上乾。元亨利贞。

初九,潜龙,勿用。

文言备矣[一]。

九二,见龙在田,利见大人。

出潜离隐,故曰"见龙";处于地上,故曰"在田"[二]。德施周普,居中不偏,虽非君位,君之德也。初则不彰,三则乾乾,四则或跃,上则过亢[三]。利见大人,唯二、五焉。

九三,君子终日乾乾,夕惕若厉,无咎。

处下体之极,居上体之下[四],在不中之位,履重刚之险[五]。上不在天,未可以安其尊也;下不在田,未可以宁其居也。纯修下道,则居上之德废;纯修上道,则处下之礼旷[六]。故终日乾乾,至于夕惕犹若厉也[七]。居上不骄,在下不忧,因时而惕,不失其几[八],虽危而劳,可以无咎[九]。处下卦之极,愈于上九之亢[一〇],故竭知力而后免于咎也。乾三以处下卦之上,故免亢龙之悔;坤三以处下卦之上,故免龙战之灾[一一]。

九四,或跃在渊,无咎。

去下体之极,居上体之下,乾道革之时也[一二]。上不在天,下不在田,中不在人[一三]。履重刚之险,而无定位所处[一四],斯诚进退无常之时也。近乎尊位[一五],欲进其道,迫乎在下,非跃所及;欲静其居,居非所安,持疑犹豫,未敢决志。用心存公,进不在私,疑以为虑,不谬于果[一六],故"无咎"也。

九五,飞龙在天,利见大人。

不行不跃,而在乎天,非飞而何[一七]?故曰"飞龙"也。龙德在天,则大人之路亨也[一八]。夫位以德兴,德以位叙[一九]。以至德而处盛位,万物之睹[二〇],不亦宜乎!

上九,亢龙,有悔。

用九,见群龙无首,吉。

九,天之德也[二一]。能用天德,乃见群龙之义焉。夫以刚健而居人之首,则物之所不与也;以柔顺而为不正,则佞邪之道也[二二]。故乾吉在无首,坤利在永贞[二三]。

彖曰:大哉乾元,万物资始,乃统天。云行雨施,品物流形;大明终始,六位时成,时乘六龙,以御天。乾道变化,各正性命。

天也者,形之名也;健也者,用形者也[二四]。夫形也者,物之累也[二五]。有天之形,而能永保无亏,为物之首,统之者岂非至健哉[二六]!大明乎终始之道[二七],故六位不失其时而成,升降无常,随时而用[二八]。处则乘潜龙,出则乘飞龙,故曰"时乘六龙"也。

乘变化而御大器〔二九〕。静专动直,不失大和,岂非正性命之情者邪〔三〇〕?

保合大和,乃利贞。

不和而刚暴〔三一〕。

首出庶物,万国咸宁。

万国所以宁,各以有君也。

象曰:天行健,君子以自强不息。

潜龙勿用,阳在下也;见龙在田,德施普也;终日乾乾,反复道也;

以上言之则不骄,以下言之则不忧,反覆皆道也〔三二〕。

或跃在渊,进无咎也;飞龙在天,大人造也;亢龙有悔,盈不可久也;用九,天德不可为首也。

文言曰:元者,善之长也;亨者,嘉之会也;利者,义之和也;贞者,事之干也。君子,体仁足以长人,嘉会足以合礼,利物足以和义,贞固足以干事。君子,行此四德者,故曰:乾,元亨利贞。

初九曰:潜龙勿用,何谓也? 子曰:龙德而隐者也。不易乎世,

不为世俗所移易也。

不成乎名,遁世无闷,不见是而无闷。乐则行之,忧则违之,确乎其不可拔,潜龙也。

九二曰:见龙在田,利见大人,何谓也? 子曰:龙德而正中者也。庸言之信,庸行之谨,闲邪存其诚,善世而不

伐,德博而化。易曰:见龙在田,利见大人,君德也。

九三曰:君子终日乾乾,夕惕若厉,无咎,何谓也? 子曰:君子进德修业。忠信,所以进德也;修辞立其诚,所以居业也。知至至之可与几也,知终终之可与存义也。

> 处一体之极,是至也;居一卦之尽,是终也。处事之至而不犯咎,知至者也,故可与成务矣[三三]。处终而能全其终,知终者也。夫进物之速者,义不若利;存物之终(若)[者],利不及义[三四]。故"靡不有初,鲜克有终"[三五]。夫可与存义者,其唯知终者乎[三六]!

是故居上位而不骄,在下位而不忧。

> 居下体之上,在上体之下,明夫终敝,故不骄也;知夫至至[三七],故不忧也。

故乾乾,因其时而惕,虽危无咎矣。

> 惕,怵惕之谓也[三八]。处事之极,失时则废,懈怠[三九]则旷,故"[乾乾],因其时而惕,虽危无咎"[四〇]。

九四曰:或跃在渊,无咎,何谓也? 子曰:上下无常,非为邪也;进退无恒,非离群也。君子进德修业,欲及时也,故无咎。

九五曰:飞龙在天,利见大人,何谓也? 子曰:同声相应,同气相求。水流湿,火就燥,云从龙,风从虎。圣人作而万物睹,本乎天者亲上,本乎地者亲下,则各从其类也。

上九曰:亢龙有悔,何谓也? 子曰:贵而无位,高而无民。

下无阴也〔四一〕。

贤人在下位而无辅,

贤人虽在下而当位,不为之助〔四二〕。

是以动而有悔也。

处上卦之极而不当位,故尽陈其阙也〔四三〕。独立而动,物莫之与矣!乾〔四四〕文言首不论乾,而先说元,下乃曰乾,何也?夫乾者,统行四事〔四五〕者也。君子以自强不息行此四者,故首不论乾,而下曰:乾,元亨利贞〔四六〕。余爻皆说龙,至于九三独以君子为目,何也?夫易者,象也。象之所生,生于义也。有斯义,然后明之以其物,故以龙叙乾,以马明坤〔四七〕,随其事义而取象焉。是故初九、九二龙德皆应其义,故可论龙以明之也。至于九三,乾乾夕惕,非龙德也,明以君子当其象矣。统而举之,乾体皆龙;别而叙之,各随其义〔四八〕。

潜龙勿用,下也;见龙在田,时舍也;终日乾乾,行事也;或跃在渊,自试也;飞龙在天,上治也;亢龙有悔,穷之灾也;乾元用九,天下治也。

此一章全以人事明之也。九,阳也。阳,刚直之物也。夫能全用刚直,放远善柔,非天下至(理)〔治〕,未之能也〔四九〕。故乾元用九,则天下治也。夫识物之动,则其所以然之理皆可知也。龙之为德,不为妄者也〔五〇〕。潜而勿用,何乎?必穷处于下也。见而在田,必以时之通舍也〔五一〕。以爻为人,以位为时,人不妄动,则时皆可知也。文王明夷,则主可知矣〔五二〕;仲尼旅人,则国可知矣〔五三〕。

潜龙勿用,阳气潜藏;见龙在田,天下文明;终日乾乾,与

时偕行；

> 与天时俱不息〔五四〕。

或跃在渊,乾道乃革；飞龙在天,乃位乎天德；亢龙有悔,与时偕极；

> 与时运俱终极〔五五〕。

乾元用九,乃见天则。

> 此一章全说天气以明之也。九,刚直之物,唯乾体能用之〔五六〕。
>
> 用纯刚以观天,天则可见矣〔五七〕。

乾元者,始而亨者也；利贞者,性情也。

> 不为乾元,何能通物之始？不性其情,何能久行其正〔五八〕？是故始而亨者,必乾元也；利而正者〔五九〕,必性情也。

乾始能以美利利天下,不言所利,大矣哉！大哉乾乎！刚健中正,纯粹精也；六爻发挥,旁通情也；时乘六龙,以御天也；云行雨施,天下平也。

君子以成德为行,日可见之行也。潜之为言也,隐而未见,行而未成,是以君子弗用也。君子学以聚之,问以辩之,

> 以君德而处下体,资纳于物者也〔六〇〕。

宽以居之,仁以行之。易曰:见龙在田,利见大人,君德也。

九三重刚而不中,上不在天,下不在田,故乾乾,因其时而惕,虽危无咎矣。

九四重刚而不中,上不在天,下不在田,中不在人,故或

之。或之者，疑之也，故无咎。

夫大人者，与天地合其德，与日月合其明，与四时合其序，与鬼神合其吉凶。先天而天弗违，后天而奉天时。天且弗违，而况于人乎？况于鬼神乎？

亢之为言也，知进而不知退，知存而不知亡，知得而不知丧。其唯圣人乎！知进退、存亡，而不失其正者，其唯圣人乎！

【校释】

〔一〕孙星衍周易集解说，此注应为卦辞"乾，元亨利贞"句之注文。意为，对"元亨利贞"之意义在乾卦文言中有详细阐述。

〔二〕"故曰'在田'"下，校勘记："古本有一'也'字。"

〔三〕六十四卦每卦有六爻组成，自下而上称为"初"、"二"、"三"、"四"、"五"、"上"。"彰"，显明，初九为"潜龙勿用"，所以说"初则不彰"。"或跃"之"或"，校勘记："古本、足利本'或'作'惑'，非。"按，乾文言释"或"为"疑"，孔颖达疏"或跃"为"进退怀疑"，王弼九四注亦释为"持疑犹豫，未敢决志"，则"或"字当作"惑"解。"亢"，高。

〔四〕六十四卦每卦都是由八卦重叠而成，所以每卦都包含两个单卦，称为上下体或内外体。此处"下体"指下乾卦，"上体"指上乾卦。"下体之极"，指九三所处位置为下乾卦最上一爻。

〔五〕上下体之中间一爻（二、五）称为中。此为九三爻，所以说

"在不中之位"。"履重刚之险",指九三爻下二爻均为阳爻(重刚),所以其地位险难。

〔六〕九三位居下体之极而又在上体之下,所以说:"纯修下道,则居上之德废;纯修上道,则处下之礼旷。"此处意在说明,应按位尽德尽礼,不得逾越。九三之位既不能"纯修下道",又不能"纯修上道",必须慎重对待。所以下文说:"终日乾乾,至于夕惕犹若厉也。"

〔七〕"乾乾",自强不息。"至于夕惕犹若厉",郭京周易举正说:"定本'犹'字在'惕'字上,则'夕'字为绝句。今则'惕'字在'犹'字上,则'惕'字为绝句。则下'若'字宜训为'如'。'夕'字为绝句,则'若'字宜为语辞。'若'字为语辞,则与周公爻辞体同,亦与夫子文言义合,又与注意相顺。……若训为'如',则与周公爻辞体背,又与夫子文言义乖,亦与注意不顺。足明转写误为颠倒矣。"按,据郭说,此句当作"至于夕,犹惕若厉",卢文弨说,古本作"至于夕,犹惕若厉",与郭说同。如郭说,则此句意为,整天自强不息,以至于到傍晚,一天将要过去之时,仍然小心翼翼("惕"),如有危险("厉")。

〔八〕"几",微。"不失其几",意为即使极细微之事、极短促之时也不懈怠。

〔九〕"咎",灾、过。

〔一〇〕"愈",胜。此句意为,九三虽为下卦之极,但与上体相比,仍为下位。就此而言,则胜于上九之亢,而可免亢龙之悔。

〔一一〕此句意为,坤卦六三亦处下体之极,所以亦得免于坤卦上六"龙战于野,其血玄黄"之灾。"龙战之灾"下,校勘记:

“古本有一‘也’字。”

〔一二〕“革”,变,指由下体变至上体。

〔一三〕古代解释易卦者,以六爻分别代表天、地、人。初爻、二爻为地,三爻、四爻为人,五爻、六爻为天。因此,此处说九四之位“上不在天”,“下不在田”。注说“中不在人”者,孔颖达疏:“易之为体,三与四为人道,人近在下,不近于上,故九四云‘中不在人’,异于九三也。”此文见乾文言:“九四重刚而不中,上不在天,下不在田,中不在人,故或之。或之者,疑之也。故无咎。”

〔一四〕“定位”,指天、地、人之位。“所”,校勘记:“足利本‘所’作‘可’。释文‘所处’,一本作‘可处’。”

〔一五〕“尊位”,指九五。

〔一六〕“谬”,错误。“果”,果断。此句意为,由于九四“用心存公,进不在私”,虽然“持疑犹豫,未敢决志”,而反复思虑,不至于陷于错误的决断,所以下文说“无咎”也。

〔一七〕“非飞而何”之“而”字,校勘记:“岳本、宋本、古本、足利本‘而’作‘如’。”

〔一八〕“龙德在天”,郭京周易举正作:“龙得在天。”并说:“‘得’字误作‘德行’之‘德’,龙若在九四之位,或跳跃未得在天,则喻大人路未通也。今居九五之位,则是飞腾骞翥,得在于天,乃喻大人路通达。得失之理,义切相当,喻其德行,未详何德也。”“亨”,通。

〔一九〕“位以德兴”,意为九五之君位,有赖于有德之人,才能充分显示其尊贵。“德以位叙”,意为有德之人,要依靠九五之君位,才能充分发挥其高尚品德。

〔二〇〕"之",往。"睹",仰望。

〔二一〕"九",代表阳爻,乾卦六爻都是九,乾卦又代表天,所以说,"九,天之德也"。

〔二二〕"刚健",为乾卦之特点。"柔顺",为坤卦之特点。"首",先、上。"与",通"予",肯定之意。此句意为,处于上位者用刚健而居人之上,则万物不会顺从他的;处于下位者用柔顺而行为不正,则必定入于邪道。此为王弼发挥老子"后其身而身先"、"贵以贱为本"之思想。老子二十八章王弼注:"知为天下之先〔者〕必后也,是以圣人后其身而身先也。豰不求物,而物自归之。"又,校勘记:"古本、足利本于'以柔顺而为不正'下复有'之主'二字。"

〔二三〕"无首",即不为先,不"居人之首"。比卦上六王弼注:"无首,后也。""贞",正。又"坤利在永贞"下,校勘记:"古本有一'也'字。"

〔二四〕"健也者,用形者也",郭京周易举正作:"乾也者,用形者也。"并说:"疏云:'天是定体之名,乾是体用之称。'体即形也,足明用形是'乾',不合作'健'。"按,郭说是。坤卦象辞王弼注作:"地也者,形之名也;坤也者,用(地)〔形〕者也。"与此同。其"坤"不作"柔",正可证此"健"当作"乾"。

〔二五〕老子三十八章王弼注:"名则有所分,形则有所止。虽极其大,必有不周;虽盛其美,必有患忧。"王弼以无形为本,有形为末,所以此处说:"夫形也者,物之累也。"

〔二六〕郭京周易举正于"岂非至健哉"句下,复有"万物资始,而生云施雨;润品类之物,各得流布其形"二十字。并说:"脱'万物资始'四句,详审经文,细寻注文,足明转写脱遗也。"

〔二七〕"终始之道",指乾卦初九爻"潜龙勿用"至九五"飞龙在天"、上九"亢龙有悔"的变化。"大明乎终始之道",意为观看乾卦初九至上九之变化过程,即可明了万物由始至终发展变化的普遍道理。

〔二八〕"六位",指六爻之位。此句意为,六爻之地位随其所遇之时而形成,又随地位之变化而发挥其作用。又,"故六位不失其时而成"下,校勘记:"古本有一'也'字。"

〔二九〕"乘",运用。"御",控制。"大器",指天。

〔三〇〕语出系辞上:"夫乾,其静也专,其动也直,是以大生焉。"韩康伯注:"专,专一也;直,刚直也。"意为,乾之变化,静时则专一而不转易,动时则刚正而不倾邪。"大和",即彖辞所谓"保合大和",不刚不暴,和顺之道。"正性命之情",即以乾(天)的"大和"之道端正万物之情。

〔三一〕校勘记:"古本、足利本'暴'上有'则'字,下有'也'字。"按,此注"而"字当作"乃"、"则"义解。"不和而刚暴",即"不和则刚暴"之意,与所注彖辞"保合大和乃利贞"之意相合,不必在"刚"与"暴"之间加"则"字。

〔三二〕"反覆皆道也",校勘记:"古本、足利本均作'反覆皆合道也'。"

〔三三〕"务",事。"可与成务矣",释文言"可与几也"。系辞上说:"夫易,圣人之所以极深而研几也。……唯几也,故能成天下之务。"王弼注文本此。

〔三四〕"者"字,据校勘记说校改。困学纪闻引此亦作"存物之终者"可证。此句意为,使事物进行得快,用义去引导不如用利;然而使事物能坚持到底,那么用利去引导就不如用义了。

〔三五〕"靡不有初,鲜克有终",语出诗经大雅荡。意为,万事莫不有其开始,但很少能有坚持到底者。

〔三六〕"其唯知终者乎"下,校勘记:"古本有一'也'字。"

〔三七〕"敝",败。此处比喻卑下。"至至",即上节注所说"处一体之极,是至也;……处事之至而不犯咎,知至者也"之意。

〔三八〕"惕,怵惕之谓也"句,集解本无"之谓"二字。

〔三九〕"懈怠",校勘记:"释文出'解怠'。"

〔四〇〕"乾乾"二字,据校勘记引集解本补。按,此为复述文言之文,当有"乾乾"二字。又,"虽危无咎"下,校勘记:"古本有一'也'字。"

〔四一〕此句意为,乾卦上九之下五爻全为阳爻,而无阴爻,即没有与他相应者。所以文言说:"贵而无位,高而无民。"

〔四二〕"不为之助",指不辅助上九。

〔四三〕"陈",呈现。"阙",空。

〔四四〕郭京周易举正说:"今本'文言'上误增'乾'字。既在乾文言,注义不合更举'乾文言',既与王氏理殊,又乖易简之体。"

〔四五〕"四事",即指元、亨、利、贞四德。

〔四六〕"乾,元亨利贞"下,校勘记:"古本有一'也'字。"

〔四七〕"以马明坤"之"明"字,校勘记:"钱本作'叙'字。"

〔四八〕"各随其义"下,校勘记:"古本有一'也'字。"王弼讲易象之意义不同于汉易象数家。他反对把卦象与某些物类作固定不变的牵强比合。他认为,象生于义,所以解释爻辞应当"各随其义"。他在周易略例明象中说："义苟在健，何必马乎？类苟在顺，何必牛乎？爻苟合顺，何必坤乃为牛？应苟义健，何必乾乃为马？"

〔四九〕"治"字，据校勘记说校改。校勘记："古本作'治'字。又集解本此句作'非天下之至治'。"按，当作"治"，唐朝避高宗讳，"治"改为"理"。"放远"，抛弃、远离之意。"善柔"，孔颖达疏说：指"善能柔谄，貌恭心狠，使人不知其恶"的人。

〔五〇〕此句孔颖达疏引张氏释云："识物之动，谓龙之动也。则其所以然之理皆可知者，谓识龙之所以潜、所以见，然此之理皆可知也。龙之为德，不为妄者，言龙灵异于他兽，不妄举动，可潜则潜，可见则见，是不虚妄也。"又，"龙之为德，不为妄者也"，集解本无"者"字。

〔五一〕"通舍"，即通也。王弼以"通"释文言"舍"字之义。

〔五二〕"夷"，伤、灭。"明夷"，即暗晦之意。明夷卦象辞："内文明而外柔顺，以蒙大难，文王以之。"此处"文王明夷，则主可知矣"意为，像周文王这样的人都蒙受暗晦，遭到大难，则当时之君主（指殷纣王）如何，也就可知了。

〔五三〕"仲尼"，即孔丘。"旅人"，旅行于外的人，比喻不能安居。"国"，指春秋时鲁国。此句意为，像孔丘这样的人都不能安居而到处奔波，则当时鲁国的情况也就可知了。以上两句借文王、孔丘的遭遇以说明"龙潜"、"龙见"都有一定之时机。

〔五四〕"与天时俱不息"下，校勘记："古本有一'也'字。"

〔五五〕"与时运俱终极"下，校勘记："古本有一'也'字。"

〔五六〕"唯乾体能用之"下,校勘记:"古本有一'也'字。"

〔五七〕"则",法则、常道。"天则",指天之常道、法则。

〔五八〕"性其情",意为以性约束其情。此句意为,不以性约束其情,怎么能长久地保持其情符合于正道呢? 王弼在论语释疑中对"性相近也,习相远也"句注说:"不性其情,焉能久行其正,此是情之正也。若心好流荡失真,此是情之邪也。"可作此注参考。

〔五九〕"利而正者"之"正"字,释文言"利贞者"之"贞"字之义。

〔六〇〕"以君德而处下体",指九二爻位虽为君德,但处于下卦。乾卦九二爻注说:"虽非君位,君之德也。""资纳",依靠,接受。此释文言"学以聚之,问以辩之",意为君子下学好问,是有所依靠和接受它物之帮助。

坔

坤下坤上坤。元亨,利牝马之贞。

坤贞之所利,利于牝〔一〕马也。马,在下而行者也〔二〕,而又牝焉,顺〔三〕之至也。至顺而后乃亨,故唯利于牝马之贞。

君子有攸往,先迷后得主;利西南得朋,东北丧朋,安贞吉。

西南,致养之地〔四〕,与坤同道者也,故曰"得朋"。东北,反西南者也,故曰"丧朋"。阴之为物,必离其党,之于反类,而后获安贞吉〔五〕。

象曰:至哉坤元,万物资生,乃顺承天。坤厚载物,德合无疆,含弘光大,品物咸亨。牝马地类,行地无疆。

地之所以得无疆者,以卑顺行之故也。乾以龙御天,坤以马行地。

柔顺利贞,君子攸行,先迷失道,后顺得常。西南得朋,乃与类行;东北丧朋,乃终有庆;安贞之吉,应地无疆。

地也者,形之名也;坤也者,用地者也[六]。夫(用)〔两〕[七]雄必争,二主必危。有地之形,与刚健为耦,而以永保无疆。用之者,不亦至顺乎? 若夫行之不以牝马,利之不以永贞,方而又刚,柔而又圆,求安难矣[八]。

象曰:地势坤,

地形不顺,其势顺[九]。

君子以厚德载物。

初六,履霜,坚冰至。

始于履霜,至于坚冰,所谓至柔而动也刚[一〇]。阴之为道[一一],本于卑弱而后积著者也,故取履霜以明其始[一二]。阳之为物,非基于始以至于著者也,故以出处明之,则以初为潜[一三]。

象曰:履霜坚冰,阴始凝也。驯致其道,至坚冰也。

六二,直方大,不习无不利。

居中得正,极于地质[一四]。任其自然,而物自生;不假修营[一五],而功自成,故不习焉[一六],而无不利。

象曰:六二之动,直以方也;

动而直方,任其质也。

不习无不利,地道光也。

六三,含章可贞,或从王事,无成有终。

三,处下卦之极,而不疑于阳,应斯义者也〔一七〕。不为事始,须唱乃应,待命乃发,含美而可正者也〔一八〕,故曰"含章可贞"也。有事则从,不敢为首,故曰"或从王事"也。不为事主,顺命而终,故曰"无成有终"也〔一九〕。

象曰:含章可贞,以时发也;或从王事,知光大也。

知虑光大,故不擅其美。

六四,括囊,无咎无誉。

处阴之卦,以阴居阴〔二〇〕。履非中位,无直方之质;不造阳事〔二一〕,无含章之美。括结否闭〔二二〕,贤人乃隐;施慎则可,非泰之道〔二三〕。

象曰:括囊无咎,慎不害也。

六五,黄裳,元吉。

黄,中之色也;裳,下之饰也〔二四〕。坤为臣道,美尽于下。夫体无刚健,而能极物之情,通理者也。以柔顺之德,处于盛位,任夫文理者也〔二五〕。垂黄裳以获元吉〔二六〕,非用武者也。极阴之盛,不至疑阳,以文在中,美之至也〔二七〕。

象曰:黄裳元吉,文在中也。

用黄裳而获元吉,以文在中也。

上六,龙战于野,其血玄黄。

阴之为道,卑顺不盈,乃全其美,盛而不已,固阳之地〔二八〕,阳所不堪,故战于野。

象曰:龙战于野,其道穷也。

用六,利永贞。

用六之利,利永贞也。

象曰：用六永贞，以大终也。

> 能以永贞，大终者也。

文言曰：坤，至柔而动也刚，至静而德方；

> 动之方直[二九]，不为邪也；柔而又圆，消之道也[三〇]；其德至静，德必方也[三一]。

后得主而有常，含万物而化光。坤道其顺乎？承天而时行。

积善之家，必有余庆；积不善之家，必有余殃。臣弑其君，子弑其父，非一朝一夕之故，其所由来者渐矣，由辩之不早辩也。易曰履霜坚冰至，盖言顺也。

直，其正也；方，其义也。君子敬以直内，义以方外，敬义立而德不孤。直、方、大，不习无不利，则不疑其所行也。阴虽有美，含之以从王事，弗敢成也；地道也，妻道也，臣道也。地道无成，而代有终也。天地变化，草木蕃；天地闭，贤人隐。易曰括囊，无咎无誉，盖言谨也。君子黄中通理，正位居体；美在其中，而畅于四支，发于事业，美之至也。

阴疑于阳必战，

> 辩之不早，疑盛乃动，故必战。

为其嫌于无阳也。

> 为其嫌于非阳而战。

故称龙焉，犹未离其类也。

> 犹未失其阴类，为阳所灭[三二]。

故称血焉。

犹与阳战而相伤,故称血。

夫玄黄者,天地之杂也,天玄而地黄。

【校释】

〔 一 〕"牝",雌。"牝马",母马。

〔 二 〕"马,在下而行者也",卢文弨说:"古本'行'下有'地'字。"

〔 三 〕"顺",柔顺、顺从。

〔 四 〕"致养",得到养育。说卦:"坤也者,地也,万物皆致养焉。"西南方是坤位,为阴地。所以注说:"西南,致养之地,与坤同道者也。"

〔 五 〕"党",朋党、同类。此句意为,阴这类东西,必须离开其同类,而去与它相反的类(阳)结合,然后才能获得"安贞吉"。

〔 六 〕"坤也者,用地者也",郭京周易举正作"坤也者,用形者也"。按,郭说是,乾彖辞王弼注作"乾也者,用形者也"可证。参看乾卦校释〔二四〕。

〔 七 〕"两"字,据校勘记引岳本、监本、毛本等校改。

〔 八 〕"方而又刚",意为既方正又刚强,此为过刚。"柔而又圆",意为既柔顺又圆曲,此为过柔。前文说"有地之形,与刚健为耦,而以永保无疆",意为必须刚柔相配,才能永保无疆,若此过刚、过柔,则"求安难矣"。

〔 九 〕此句意为,地形方直,所以不柔顺;然而地在下,其趋势则是柔顺的。又,此句集解本作:"地形不顺矣。"

〔一〇〕此句意为,从有些微霜开始,然而终至于凝成坚冰,这就是所谓从柔弱开始,逐渐积累而至于刚强。

〔一一〕"阴之为道"之"道"字,疑当作"物"字,下文"阳之为物"正与此相对。又,前节注文作"阴之为物,必离其党,之于反类……"亦可为证。

〔一二〕"著",显明。"积著",由积累而由微至显。郭京周易举正据定本于"故取履霜以明其始"句下,复有"象曰履霜阴始凝也"八字。并说:"通行本于'阴始凝也'四字上误增'坚冰'二字。"

〔一三〕此句意为,阴是由卑弱始而积累至于显著。阳则不同于阴,不是由弱渐渐至于显,而是以"出"(显现)或"处"(隐伏)来表示,所以乾卦初九称为"潜龙"。

〔一四〕此句意为,六二爻位居于下卦之中,得位之正,所以最充分地体现了地的品质——"直、方、大"。

〔一五〕"假",通"借"。"修",整治。"营",谋求、作为。老子五章王弼注:"天地任自然,无为无造。"

〔一六〕"习",说文:"数飞也。"比喻为动。此处"不习",比喻为静,亦即上文"不假修营"、"任其自然"之意。

〔一七〕此句意为,六三爻虽处于下体之极(高位),然而能够不被阳所怀疑,是由于它用柔顺之义。

〔一八〕"含美而可正者",释爻辞"含章可贞"。意为六三把坤的美德含蓄在内,不为先而应于阳,这样就可以获得正道。老子十章王弼注:"雌应而不(倡)〔唱〕,因而不为。"

〔一九〕"无成",指无所作为。

〔二〇〕六四为阴爻而又居坤卦上体之下位,所以说是以阴居阴。

〔二一〕"造",就。"不造阳事",意为六四不像六三那样"或从王事",而是不去就阳以从事。

〔二二〕"括结","结"释"括",以释爻辞"括囊",即把囊(袋)结扎起来。"否闭",闭塞,指天地阴阳二气不相交通。此处"括结否闭"之意为,把智虑和作为都收敛起来,不要随意使用智虑,随便动作。

〔二三〕"施",用。"慎",谨慎。"泰",通。此句意为,只有智虑行动十分谨慎,才可无咎,但也不是通泰之道。此为释爻辞"无咎无誉"。

〔二四〕语本左传昭公十二年:"故曰:黄裳元吉。黄,中之色也;裳,下之饰也;元,善之长也。"

〔二五〕"文",文饰,指柔顺等品德。"理",指事物的法则。孔颖达疏:"内有文德,通达物理,故象云:'文在中也。'"

〔二六〕"垂",垂拱,"无为而治"之意。"元吉",大吉。

〔二七〕此句意为,以六五居阴之极盛地位,而不遭到阳的疑忌,是由于它具有中和的品德,这是至美之德。

〔二八〕"固",居守、占据。"固阳之地",意为占据阳的地位。

〔二九〕"动之方直"之"直"字,四部丛刊影印宋本作"正"字。

〔三〇〕"消",借为"削",弱也。"柔而又圆",即所谓"至柔"。"消之道也",即上节注所谓"阴之为道(疑当作"物"),本于卑弱"之意。

〔三一〕"其德至静",坤为地,地在古人看来是不动的,所以说"至静"。"方",方正。"德必方",指地以至静(无为)生长、养育万物,无偏无私,所以说其品德方正。

〔三二〕此句意为,上六处坤卦之最高位,似阳,但仍未离开其阴类的性质，所以终究为阳所灭。<u>郭京</u><u>周易举正</u>"失"字作"去"字，并说："'去'本解'离'，义在去离，非在失却，形似而误。"

屯

☷ <u>震下坎上</u>**屯。元亨，利贞。**

刚柔始交，是以屯也〔一〕。不交则否，故屯乃大亨也〔二〕。大亨则无险，故利贞〔三〕。

勿用有攸往，

往益屯也。

利建侯。

得（王）〔主〕则定〔四〕。

彖曰：屯，刚柔始交而难生。动乎险中，大亨，贞。

始于险难，至于大亨而后全正，故曰"屯，元亨，利贞"〔五〕。

雷雨之动，满盈。

雷雨之动，乃得满盈〔六〕，皆刚柔始交之所为。

天造草昧，宜建侯而不宁。

屯体不宁，故利建侯也〔七〕。屯者，天地造始之时也。造物之始，始于冥昧，故曰"草昧"也〔八〕。处造始之时，所宜之善，莫善建侯也。

象曰：云雷，屯。君子以经纶。

君子经纶之时〔九〕。

初九，磐桓，利居贞，利建侯。

处屯之初，动则难生。不可以进，故"磐桓"也〔一〇〕。处此时也，其利安在？不唯居贞、建侯乎！夫息乱以静，守静以侯；安民在正，弘正在谦。屯难之世，阴求于阳，弱求于强，民思其主之时也。初处其首，而又下焉，爻备斯义，宜其得民也。

象曰：虽磐桓，志行正也。

不可以进，故磐桓也；非为宴安弃成务也〔一一〕。故"虽磐桓，志行正"也。

以贵下贱，大得民也。

阳贵而阴贱也〔一二〕。

六二，屯如邅如，乘马班如，匪寇婚媾。女子贞不字，十年乃字。

志在乎五，不从于初〔一三〕。屯难之时，正道未行，与初相近而不相得，困于侵害，故屯邅也〔一四〕。时方屯难，正道未通，涉远而行，难可以进，故曰"乘马班如"也〔一五〕。寇，谓初也。无初之难，则与五婚矣，故曰"匪寇婚媾"也〔一六〕。志在于五，不从于初，故曰"女子贞不字"也〔一七〕。屯难之世，势不过十年者也，十年则反常，反常则本志斯获矣，故曰"十年乃字"〔一八〕。

象曰：六二之难，乘刚也；十年乃字，反常也。

六三，即鹿无虞，惟入于林中。君子几，不如舍。往，吝。

三既近五而无寇难，四虽比〔一九〕五，其志在初，不妨己路，可以进而无屯邅也。见路之易，不揆其志〔二〇〕，五应在二，往必不纳，何异无虞以从禽乎〔二一〕？虽见其禽，而无其虞，徒入于林中，其可获乎？几，辞也〔二二〕。夫君子之动，岂取恨辱哉？故不如舍。往，吝穷也〔二三〕。

象曰:即鹿无虞,以从禽也,君子舍之。往,吝穷也。

六四,乘马班如,求婚媾。往,吉。无不利。

> 二虽比初,执贞不从,不害己志者也。求与合好,往必见纳矣[二四]。故曰"往,吉。无不利"。

象曰:求而往,明也。

> 见彼之情状也。

九五,屯其膏,小贞吉,大贞凶。

> 处屯难之时,居尊位之上,不能恢弘博施,无物不与,拯济微滞[二五],亨于群小,而系应在二,屯难其膏,非能光其施者也[二六]。固志同好,不容他间[二七],小贞之吉,大贞之凶[二八]。

象曰:屯其膏,施未光也。

上六,乘马班如,泣血涟如。

> 处险难之极,下无应援,进无所适,虽比于五,五屯其膏,不与相得[二九]。居不获安,行无所适,穷困阨厄[三○],无所委仰,故"泣血涟如"[三一]。

象曰:泣血涟如,何可长也。

【校释】

〔 一 〕"交",交接、相通。屯卦为乾坤两卦之后的第一个卦,意味着天地开始相合,阴阳开始交通,所以说"刚柔始交"。"屯",序卦传说:"屯者,盈也。屯者,物之始生也。"孔颖达疏:"屯,难也。刚柔始交而难生,初相逢遇,故云屯难也。"

〔 二 〕"否",塞、不通。"屯乃大亨",孔颖达疏:"以阴阳始交而为难,因难,物始大通。"

〔 三 〕"故利贞"下,校勘记:"古本有一'也'字。"

〔 四 〕"主"字,据岳本等校改。校勘记:"'王','主'之误。岳本、闽、监、毛本不误。"又,"则定",释文:"本亦作'则宁'。"古本于"定"字下有一"也"字。

〔 五 〕"屯,元亨利贞"下,校勘记:"古本有一'也'字。"

〔 六 〕屯卦震下坎上,震为雷,坎为雨(水),所以说:"雷雨之动。""满盈",指充满天地之间。"乃得满盈"下,校勘记:"古本有一'也'字。"下文"皆刚柔始交之所为"下,同。

〔 七 〕"不宁",不安。此句意为,屯卦是有险难之体,所以必须确立一个主,使万物得以安定,亦即上节注"得(王)〔主〕则定"之意。

〔 八 〕"冥昧",幽暗,指浑沌不分之状态。"草",草创,初、始之意。

〔 九 〕"经纶",原指织布之经纬,引申为治理、建立秩序之意。"经纶之时"下,校勘记:"古本有一'也'字。"

〔一〇〕"磐桓",徘徊不进之貌。

〔一一〕"宴安",求安逸。"弃成务",放弃应当从事之工作。

〔一二〕初九是阳,而处于阴爻之下,阳贵而阴贱,所以象辞说:"以贵下贱。"

〔一三〕此句意为,六二是与九五相应,而不是与初九相应,所以说:"志在乎五,不从于初。"

〔一四〕"遭",回,难行而不进之貌。

〔一五〕"班如",孔颖达疏:"子夏传云:'班如者,谓相牵不进也。'马季长云:'班,班旋不进也。'"

〔一六〕“媾”，会。<u>孔颖达</u>疏引<u>马季长</u>云：“重婚曰媾。”

〔一七〕“字”，女子许嫁。<u>孔颖达</u>疏：“‘字’训‘爱’也。”

〔一八〕“故曰‘十年乃字’”下，<u>校勘记</u>：“古本有一‘也’字。”

〔一九〕“比”，邻近。

〔二○〕“揆”，揣度。“不揆其志”，指六三不去揣度九五的意思。

〔二一〕“虞”，掌管山泽之官。“从”，就。“何异无虞以从禽乎”，
　　　　意为这就如同没有虞官的引导，就想到山林中去逐猎
　　　　一样。

〔二二〕“几，辞也”，意为“几”字只是语气辞，没有别的意义。

〔二三〕“舍”，止、不动。“往”，<u>校勘记</u>：“古本作‘完’。”此句意
　　　　为，既然六三去就九五而不会被九五所接纳，那不如止而
　　　　不往；如往，则必然有悔吝，遭困穷。

〔二四〕此句意为，六四如果去求与初九合好，一定会被接纳。

〔二五〕“与”，施予。“无物不与”，意为对万物普遍施予恩惠。
　　　　“微”，小、弱。“滞”，阻塞、不通达。

〔二六〕“膏”，膏泽，指恩惠。“光”，光大，指普遍。“施”，施恩惠。

〔二七〕“固志”，坚定之志向。“同好”，指六二。“间”，<u>孔颖达</u>疏：
　　　　“间者，厕也。”阻隔之意。

〔二八〕“大贞之凶”下，<u>校勘记</u>：“古本有一‘也’字。”

〔二九〕“不与相得”下，<u>校勘记</u>：“古本有一‘也’字。”

〔三○〕“阗厄”，堵塞。

〔三一〕“涟如”，哭泣貌。“泣血涟如”下，<u>校勘记</u>：“古本有一
　　　　‘也’字。”

蒙

☷坎下艮上**蒙。亨。匪我求童蒙，童蒙求我。初筮告，再**

三渎，渎则不告。

筮者，决疑之物也〔一〕。童蒙〔二〕之来求我，欲决所惑也，决之不一，不知所从，则复惑也。故初筮则告，再三则渎，渎蒙也〔三〕。能为初筮，其唯二〔四〕乎。以刚处中，能断夫疑者也。

利贞。

蒙之所利，乃利正也。夫明莫若圣，昧莫若蒙，蒙以养正，乃圣功也〔五〕；然则养正以明，失其道矣。

彖曰：蒙，山下有险，险而止，蒙。

退则困险，进则阂山，不知所适，蒙之义也〔六〕。

蒙，亨。以亨行，时中也。

时之所愿，惟愿亨也，以亨行之，得时中也〔七〕。

匪我求童蒙，童蒙求我，志应也。

我，谓非童蒙者也。非童蒙者，即阳也。凡不识者求问识者，识者不求所告；暗者求明，明者不谘于暗。故蒙之为义，匪我求童蒙，童蒙求我也。童蒙之来求我，志应故也。

初筮告，以刚中也。

谓二也。二为众阴之主也〔八〕。无刚失中〔九〕，何由得初筮之告乎？

再三渎，渎则不告，渎蒙也。蒙以养正，圣功也。

象曰：山下出泉，蒙。

山下出泉〔一〇〕，未知所适，蒙之象也。

君子以果行育德。

果〔一一〕行者，初筮之义也；育德者，养正之功也。

初六,发蒙。利用刑人,用说桎梏。以往,吝。

处蒙之初,二照其上,故蒙发也〔一二〕。蒙发疑明,刑说当也〔一三〕。以往,吝,刑不可长〔一四〕。

象曰:利用刑人,以正法也。

刑人之道,道所恶也〔一五〕。以正法制,故刑人也。

九二,包蒙,吉。纳妇吉,子克家。

以刚居中,童蒙所归,包而不距,则远近咸至〔一六〕,故“包蒙,吉”也。妇者,配己而成德者也。体阳而能包蒙,以刚而能居中,以此纳配,物莫不应,故“纳妇吉”也。处于卦内,以刚接柔,亲而得中,能干其任,施之于子,克家之义〔一七〕。

曰:子克家,刚柔接也。

六三,勿用取女。见金夫,不有躬,无攸利。

童蒙之时,阴求于阳,晦求于明,各求发其昧者也。六三在下卦之上,上九在上卦之上,男女之义也。上不求三,而三求上,女先求男者也。女之为体,正行以待命者也,见刚夫而求之,故曰“不有躬”也。施之于女,行在不顺,故勿用取女,而无攸利〔一八〕。

象曰:勿用取女。行不顺也。

六四,困蒙,吝。

独远于阳,处两阴之中,暗莫之发,故曰“困蒙”也。困于蒙昧,不能比贤以发其志,亦以鄙矣,故曰“吝”也〔一九〕。

象曰:困蒙之吝,独远实也。

阳称实也。

六五,童蒙,吉。

以夫阴质,居于尊位,不自任察,而委于二。付物以能,不劳聪明,功斯克矣,故曰"童蒙,吉"。

象曰:童蒙之吉,顺以巽也。

委物以能,不先不为,顺以巽也[二〇]。

上九,击蒙,不利为寇,利御寇。

处蒙之终,以刚居上,能击去童蒙,以发其昧者也,故曰"击蒙"也。童蒙愿发,而己能击去之,合上下之愿,故莫不顺也。为之扦御[二一],则物咸附之;若欲取之,则物咸叛矣,故"不利为寇,利御寇"也。

象曰:利用御寇,上下顺也。

【校释】

〔 一 〕"筮",郑康成说:"筮,问也。"即用蓍草占卦以问吉凶的一种方法。所以说:"筮者,决疑之物。"

〔 二 〕"童",童子、小孩。"蒙",蒙昧。孔颖达疏:"蒙者,微昧暗弱之名。"

〔 三 〕"再",次,第二次之意。"渎",慢、亵渎。此句意为,童蒙第一次问卜则告诉他,再次、三次地问卜则是不严肃,这样反而会使童蒙思想混乱。

〔 四 〕"二",指九二爻,下文"以刚处中",正指此。

〔 五 〕此句意为,圣人应当以蒙养正,而不应当显露自己的智慧(明),这才是所谓"圣功",否则即失其为圣之道矣。老子十五章王弼注:"上德之人,其端兆不可睹,德趣不可见。"十八章注:"行术用明,以察奸伪,趣睹形见,物知避之,故

智慧出则大伪生也。"又,明夷象辞注"故以蒙养正,以明
夷莅众","藏明于内,乃得明也;显明于外,巧所避也",均
为此意。

〔六〕"阂",止。蒙卦坎(水)下艮(山)上,因此说:"退则困险
(被水所困),进则阂山(被山所阻)。"此为释蒙卦所以称
为"蒙"之含义。"适",往。

〔七〕"时",指处于蒙昧之时。"中",正。

〔八〕"二",指九二。九二既是蒙卦下体坎卦中唯一之阳爻,同
时又是六五所委任者(参看六五注),所以说是"众阴
之主"。

〔九〕"无刚失中",指如果没有九二。九二阳爻为刚,位二为中。

〔一○〕"山下出泉",蒙卦卦象艮(山)上坎(水)下,所以说"山下
出泉"。

〔一一〕"果",果断。

〔一二〕"照",照明、照耀。"发",启发、觉悟。

〔一三〕"说",借为"脱",解脱。"当",恰当。

〔一四〕"吝",孔颖达疏释为"鄙吝"之"吝"。孙星衍说:"说文引
作'以往遴','遴',行难也。凡易内'往吝'、'往见吝'、
'以往吝',皆当从此,非'悔吝'之字也。"按,孙说是。"刑
不可长",意为刑法不可长用。

〔一五〕校勘记:"古本'刑'上有'利'字。"此句意为,对人用刑罚,
是不符合"道"的。老子三十六章王弼注:"因物之性,不
假(借)刑以理物。……刑以利国,则失矣。"四十九章注:
"多其法网,烦其刑罚……则万物失其自然,百姓丧其
手足。"

〔一六〕"包",容纳。"咸",皆、全。

〔一七〕"干",广雅释诂三:"干,事也。""能干其事",即能胜任其事。"克",说文:"肩也。"徐锴说:"肩,任也。"孔颖达疏:"克,荷。"均为胜任、担负之意。

〔一八〕"攸",所。

〔一九〕"比",邻近。"比贤",与贤者为邻。"亦以鄙矣,故曰吝也",集解本无"以"字、"也"字。

〔二〇〕"不先不为",老子二十八章王弼注:"雌,后之属也。知为天下之先(也)〔者〕必后也。是以圣人后其身而身先也。"十章注:"雌应而不(倡)〔唱〕,因而不为。""巽",顺。"顺以巽",指思想和行为都顺从。孔颖达疏:"谓貌顺。故褚氏云:顺者,心不违也;巽者,外迹相卑下也。"

〔二一〕"扞",卫。"扞御",保卫、防御。

需

☰☵ 乾下坎上需。有孚。光亨,贞吉。利涉大川。

彖曰:需,须也,险在前也。刚健而不陷,其义不困穷矣。需,有孚,光亨,贞吉,位乎天位,以正中也。

谓五〔一〕也。位乎天位,用其中正,以此待物,需道毕矣,故"光亨,贞吉"〔二〕。

利涉大川,往有功也。

乾德获进,往辄亨也〔三〕。

象曰:云上于天,需。君子以饮食宴乐。

童蒙已发,盛德光亨,饮食宴乐,其在兹乎!

初九,需于郊,利用,恒无咎。

> 居需之时,最远于难[四],能抑其进。以远险待时,虽不应几,可以
> 保常也[五]。

象曰:需于郊,不犯难行也;利用,恒无咎,未失常也。

九二,需于沙,小有言,终吉。

> 转近于难,故曰"需于沙"也[六];不至致寇,故曰"小有言"也[七]。
> 近不逼难,远不后时,履健居中,以待其会,虽小有言,以吉终也。

象曰:需于沙,衍在中也;虽小有言,以吉终也。

九三,需于泥,致寇至。

> 以刚逼难,欲进其道,所以招寇而致敌也。犹有须焉[八],不陷其
> 刚。寇之来也,自我所招,敬慎防备,可以不败。

象曰:需于泥,灾在外也。自我致寇,敬慎不败也。

六四,需于血,出自穴。

> 凡称血者,阴阳相伤者也。阴阳相近,而不相得,阳欲进而阴塞
> 之,则相害也。穴者,阴之路也。处坎之始[九],居穴者也。九三
> 刚进,四不能距,见侵则辟,顺以听命者也[一〇]。故曰"需于血,出
> 自穴"也[一一]。

象曰:需于血,顺以听也。

九五,需于酒食,贞吉。

> 需之所须,以待达[一二]也。已得天位,畅其中正,无所复须,故酒
> 食而已,获贞吉也。

象曰:酒食,贞吉,以中正也。

上六,入于穴,有不速之客三人来,敬之,终吉。

六四所以出自穴者，以不与三相得而塞其路，不辟则害，故不得不出自穴而辟之也。至于上六，处卦之终[一三]，非塞路者也。与三为应，三来之己，乃为己援，故无畏害之辟，而乃有入穴之固也。三阳所以不敢进者，须难之终也，难终则至[一四]，不待召也。己居难终，故自来也。处无位之地，以一阴而为三阳之主，故必敬之而后终吉[一五]。

象曰：不速之客来，敬之，终吉。虽不当位，未大失也。

处无位之地，不当位者也。敬之则得终吉，故"虽不当位，未大失"也。

【校释】

〔一〕"五"，指九五爻。

〔二〕"光亨，贞吉"，孔颖达疏："需之道光明，物得亨通于正，则吉。"

〔三〕"乾德"，指需卦下体之乾卦。"辄"，每。"辄亨"，无不亨通之意。

〔四〕需卦上体是坎卦，为险难之义；初九离上体坎卦尚远，所以说"最远于难"。又，"最远于难"之"难"字，集解本作"险"字。

〔五〕"抑"，止。"几"，危。"常"，释经文"恒"；"保常"，即保持常态。又，"以远险待时"，集解本作"不犯难行"；"虽不应几，可以保常也"，作"虽不应机，可以保常，故无咎"。

〔六〕"需于沙"，孔颖达疏："沙是水傍之地，去水（坎）渐近，待时于沙，故难稍近。"

〔七〕"致寇"，招来寇敌。"小有言"，意为稍有责难之言。

〔八〕"须",待。"犹有须焉",意为还有时机可待。

〔九〕"处坎之始",集解本作:"四处坎始。"

〔一〇〕"辟",通"避",集解本正作"避"。此句意为,避开九三刚
　　　阳的侵攻,而顺从地听命。

〔一一〕"出自穴",离开自己所居之地,即上文"四不能距,见侵则
　　　辟"之意。

〔一二〕"达",通达、显达。

〔一三〕"终",极、结束。

〔一四〕"难终",上六处坎卦之终,比喻险难之时已告结束。

〔一五〕"处无位之地",指上六不处于君位、尊位之地。"三阳",
　　　指初九、九二、九三。此三阳欲进而畏于险难,至上六而险
　　　难结束,三阳不召自来,所以说上六"以一阴而为三阳之
　　　主"。"故必敬之而后终吉",指上六必须恭敬以待三阳,
　　　然后才能吉祥。

讼

坎下乾上讼。有孚,窒惕,中吉,

窒,谓窒塞也。(皆)〔能〕惕〔一〕,然后可以获中吉〔二〕。

终凶。利见大人,不利涉大川。

彖曰:讼,上刚下险,险而健。讼,讼有孚,窒惕,中吉,刚
来而得中也。终凶,讼不可成也。利见大人,尚中正也。
不利涉大川,入于渊也。

凡不和而讼,无施而可,涉难特甚焉〔三〕。唯有信而见塞惧者,乃
可以得吉也。犹复不可终,中乃吉也〔四〕。不闭其源,使讼不

至〔五〕,虽每不枉,而讼至终竟,此亦凶矣〔六〕。故虽复有信而见塞惧,犹不可以为终也。故曰"讼,有孚,窒惕,中吉,终凶"也。无善听者,虽有其实,何由得明,而令有信塞惧者得其中吉〔七〕?必有善听之主焉,其在二乎〔八〕?以刚而来,正夫群小,断不失中,应斯任也〔九〕。

象曰:天与水违行,讼。君子以作事谋始。

"听讼,吾犹人也,必也使无讼乎!"〔一〇〕无讼在于谋始,谋始在于作制〔一一〕。契之不明,讼之所以生也〔一二〕。物有其分,(起契之过)〔一三〕,职不相(监)〔滥〕〔一四〕,争何由兴?讼之所以起,契之过也,故有德司契而不责于人〔一五〕。

初六,不永所事,小有言,终吉。

处讼之始,讼不可终,故不永所事然后乃吉〔一六〕。凡阳唱而阴和,阴非先唱者也〔一七〕。四召而应,见犯乃讼〔一八〕。处讼之始,不为讼先,虽不能不讼而了〔一九〕,讼必辩明矣。

象曰:不永所事,讼不可长也。虽小有言,其辩明也。

九二,不克讼,归而逋,其邑人三百户,无眚。

以刚处讼,不能下物,自下讼上,宜其不克〔二〇〕。若能以惧,归窜〔二一〕其邑,乃可以免灾。邑过三百〔二二〕,非为窜也;窜而据强,灾未免也。

象曰:不克讼,归逋窜也。自下讼上,患至掇也。

六三,食旧德,贞厉,终吉。或从王事,无成。

体夫柔弱,以顺于上,不为九二,自下讼上。不见侵夺,保全其有,故得食其旧德而不失也〔二三〕。居争讼之时,处两刚之间,而皆近不相得,故曰"贞厉"〔二四〕。柔体不争,系应在上,众莫能倾,故曰

"终吉"〔二五〕。上壮争胜,难可忤也。故或从王事,不敢成也〔二六〕。

象曰:食旧德,从上吉也。

九四,不克讼,

初辩明也〔二七〕。

复即命。渝,安贞,吉。

处上讼下,可以改变〔二八〕者也,故其咎不大。若能反从本理,变前之命〔二九〕,安贞不犯,不失其道,为仁(犹)〔由〕己〔三〇〕,故吉从之。

象曰:复即命。渝,安贞不失也。

九五,讼,元吉。

处得尊位,为讼之主。用其中正,以断枉直。中则不过,正则不邪,刚无所溺,公无所偏,故"讼,元吉"〔三一〕。

象曰:讼,元吉,以中正也。

上九,或锡之鞶带,终朝三褫之。

处讼之极,以刚居上,讼而得胜者也。以讼受锡,荣何可保?故终朝之间,褫带者三也〔三二〕。

象曰:以讼受服,亦不足敬也。

【校释】

〔 一 〕"能"字,据孙星衍周易集解本校改。按,作"皆"字义不可通。焦循周易补疏引此注亦作"能惕"。孔颖达疏:"凡讼之体,不可妄兴,必有信实。被物止塞而能惕惧,中道而止,乃得吉也。"亦可证注文当作"能惕"。"惕",惧。

〔 二 〕此节注文释文说:"王注或在'惕'上,或在下,皆可通,在

'中吉'下者非。"郭京周易举正说,注当在"中吉"下,若注在"中吉"之上,既背夫子意义,又是隔注为句,古今注书无此体例。焦循周易补疏说:"然则注中'获中吉'之'中吉'非解经文'中吉'二字。因考彖传注云:'唯有信而见塞惧者,乃可以得吉也。'此'得吉'二字解传文'得中'二字,即前注所云'获中吉'。'获中'即是'得中'。王注每于经下入传义,于传下申经义。此于经下云'获中吉',明传文'得中'之义也。传注文又云:'犹复不可终,中乃吉也。'此'中乃吉'三字,明经文'中吉'之义也。……'得中'之'中'为中正之中,'中吉'之'中'为中止之中。言虽有孚窒惕,而得中正,亦必中止乃言,终讼则凶也。'窒,谓窒塞也'五字,宜在'惕'字上,'能惕然后可以获中吉'九字,宜在'惕'字下。……王注既明云'有信塞惧者',则读'有孚窒惕'为句。"按,焦说是。王弼于彖辞注中两处说"唯有信而见塞惧者,乃可以得吉也","虽复有信而见塞惧",均以"有孚窒惕"为句而作注释。又两处说"犹复不可终,中乃吉也","犹不可以为终也",均以"中吉,终凶"为句作注释。故此节注如在"中吉"下,则为破句而注,并违王弼之意。

〔三〕"施",设施、措施。此句意为,凡由于不和而引起争讼者,其所有设施无一行得通者,这是因为所遇到的困难太大了。

〔四〕"犹复不可终",集解本作"犹复不可以终"。"中乃吉",孔颖达疏:"此讼事以中途而止乃得吉也。"

〔五〕"使讼不至",郭京周易举正说,当作"使讼得至"。郭说:

"'得'字，误作'不'字。若闭其讼源，讼则不至；不闭讼源，则讼得至。……'不至'则与'不闭'义弗合。"按，郭说得注文之意。然"不"字不必改作"得"字。"不闭其源，使讼不至"，犹如说不能闭其源而使讼事不至。反言之，即开其源而使讼事得至。

〔六〕"枉"，曲、不正。此句意为，如果不能闭塞产生讼事之根源，而使讼事发生，则即使其理由条条正确，而讼到最后，亦仍然是凶。

〔七〕"得其中吉"上，集解本有一"乃"字。卢文弨说："古本同。"

〔八〕"二"，指九二爻。卢文弨引李氏说："传写误以五为二。"意谓当指九五。按，孔颖达九五爻辞疏说："上注云：'善听之主，其在二乎。'是二为主也。此注又云：'为讼之主，用其中正，以断枉直。'是五又为主也。一卦两主者，凡诸卦之内，如此者多矣。五是其卦尊位之主，余爻是其卦为义之主。犹若复卦，初九是复卦之主，复义在于初九也；九五亦居复之尊位，为复卦尊位之主。如此之例，非一卦也。"又说："上象辞'刚来而得中'，今九五象辞云'讼，元吉，以中正也'，知象辞'刚来得中'非据九五也。辅嗣必以为九二者，凡上下二象，在于下象者，则称来。"

〔九〕"应斯任也"，集解本"斯"作"其"。

〔一〇〕文见论语颜渊："子曰：听讼，吾犹人也，必也使无讼乎！"意为，虽然我判断讼事不比别人差，但最好是使讼事无从发生。

〔一一〕"谋"，虑。"始"，初。"作制"，订立制度。

〔一二〕"契",契约、制度。此句意为,讼事之所以产生,是由于契约、制度之不明确。老子七十九章王弼注:"不明理其契,以致大怨已至。"

〔一三〕"起契之过"四字,据校勘记说校删。校勘记:"宋本、古本、足利本无此四字。"按,此四字于此无义,乃涉下文"讼之所以起,契之过也"句而衍。"物有其分,职不相(监)〔滥〕,争何由兴"文义贯通。

〔一四〕"滥"字,据校勘记说校改。校勘记:"岳本、监、毛本、释文'监'作'滥'。"按,四部丛刊影印宋本亦作"滥"。"滥",僭越。

〔一五〕"有德司契"语出老子七十九章。王弼注:"有德之人,念思其契,不令怨生而后责于人也。"

〔一六〕"永",长。"事",指讼事。"不永所事",意为不可把争讼之事进行到底。

〔一七〕参见老子十章王弼注:"雌应而不唱。"

〔一八〕"四",指九四爻。"见犯",指九四来犯初六。此句意为,初六为阴,只能应而不能唱,只能等待九四相召,才能去相应。然而九四先来,这是有犯于己,于是就发生争讼。

〔一九〕"处讼之始"之"讼",指讼卦。"不为讼先"之"讼",指争讼。"了",终了、了结。

〔二〇〕"自下讼上",指与九五相敌。"克",胜。

〔二一〕"窜",释爻辞"逋",逃也。

〔二二〕"三百",三百户。孔颖达疏引:"郑注礼记云:小国下大夫之制。"此处表示少、弱,所以可以逃归隐匿,如果超过三百户之邑,则为强大之国,不可隐匿。

〔二三〕"食其旧德",指能保持享受其原有之禄位。

〔二四〕"贞",正。"厉",危。此句意为,六三处上下体交接之时("居争讼之时"),上下两爻又都是阳爻("处两刚之间"),不能与上下相得,所以说正是危险之时。

〔二五〕此句意为,但是,六三柔顺不争,又与上九相应,所以九二、九四等都不能压倒它,因此说最后仍然是吉。

〔二六〕此句意为,上九强壮,争讼必胜,所以不敢触犯上九之意志,只是随从着去完成王者之事,而不敢独自完成事业。

〔二七〕"初",指初六。此句意为,初六在争讼中终能辩明道理。参看初六爻辞注。此为说明九四爻辞"不克讼"之原因。

〔二八〕"改变",指九四能改变其侵犯初六之行为,即下文所谓"若能反从本理,变前之命,安贞不犯,不失其道"。

〔二九〕"反",释爻辞"复"。"从",释"即"。"变",释"渝"。

〔三〇〕"由"字,据四部丛刊影印宋本及孔颖达疏校改。校勘记:"'犹'、'由'古通。"按,"为仁由己"语出论语颜渊:"为仁由己,而由人乎哉!"

〔三一〕"溺",沉湎。"元吉",大吉。集解本于"刚"字下、"公"字下均有一"则"字。

〔三二〕"锡",通"赐"。"褫",解、脱。此句意为,因为争讼得胜而受赏赐,这种荣誉是不可能长期保住的。因此,一日之内甚至会三次夺去赏赐给他的衣带。

师

坎下坤上**师。贞丈人,吉,无咎。**

丈人,严庄之称也〔一〕。为师之正〔二〕,丈人乃吉也。兴役动众,无功,罪也〔三〕。故吉乃无咎也〔四〕。

象曰:师,众也;贞,正也。能以众正,可以王矣。刚中而应,行险而顺,以此毒天下,而民从之,吉,又何咎矣?

　　毒,犹役也〔五〕。

象曰:地中有水,师。君子以容民畜众。

初六,师出以律。否臧,凶。

　　为师之始,齐师者也〔六〕。齐众以律,失律则散〔七〕,故"师出以律"。律不可失,失律而臧,何异于否〔八〕?失令有功,法所不赦,故师出不以律,否臧皆凶。

象曰:师出以律,失律,凶也。

九二,在师中,吉,无咎。王三锡命。

　　以刚居中,而应于(上)〔五〕〔九〕,在师而得其中者也。承上之宠,为师之主,任大役重,无功则凶,故吉乃无咎也〔一〇〕。行师得吉,莫善怀邦,邦怀众服,锡莫重焉,故乃得成命〔一一〕。

象曰:在师中吉,承天宠也;王三锡命,怀万邦也。

六三,师或舆尸,凶。

　　以阴处阳,以柔乘刚〔一二〕,进则无应,退无所守,以此用师,宜获舆尸〔一三〕之凶。

象曰:师或舆尸,大无功也。

六四,师左次,无咎。

　　得位而无应。无应不可以行,得位则可以处,故左次〔一四〕之而无咎也。行师之法,欲右背高〔一五〕,故左次之。

象曰:左次,无咎,未失常也。

虽不能有获,足以不失其常也。

六五,田有禽,利执言,无咎。长子帅师,弟子舆尸,
贞凶。

> 处师之时,柔得尊位,阴不先唱,柔不犯物,犯而后应,往必得
> 直[一六],故"田有禽"[一七]也。物先犯己,故可以执言而无咎
> 也[一八]。柔非军帅,阴非刚武,故不躬行,必以授也。授不得
> 王[一九],则众不从,故长子帅师可也。弟子之凶,故[二〇]其宜也。

象曰:长子帅师,以中行也;弟子舆尸,使不当也。

上六,大君有命,开国承家,小人勿用。

> 处师之极,师之终也。大君之命,不失功也;开国承家,以宁邦也;
> 小人勿用,非其道也。

象曰:大君有命,以正功也;小人勿用,必乱邦也。

【校释】

〔 一 〕校勘记:"集解本于'也'字上有'有军正者'四字。"

〔 二 〕"师",彖辞:"师,众也。"指军旅。周礼:"二千五百人曰
师。""正",长。"师之正",即一师之长。

〔 三 〕"无功,罪也",校勘记说:"集解本作'无功则罪'。"孔颖达
疏:"若其不以威严,师必无功而获其罪。"按,据上下文
义,以作"无功则罪"为长。

〔 四 〕此句意为,有严庄之丈人为师之长则吉,因而师旅得以无
咎害。

〔 五 〕"毒",释文引马云:"治也。"焦循周易补疏说:"庄子大宗
师'聂许闻之需役',释文引王云:'役,亭毒也。''毒'训为

病,'役'亦通'疫',疫为病,故'毒'亦为役。"

〔 六 〕"齐",整齐、齐一。此句意为,治军者以使军队整齐一致
为首要之事。

〔 七 〕"律",指法令条律。"散",涣散、混乱。

〔 八 〕"臧",善,此处指有功。"否",恶,此处指失败。

〔 九 〕"五"字,据校勘记说校改。校勘记:"古本、足利本'上'作
'五'。"按,二与五相应,孔颖达疏亦说:"在师中吉者,以
刚居中而应于五,是在师中吉也。"此作"上"者,涉下文
"承上之宠,为师之主"而误。然此"承上"之"上",观象辞
之意为指天、君主,亦指五言。

〔一〇〕"故吉乃无咎",此处"吉"字,据上文"无功则凶"之意,指
有功。又,据此句注文之意,九二爻辞当读为"在师中,吉
无咎,王三锡命"。然象辞作"在师中吉,承天宠也",则爻
辞中"吉"字属上读。孔颖达疏:"此'吉'之一字,上下兼
该,故注文属下,象文属上。"今据注文句读。

〔一一〕"怀",安。"怀邦",即安国。"锡",通"赐"。"成命",指
完成王所委任之事业。

〔一二〕三为阳位,六为阴爻,所以说六三是"以阴处阳,以柔
乘刚"。

〔一三〕"舆",车,此处指战车。"舆尸",战车上载着尸体,形容
战败。

〔一四〕"左次",下位,此处指保持谦顺、低下之意。

〔一五〕"右背高",孙子兵法行军篇:"平陆处易而右背高,前死后
生。此处平陆之军也。"又汉书韩信传:"兵法有右背山
陵,前左水泽。"

〔一六〕"直",正。此处意为,人犯而后应,于理正直。

〔一七〕"田有禽",孔颖达疏:"犹如田中有禽,而来犯苗,若往猎之,则无咎过也。"

〔一八〕"故可以执言而无咎也",郭京周易举正"言"字作"之"字,并说:"经、注'之'字并误作'言'字。定本'之'字行书向下引脚,稍类行书'言'字,转相写仍,遂成谬。"按,郭说是。如前引孔颖达疏亦说:"若往猎之,则无咎。"只及"猎之",而绝无"言"之意,可知"言"为"之"字之误。

〔一九〕"王",校勘记:"闽、监、毛本'王'作'正',岳本、宋本、古本、足利本作'主'。"按,作"王"、作"正"、作"主"于此义均可通。"授不得王",如言军帅之任命,不得自王。

〔二〇〕"故",固。校勘记:"岳本、宋本、古本、足利本'故'作'固'。"

比

䷇坤下坎上比。吉。原筮,元永贞,无咎。不宁方来,后夫凶。

彖曰:比,吉也。比,辅也。下顺从也。原筮,元永贞,无咎,以刚中也。

处比〔一〕之时,将原筮以求无咎,其唯元永贞乎〔二〕!夫群党相比〔三〕,而不以元永贞,则凶邪之道也。若不遇其主〔四〕,则虽永贞,而犹未足免于咎也。使永贞而无咎者,其唯九五乎!

不宁方来,上下应也。

上下无阳以分其民,五独处尊,莫不归之〔五〕。上下应之,即亲且安。安则不安者托焉,故不宁方[六]所以来,上下应故也。夫无者求有,有者不求所与[七];危者求安,安者不求所保。火有其炎,寒者附之,故已苟安焉,则不宁方来矣[八]。

后夫凶,其道穷也。

将合和亲,而独在后,亲成则诛,是以凶也[九]。

象曰:地上有水,比。先王以建万国,亲诸侯。

万国以比建,诸侯以比亲[一〇]。

初六,有孚,比之无咎。有孚盈缶,终来,有它吉。

处比之始,为比之首者也。夫以不信为比之首,则祸莫大焉,故必有孚盈缶[一一],然后乃得免比之咎,故曰"有孚,比之无咎"也。处比之首,应不在一,心无私吝[一二],则莫不比之。著信立诚,盈溢乎质素之器,则物终来,无衰竭也。亲乎天下,著信盈缶,应者岂一道而来[一三]?故必有它吉也。

象曰:比之初六,有它吉也。

六二,比之自内,贞吉。

处比之时,居中得位,而系应在五,不能来它,故得其自内,贞吉而已。

象曰:比之自内,不自失也。

六三,比之匪人。

四自外比[一四],二为五(应)〔贞〕[一五],近不相得,远则无应。所与比者皆非己亲,故曰"比之匪人"[一六]。

象曰:比之匪人,不亦伤乎。

六四,外比之,贞吉。

外比于五,履得其位,比不失贤,处不失位,故"贞吉"也。

象曰:外比于贤,以从上也。

九五,显比。王用三驱,失前禽,邑人不诫,吉。

为比之主,而有应在二,显比者也。比而显之,则所亲者狭矣[一七]。夫无私于物,唯贤是与,则去之与来皆无失也。夫三驱之礼,禽逆来趣己,则舍之;背己而走,则射之。爱于来而恶于去也,故其所施,常失前禽也[一八]。以显比而居王位,用三驱之道者也。故曰"王用三驱,失前禽"也。用其中正,征讨有常,伐不加邑,动必讨叛,邑人无虞,故不诫也[一九]。虽不得乎大人之吉,是显比之吉也。此可以为上之使,非为上〔之〕道(也)[二〇]。

象曰:显比之吉,位正中也;舍逆取顺,失前禽也;邑人不诫,上使中也。

上六,比之无首,凶。

无首。后(已)〔也〕[二一]。处卦之终,是后夫也。亲道已成,无所与终,为时所弃,宜其凶也。

象曰:比之无首,无所终也。

【校释】

〔一〕"比",亲近、相辅之意。彖辞:"比,辅也。"

〔二〕"原",穷尽。"筮",占卜。孔颖达疏:"原穷其情,筮决其意。""元",大。"永",长久。"贞",正。

〔三〕"群党相比",指初、二、三等众阴爻亲近结党。

〔四〕"主",指九五。

〔五〕此句意为,比卦中只有九五一个阳爻,上下没有与九五争夺者,所以独处尊位而众阴归之。

〔六〕"方",处所。"不宁方",指不安宁的地方。

〔七〕"与",通"予",给予。

〔八〕此句校勘记说:"岳本作'则不宁之方皆来矣'。"

〔九〕"独在后",孔颖达疏:"此谓上六也。""亲成则诛",参看上
　　　六注:"亲道已成,无所与终,为时所弃,宜其凶也。"

〔一〇〕此句意为,建万国,亲诸侯,都要按比卦的原则。孔颖达
　　　疏:"地上有水(指比卦卦象下坤为地,上坎为水),犹域中
　　　有万国;使之各相亲比,犹地上有水流通,相润及物。"

〔一一〕"盈",满溢。"缶",说文:"瓦器,所以盛酒浆。秦人鼓之
　　　以节歌。"郭京周易举正无此"盈缶"二字,并说:"自'处比
　　　之首,应不在一'下,始释'盈缶'之义,此处误增。"按,郭
　　　说是。

〔一二〕"应不在一",孔颖达疏:"初六无应,是应不在一,故心无
　　　私吝也。""吝",怜惜。

〔一三〕"著信盈缶",意为信誉昭著,充满四方。"一道",一方。

〔一四〕卦之下体称内,上体称外,四与五相邻比,所以说"四自外
　　　比"。

〔一五〕"贞"字,据校勘记说校改。校勘记:"岳本、宋本、古本、足
　　　利本'应'作'贞'。按,内卦为贞,作'贞'是也。"按,六二注
　　　说"故得其自内,贞吉而已",即指六二为九五守贞,故此处当
　　　作"二为五贞"为是。

〔一六〕"匪",即"非"。

〔一七〕此句意为,九五应于六二,显露出它的所亲者,所以说九五
　　　之所亲是狭隘的。

〔一八〕"三驱之礼",古代一种狩猎的礼制,指打猎时三次驱赶禽
　　　兽,看其向背,然后射之。左传桓公四年注:"王者习兵于
　　　蒐狩,驱禽而射之,三则已,法军礼也。夫前禽者,在前者,
　　　不逆而射之;旁去又不射;唯背走者顺而射之。不中则已,
　　　是皆所以失之。用兵之法亦如之:降者不杀,奔者不御,皆
　　　为敌不敌己,加以仁恩养威之道。""前禽",此处泛指在射
　　　者前面的禽兽。因为对迎面而来之禽兽不射,只射背己而
　　　走之禽兽,而且射不中即停止不射,所以说"常失前禽"。

〔一九〕"虞",备。"诫",防。

〔二○〕此句据校勘记说校改。校勘记:"岳本、钱本、宋本、足利本
　　　作'非为上之道'。古本作'非为上之道也'。按,正义标
　　　起止作'非为上之道',又曰'非为上之道者',又'故云非
　　　为上之道',则正义本作'非为上之道'是也。"按,据上下
　　　文义当作"非为上之道"。此句意为,九五是显示比卦亲
　　　比之道者,然而由于它所亲比者极其狭隘,所以只能说是
　　　为上役使人,而还不是达到真正的做上之道(指未能达到
　　　"无私于物,唯贤是与")。

〔二一〕"也"字,据集解本校改。校勘记:"毛本'已'作'也'。"
　　　按,当作"也"字,下文"处卦之终,是后夫也"可证。

小畜

☰☴ 乾下巽上**小畜。亨。**

　　不能畜大止健,刚志故行,是以亨〔一〕。

密云不雨,自我西郊。

象曰:小畜,柔得位而上下应之,曰小畜。

> 谓六四也,成卦之义在此爻也〔二〕。体无二阴以分其应,故"上下应之"也。既得其位,而上下应之,三不能陵〔三〕,小畜之义。

健而巽,刚中而志行,乃亨。密云不雨,尚往也;自我西郊,施未行也。

> 小畜之势,足作密云,乃自我西郊〔四〕,未足以为雨也。何由知未能为雨?夫能为雨者,阳上薄阴,阴能固之,然后烝而为雨〔五〕。今不能制初九之复自道,固九二之牵复〔六〕,九三更以不能复为劣也〔七〕,下方尚往,施岂得行〔八〕,故密云而不能为雨,尚往故也。何以明之?(去)〔夫〕〔九〕阴能固之,然后乃雨乎〔一〇〕。上九独能固九三之路,故九三不可以进,而舆说辐也〔一一〕。能固其路而安于上,故得既雨既处〔一二〕。若四五皆能若〔一三〕上九之善畜,则能雨明矣。故举一卦而论之,能为小畜密云而已。阴苟不足以固阳,则虽复至盛,密云自我西郊,故不能雨也。雨之未下,即施之未行也。彖,至〔一四〕论一卦之体,故曰"密云不雨"。象,各言一爻之德,故曰"既雨既处"也。

象曰:风行天上,小畜。君子以懿文德。

> 未能行其施者,故可以懿〔一五〕文德而已。

初九,复自道,何其咎?吉。

> 处乾之始,以升巽初,四为己应,不距己者也。以阳升阴,复自其道,顺而无违〔一六〕,何所犯咎?得义之吉〔一七〕。

象曰:复自道,其义吉也。

九二,牵复,吉。

> 处乾之中,以升巽五,五非畜极,非固己者也。虽不能若阴之不

违,可牵以获复〔一八〕,是以吉也。

象曰:牵复在中,亦不自失也。

九三,舆说辐,夫妻反目。

上为畜盛,不可牵征〔一九〕,以斯而进,故必说辐也〔二〇〕。己为阳极,上为阴长,畜于阴长,不能自复,方之夫妻,反目之义也〔二一〕。

象曰:夫妻反目,不能正室也。

六四,有孚,血去惕出,无咎。

夫言血者,阳犯阴也〔二二〕。四乘于三,近不相得,三务于进,而己隔之,将惧侵克者也〔二三〕。上亦恶三,而能制焉,志与上合,共同斯诚〔二四〕。三虽逼己,而不能犯,故得血去惧除,保无咎也。

象曰:有孚惕出,上合志也。

九五,有孚挛如,富以其邻。

处得尊位,不疑于二,来而不距,二牵己挛,不为专固,"有孚挛如"之谓也〔二五〕。以阳居阳,处实者也。居盛处实,而不专固,"富以其邻"者也〔二六〕。

象曰:有孚挛如,不独富也。

上九,既雨既处,尚德载,妇贞厉。月几望,君子征凶。

处小畜之极,能畜者也。阳不获亨,故既雨也;刚不能侵,故既处也〔二七〕。体巽处上,刚不敢犯,尚德者也;为阴之长,能畜刚健,德积载者也〔二八〕。妇制其夫,臣制其君,虽贞近危〔二九〕,故曰"妇贞厉"也。阴之盈盛,莫盛于此,故曰"月几望"也〔三〇〕。满而又进,必失其道;阴疑于阳,必见战伐;虽复君子,以征〔三一〕必凶,故曰"君子征凶"。

象曰:既雨既处,德积载也;君子征凶,有所疑也。

夫处下可以征而无咎者,唯泰也〔三二〕。(则然)〔然则〕〔三三〕坤本体下,又顺而弱,不能敌刚,故可以全其类,征而吉也〔三四〕。自此以往,则其进各有难矣。夫巽虽不能若艮之善畜〔三五〕,犹不肯为坤之顺从也,故可得少进,不可尽陵也。是以初九、九二其复则可,至于九三,则舆说辐也。夫大畜者,畜之极也,畜而不已,畜极则通。是以其畜之盛,在于四五,至于上九,道乃大行〔三六〕。小畜积极而后乃能畜,是以四五可以进,而上九说征之辐〔三七〕。

【校释】

〔 一 〕“畜”,释文:“积也,聚也,养也。”“不能畜大止健”,孔颖达疏:“若大畜,乾在于下,艮在于上,艮是阳卦,又能止物,能止此乾之刚健,所畜者大,故称大畜。此卦则巽在于上,乾在于下,巽是阴柔,性又和顺,不能止畜在下之乾,唯能畜止九三,所畜狭小,故名小畜。”“刚志故行”,孔颖达疏:“初九、九二犹刚健得行,是以刚志上得亨通。”

〔 二 〕“在此爻也”,集解本作:“在此一爻者也。”

〔 三 〕“三”,指九三。“陵”,侵犯。此句意为,九四阴爻又得阴位,全卦又无别的阴爻,所以上下都与它相应。九三虽靠近它,又是阳爻,性刚健,但也不能侵犯它,这就是小畜之意义。六四注“三虽通己而不能犯”,亦即此意。

〔 四 〕“自”,由、从。“西郊”,比喻密云在远处。

〔 五 〕“薄”,迫,相接触之意。“固”,凝止。“烝”,上升。

〔 六 〕“复”,反。“牵”,连。“初九之复自道”、“九二之牵复”,各参见初九、九二爻辞。此处均为释小畜“密云不雨”之原因。孔颖达疏:“初九既得复道,九二可牵以获复,皆得刚健上通,则是阴不能固阳;而九三劣弱又不能自复,则是阳不薄阴,是以皆不雨也。"

〔七〕"劣",弱。下节九三注说:"己为阳极,上为阴长,畜于阴长,不能自复。"

〔八〕"下方尚往",指初九、九二得以通往反复,而六四不能畜止。"施岂得行",指雨不得降。

〔九〕"夫"字,据四部丛刊影印宋本校改。校勘记补案:"'去'当作'夫',形近之讹。"又,"何以明之"句,卢文弨说:"古本无'之'字。按,当连下文读'何以明夫阴能固之,然后乃雨乎'十三字为一句。"

〔一〇〕"乎",校勘记:"监、毛本'乎'改'今',属下读,非。"

〔一一〕"舆",车舆,指车中能装载东西的部分。"说",借为"脱",脱离。"辐",通"輹",释文:"车下缚也。"即在车轴中央,使车舆与轴相钩连之物,俗称"伏兔"或"钩心"。"舆说辐",见九三爻辞,意为车舆脱离其辐,形容不能行走。

〔一二〕"既雨既处",见上九爻辞、象辞。意为,既能降雨,又能安于其位。

〔一三〕"若",如,假设之辞。

〔一四〕"至",统。周易略例明象:"彖者,统论一卦之体。"又,校勘记:"岳本、监、毛本'至'作'全'。"

〔一五〕"懿",美。

〔一六〕"复自其道,顺而无违",意为初与四相应是易之道,今初九去上升于六四,虽为阳附阴,但符合于易道,是顺而无违,所以下文说"何所犯咎? 得义之吉"。

〔一七〕"得义之吉",校勘记:"古本作'得其义之吉者也',一本无

‘其’字。足利本作‘得其义之吉’。”

〔一八〕“可牵以获复”,指九二能随着初九一起上升于九五。

〔一九〕“上”,指上九。“不可牵征”,孔颖达疏:“九三欲复而进,上九固而止之,不可以行。”意为九三不能随初九、九二一起行进。校勘记:“古本‘可’下有‘以’字,足利本有‘不’字。”

〔二〇〕“说辐”,见本章校释〔一一〕。

〔二一〕“方”,比方、比喻。“反目”,闹翻、脱离关系。

〔二二〕参看坤卦文言注:“犹与阳战而相伤,故称血。”

〔二三〕“乘”,驾御。“将惧侵克者也”,意为惧怕九三侵陵,所以阻塞之。

〔二四〕“上”,指上九。此句意为,上九亦憎恶九三,而能制止它,所以六四与上九憎恶九三之志相同,九三虽逼迫六四,但无害。

〔二五〕“二牵”,即指九二得随初九牵连而反复上通。“挛”,亦为牵连之意。孔颖达疏释为“攀”。“二牵己挛”,意为二既牵连而来,己亦迎而援牵之。“不为专固”,意为并非专为闭固九二。“有孚挛如”,意为既有信用,又援牵之。

〔二六〕“居盛”,指九五居于盛位。“以”,通“与”,给予。“邻”,孔颖达疏:“邻,谓二也。”

〔二七〕“既”,已。“既雨”,指得到雨。“既处”,指得到居处。孔颖达疏:“九三欲进,己(上九)能固之,阴阳不通,故己得其雨也。”又:“三不能侵,不忧危害,故己得其处也。”

〔二八〕“巽”,顺。“积”,积聚。“载”,承载。

〔二九〕上九为阴,九三为阳。上九制九三,所以说“妇制其夫”、

"臣制其君"。以阴制阳,所以又说"虽贞近危"。

〔三〇〕"几",近。"望",朔望之"望",指满月。

〔三一〕"征",行。

〔三二〕泰卦乾下坤上。泰卦彖辞说:"则是天地交而万物通也,
上下交而其志同也。内阳而外阴,内健而外顺。"泰卦初九
爻辞又说:"拔茅茹以其汇,征吉。"

〔三三〕"然则",据校勘记说校改。校勘记:"释文:一本作'然
则',读即以'也'字绝句。古本、足利本作'然则',采
释文。"

〔三四〕此为释泰卦所以处下而"征吉"之原因。泰卦初九注说:
"三阳同志,俱志在外。初为类首,己举则从,若茅茹也。
上顺而应,不为违距,进皆得志,故以其类征吉。"

〔三五〕此指大畜卦,上卦为艮,善畜。参看本章校释〔一〕所引之
孔颖达疏。

〔三六〕此为释大畜卦所以能"畜之盛"之原因。大畜卦上九爻辞
"何天之衢亨",注:"处畜之极则通,大畜以至于大亨
之时。"

〔三七〕"积",积累。"小畜积极"之"极",指上九。"说"借为
"脱"。此句意为,大畜卦之畜,盛于四、五两爻,所以到上
九,道就可以大行了。但小畜卦之畜,则必须积累到上九
才能达到盛,四、五可以通行无阻,而到上九就不能再行进
了,就像舆脱离了辐,如果硬要行进,则不利。

履

☰ 兑下乾上 **履虎尾,不咥人,亨。**

彖曰:履,柔履刚也。说而应乎乾,是以履虎尾,不咥人,亨。

> 凡彖者,言乎一卦之所以为主也[一]。成卦之体,在六三也。履虎尾者[二],言其危也。三为履主,以柔履刚[三],履危者也。履虎尾有不见咥者,以其说而应乎乾也[四]。乾,刚正之德者也。不以说行夫佞邪[五],而以说应乎乾,宜其履虎尾不见咥而亨。

刚中正,履帝位而不疚,光明也。

> 言五[六]之德。

象曰:上天下泽,履。君子以辩上下,定民志。

初九,素履。往,无咎。

> 处履之初,为履之始。履道恶华,故素乃无咎[七]。处履以素,何往不从,必独行其愿[八],物无犯也。

象曰:素履之往,独行愿也。

九二,履道坦坦,幽人贞吉。

> 履道尚谦,不喜[九]处盈,务在致诚,恶夫外饰者也。而二以阳处阴,履于谦也。居内履中[一〇],隐显同也,履道之美,于斯为盛,故履道坦坦,无险厄也[一一]。在幽而贞,宜其吉。

象曰:幽人贞吉,中不自乱也。

六三,眇能视,跛能履。履虎尾,咥人,凶。武人为于大君。

> 居履之时,以阳处阳,犹曰不谦,而况以阴居阳、以柔乘刚者乎[一二]!故以此为明,眇目者也[一三];以此为行,跛足者也[一四];以此履危,见咥者也。志在刚健,不修[一五]所履,欲以陵武于人,

为于大君〔一六〕，行未能免于凶。而志存于五，顽〔一七〕之甚也。

象曰：眇能视，不足以有明也；跛能履，不足以与行也；咥人之凶，位不当也；武人为于大君，志刚也。

九四，履虎尾，愬愬，终吉。

逼近至尊，以阳承阳，处多惧之地，故曰"履虎尾，愬愬"也〔一八〕。

然以阳居阴，以谦为本〔一九〕，虽处危惧，终获其志，故"终吉"也。

象曰：愬愬，终吉，志行也。

九五，夬履，贞厉。

得位处尊，以刚决正，故曰"夬履，贞厉"也〔二〇〕。履道恶盈，而五处尊〔二一〕，是以危。

象曰：夬履，贞厉，位正当也。

上九，视履，考祥；其旋，元吉。

祸福之祥〔二二〕，生乎所履，处履之极，履道成矣，故可视履而考祥也。居极应说，高而不危，是其旋也〔二三〕。履道大成，故元吉也。

象曰：元吉在上，大有庆也。

【校释】

〔一〕此句意为，象辞是说明一卦之中代表这卦的主要的一爻，代表履卦的主要一爻是六三。小畜卦象辞注："彖，至论一卦之礼。"周易略例明彖："彖者，统论一卦之体。"

〔二〕"履"，释文："礼也。"此处注"履虎尾"之"履"，非"礼"之意。孔颖达疏："履，谓履践也。"又，象辞孔颖达疏："履卦名合二义。若以爻言之，则在上履践于下，六三履九二也。若以二卦上下之象言之，则履，礼也。在下以礼承事于上。"

〔 三 〕"以柔履刚",指六三阴柔而在九二刚阳之上。

〔 四 〕"有",校勘记:"古本、足利本'有'作'而'。""咥",释文
"啮也",咬。"说",悦。下同。

〔 五 〕六三以阴柔应于阳,是正道,所以说"不以说行夫佞邪"。

〔 六 〕"五",指九五。

〔 七 〕"华",浮饰。"素",质朴。

〔 八 〕"愿",志向。"独行其愿",指独行其质朴之志向。

〔 九 〕"喜",校勘记:"岳本、钱本、宋本、古本'喜'作'憙'。释文
出'不憙'。"

〔一〇〕"居内履中",指九二处于内卦(下卦)之中位。

〔一一〕"坦坦",宽平。"厄",释文:"又作'戹'。""戹"、"厄"同,
困塞。"险厄",险阻。

〔一二〕三是阳位,六是阴爻,所以说六三为"以阴居阳,以柔
乘刚"。

〔一三〕"眇",释文:"字书云:盲也。说文云:小目。"

〔一四〕"跛足",瘸子。

〔一五〕"修",释文:"'修'本作'循'。"

〔一六〕"大君",君主。"为于大君",孔颖达疏:"欲自为于大君。"
即下文所谓"志存于五(君位)"。

〔一七〕"顽",愚。

〔一八〕"愬愬",惊惧之貌。孔颖达疏:"危惧也。"

〔一九〕九为阳爻而四为阴位,所以说:"以阳居阴,以谦为本。"

〔二〇〕"夬",决。"厉",危。

〔二一〕"尊",校勘记:"岳本、宋本、古本、足利本'尊'作'实',卢

　　文弨云:'实谓阳也。'"

〔二二〕"祥",征兆。

〔二三〕"旋",孔颖达疏:"反也。"

泰

䷊乾下坤上泰。小往大来,吉亨。

彖曰:泰,小往大来,吉亨,则是天地交而万物通也,上下交而其志同也。内阳而外阴,内健而外顺,内君子而外小人。君子道长,小人道消也。

象曰:天地交,泰。后以财成天地之道,辅相天地之宜,以左右民。

　　泰〔一〕者,物大通之时也。上下大通,则物失其节〔二〕,故财成而辅相,以左右民也〔三〕。

初九,拔茅茹以其汇,征吉。

　　茅之为物,拔其根而相牵引者也〔四〕。茹〔五〕,相牵引之貌也。三阳同志,俱志在外〔六〕;初为类首,己举则从,若茅茹也〔七〕。上顺而应,不为违距,进皆得志,故以其类征〔八〕吉。

象曰:拔茅征吉,志在外也。

九二,包荒,用冯河,不遐遗。朋亡,得尚于中行。

　　体健居中,而用乎泰,能包含荒秽、受纳冯河〔九〕者也。用心弘大,无所遐弃〔一○〕,故曰"不遐遗"也。无私无偏,存乎光大,故曰"朋亡"也〔一一〕。如此,乃可以得尚于中行。尚,犹配也〔一二〕。中行,谓五。

象曰:包荒得尚于中行,以光大也。

九三,无平不陂,无往不复。艰贞,无咎。勿恤其孚,于食有福。

> 乾本上也,坤本下也,而得泰者,降与升也。而三处天地之际,将复其所处。复其所处,则上守其尊,下守其卑。是故无往而不复也,无平而不陂〔一三〕也。处天地之将闭〔一四〕,平路之将陂,时将大变,世将大革,而居不失其正,动不失其应〔一五〕,艰而能贞,不失其义,故"无咎"也。信义诚著,故不恤其孚而自明也,故曰"勿恤其孚,于食有福"也〔一六〕。

象曰:无往不复,天地际也。

> 天地将各分复之际。

六四,翩翩不富以其邻,不戒以孚。

> 乾乐上复,坤乐下复,四处坤首,不固所居,见命则退,故曰"翩翩"也〔一七〕。坤爻皆乐下,己退则从,故不待富而用其邻也〔一八〕。莫不与己同其志愿,故不待戒〔一九〕而自孚也。

象曰:翩翩不富,皆失实也;不戒以孚,中心愿也。

六五,帝乙归妹,以祉,元吉。

> 妇人谓嫁曰归〔二〇〕。泰者,阴阳交通之时也。女处〔二一〕尊位,履中居顺,降身应二,感以相与,用中行愿〔二二〕,不失其礼。帝乙归妹〔二三〕,诚合斯义。履顺居中,行愿以祉〔二四〕,尽夫阴阳交配之宜,故"元吉"也。

象曰:以祉元吉,中以行愿也。

上六,城复于隍,勿用师。自邑告命,贞吝。

> 居泰上极,各反所应,泰道将灭,上下不交,卑不上承,尊不下施,

是故"城复于隍"〔二五〕,卑道崩也。"勿用师",不烦攻也。"自邑告命,贞吝",否道已成,命不行也〔二六〕。

象曰:城复于隍,其命乱也。

【校释】

〔一〕"泰",释文:"大通也。"

〔二〕"节",有制度、秩序、节止等义,详见节卦注。"物失其节",孔颖达疏:"失其节则冬温夏寒,秋生春杀。"

〔三〕"财",裁,制裁、节制之意。"辅相",辅助。"左右",释文通"佐佑",亦相助之意。

〔四〕"茅",草名,即茅草。"相牵引",指茅草根互相牵连在一起。校勘记:"古本无'牵'字。"

〔五〕"茹",借为"挐",说文:"挐,牵引也。"

〔六〕"外",指外卦,即上坤卦。

〔七〕泰卦下卦是乾,三爻都是阳,所以说"初为类首"。"己举则众从",指九二、九三随初九而动,所以又说"若茅茹也"。

〔八〕泰卦上卦是坤,三爻都是阴,所以对下卦乾顺从而相应,不违背,不抗拒。因而初九、九二、九三都能"得志"。"类征",意为下卦之三阳爻连类而行。

〔九〕"冯",通"凭"。"冯河",徒步涉河。孔颖达疏:"无舟渡水。"意指无能之人。

〔一〇〕"遐",说文:"远也。"

〔一一〕"朋",党。"朋亡",意为无朋党之私。

〔一二〕"尚,犹配也",王引之经义述闻说:王弼释"尚"为"配",古训无征。王引之据尔雅"尚，右也"，以为"尚"当释为佑助之意。

〔一三〕"陂"，倾而不平，阴而不正。

〔一四〕"闭"，闭塞不通。

〔一五〕九三阳爻而居阳位，又与上六相应，所以说"居不失其正，动不失其应"。

〔一六〕"恤"，忧。"孚"，信。"食"，指食禄。

〔一七〕"固"，固守。"翩翩"，释文："轻举貌。"此处为表示轻而易举之意。

〔一八〕"不待富而用其邻"，意为六五、上六从己而下都是出于自愿，不须用财富去支使它们。

〔一九〕"戒"，通"诫"，告。

〔二○〕语见公羊传隐公二年："妇人谓嫁曰归。"

〔二一〕"女处"，校勘记："释文：本亦作'爻处'。"

〔二二〕"用中行愿"，意为六五居中，用中之道，而且行其复下之志愿。

〔二三〕"帝乙归妹"之故事已失传。据近人考证，可能是指诗经大雅大明所记载之文王娶亲之故事。参看古史辨第三册上篇周易卦爻辞中的故事。

〔二四〕"祉"，福。

〔二五〕"隍"，城下之沟。无水称隍，有水称池。

〔二六〕此句意为，上下否塞之形势已形成，命令已不能行，所以只能就自己之邑地发布命令。按，疑注文"自邑告命，贞吝"下脱一"者"字。"否道已成，命不行也"为释经文"自邑告命，贞吝"句，当有一"者"字，文义方可通。孔颖达疏亦作

"自邑告命,贞吝者,否道已成",可证。

否

䷋ 坤下乾上 否之匪人,不利君子贞,大往小来。

彖曰:否之匪人,不利君子贞,大往小来,则是天地不交
而万物不通也,上下不交而天下无邦也。内阴而外阳,
内柔而外刚,内小人而外君子。小人道长,君子道消也。

象曰:天地不交,否。君子以俭德辟难,不可荣以禄。

初六,拔茅茹以其汇,贞吉,亨。

> 居否[一]之初,处顺之始,为类之首者也。顺非健也,何可以征?
> 居否之时,动则入邪,三阴同道,皆不可进,故茅茹以类[二]。贞而
> 不谄,则吉、亨。

象曰:拔茅贞吉,志在君也。

> 志在于君,故不苟进。

六二:包承,小人吉,大人否亨。

> 居否之世,而得其位;用其至顺,包承[三]于上。小人路通,内柔外
> 刚;大人否之,其道乃亨。

象曰:大人否亨,不乱群也。

六三,包羞。

> 俱用小道以承其上,而位不当,所以包羞也。

象曰:包羞,位不当也。

九四,有命无咎,畴离祉。

> 夫处否而不可以有命[四]者,以所应者小人也;有命于小人,则消

君子之道者也。今初志在君,处乎穷下,故可以有命无咎,而畴丽福也〔五〕。畴,谓初也。

象曰:有命无咎,志行也。

九五,休否,大人吉。其亡其亡,系于苞桑。

居尊(得)〔当〕〔六〕位,能休〔七〕否道者也。施否于小人,否之休也。唯大人而后能然〔八〕,故曰"大人吉"也。处君子道消之时,己居尊位,何可以安?故心存将危,乃得固也〔九〕。

象曰:大人之吉,位正当也。

上九,倾否,先否后喜。

先倾〔一○〕后通,故后喜也。始以倾为否,后得通,乃喜。

象曰:否终则倾,何可长也。

【校释】

〔 一 〕"否",闭塞不通。

〔 二 〕"茅茹以类",参看泰卦校释〔四〕、〔五〕、〔七〕。校勘记:
　　　　"岳本、古本、足利本'茅'上有'拔'字。"

〔 三 〕"包承",包容、应承。

〔 四 〕"有命",有令,指发布命令。

〔 五 〕"畴",类、匹。此处指与九四相匹之初六。所以下文说:
　　　　"畴,谓初也。"孔颖达疏:"畴,谓畴匹,谓初六也。""丽",
　　　　附著。此句意为,初六亦能依附而得福。

〔 六 〕"当"字,据校勘记说校改。校勘记:"岳本、宋本、古本、足
　　　　利本'得'作'当'。"按,当作"当",九五正当君位,象辞亦
　　　　说:"大人之吉,位正当也。"

〔 七 〕“休”,美。

〔 八 〕“唯大人而后能然”,<u>郭京周易举正</u>作“唯大人乃能然”。

〔 九 〕“固”,牢固。此句意为,如能“安而不忘危,存而不忘亡,
治而不忘乱”(<u>系辞下</u>),则其尊位得以牢固。

〔一〇〕“倾”,倾覆。

同人

☰ _{离下乾上}同人于野,亨。利涉大川,利君子贞。

彖曰:同人,柔得位、得中而应乎乾,曰同人。

　　二为同人之主〔一〕。

同人曰,同人于野,亨。利涉大川,乾行也。

　　所以乃能同人于野,亨〔二〕,利涉大川,非二之所能也,是乾之所
　　行,故特曰“同人曰”〔三〕。

文明以健,中正而应,君子正也。

　　行健不以武,而以文明用之〔四〕;相应不以邪,而以中正应之〔五〕。

　　君子正也,故曰“利君子贞”。

唯君子为能通天下之志。

　　君子以文明为德〔六〕。

象曰:天与火,同人。

　　天体在上而火炎上,同人之义也〔七〕。

君子以类族辨物。

　　君子小人,各得所同〔八〕。

初九,同人于门,无咎。

居同人之始,为同人之首者也。无应于上,心无系吝[九],通夫大同,出门皆同,故曰"同人于门"也。出门同人,谁与为咎!

象曰:出门同人,又谁咎也!

六二,同人于宗,吝。

应在乎五,唯同于主,过主则否[一〇],用心偏狭,鄙吝之道[一一]。

象曰:同人于宗,吝道也。

九三,伏戎于莽,升其高陵,三岁不兴。

居同人之际,履下卦之极,不能包弘上下,通夫大同;物党相分,欲乖其道,贪于所比,据上之应[一二];其敌刚健,非力所当,故"伏戎于莽",不敢显亢也[一三]。"升其高陵",望不敢进,量斯势也,三岁不能兴者也[一四]。三岁不能兴,则五道亦以成矣,安所行焉[一五]。

象曰:伏戎于莽,敌刚也;三岁不兴,安行也。

安,辞也。

九四,乘其墉,弗克攻,吉。

处上攻下,力能乘墉者也[一六]。履非其位,以与人争,二自五应[一七],三非犯己,攻三求二,尤而效之,违义伤理,众所不与[一八],故虽乘墉而不克也[一九]。不克则反,反则得吉也[二〇]。不克乃反,其所以得吉,困而反则者也[二一]。

象曰:乘其墉,义弗克也;其吉,则困而反则也。

九五,同人,先号咷而后笑。大师克,相遇。

彖曰"柔得位、得中而应乎乾,曰同人"[二二]。然则体柔居中,众之所与;执刚用直,众所未从,故近隔乎二刚,未获厥志,是以先号咷也[二三]。居中处尊,战必克胜,故后笑也。不能使物自归,而用其强直,故必须大师克之,然后相遇也。

象曰:同人之先,以中直也;大师相遇,言相克也。

上九,同人于郊,无悔。

郊者,外之极也〔二四〕。处同人之时,最在于外,不获同志,而远于
内争,故虽无悔吝,亦未得其志。

象曰:同人于郊,志未得也。

凡处同人而不泰焉,则必用师矣。不能大通,则各私其党而求利
焉。楚人亡弓,不能亡楚〔二五〕;爱国愈甚,益为它灾〔二六〕,是以同
人不弘。刚健之爻,皆至用师也。

【校释】

〔 一 〕"二",六二。周易略例明彖:"夫少者,多之所贵也;寡者,
众之所宗也。一卦五阳而一阴,则一阴为之主矣;五阴而
一阳,则一阳为之主矣。"同人卦只有二为阴,所以说"二
为同人之主"。"同",释文:"和同也。"孔颖达疏:"同人,
谓和同于人。"

〔 二 〕"野",孔颖达疏:"野是广远之处,借其野名,喻其广远。
言和同于人,必须宽广,无所不同,用心无私。"又,"所以
乃能同人于野,亨",郭京周易举正于"所以"下无"乃"字。

〔 三 〕此节注文之意为,同人卦所以得"同人"之义,是在于六二
"柔得位、得中而应乎乾"(见彖辞),然而同人卦所以能
"同人于野,亨,利涉大川",则不是六二所能行的,而是上
卦乾之所行,因此彖辞特别加上"同人曰",以资区别。孔
颖达疏:"同人曰,犹言同人卦曰。"

〔 四 〕"武",指威势。"文明",指礼义。

〔 五 〕六二与九五相应,这二爻均处中位,所以说:"相应不以邪,而以中正应之。"

〔 六 〕此节注文为释彖辞"唯君子为能通天下之志"之原因,是由于君子以"文明"为自己之德行。

〔 七 〕同人卦下卦为离为火,上卦为乾为天,所以说:"天体在上而火炎上,同人之义也。"

〔 八 〕此"同"字为同类相聚之意。

〔 九 〕"系",系属。"吝",鄙吝。"心无系吝",意为心中无偏私吝啬之意。

〔一〇〕"过",失。"过主则否",意为六二应与九五相应,所以只应和同于主(九五),如果不应于主而同于宗(族),则是闭塞(否)之道了。校勘记:"'过主'之'主',监、毛本误作'上'。"

〔一一〕"偏",校勘记:"岳本作'褊',释文出'褊狭'。"此句意为,不同于主而只同于宗(族),那是用心偏狭,同下不同上,这是鄙吝之道。

〔一二〕"党",类。"乖",违背。"比",邻。"据",占据。此句意为,物各按其类而相聚相分别,然而九三企图违背这种情况,贪爱于其邻(六二),占据九五所当应承者。

〔一三〕"其敌",指九五。"非力所当",指非九三之力所能抵挡。"伏",潜。"戎",兵。"莽",草,郑玄注:"丛木。""显",露。"亢",高。

〔一四〕"升",登。"量",估计。"斯",此。"势",形势。"斯势",指"其敌刚健,非力所当"之势。"三岁",三年。"兴",

兴起。

〔一五〕"五道",指九五君主之道。"以成",即"已成"。
　　　　"安",何。

〔一六〕"墉",高墙。"乘墉",登高,形容居高临下。

〔一七〕"以与人争,二自五应"句,校勘记:"集解本作:'与三争
　　　　二,二自应五。'"

〔一八〕"尤而效之",意为四也效法三去求六二。"与",赞许。

〔一九〕"不克",不胜。"故虽乘墉而不克也",集解本作:"势虽乘
　　　　墉,义弗克也。"

〔二○〕"反则得吉也",校勘记:"释文:一本作'反则得,得则
　　　　吉也'。"

〔二一〕"困而反则者也"之"则",指法则,即指"物党相分"之道。
　　　　"其所以得吉,困而反则者也",集解本作:"而得吉者,以
　　　　困而反正则也。"

〔二二〕"应乎乾"之"乎",校勘记:"古本'乎'作'于'。"

〔二三〕"二刚",指九三、九四。"厥",其。"厥志",指九五之志。
　　　　"号咷",哭泣。说文:"楚谓儿泣不止曰嗷咷。"

〔二四〕"外之极",此处既说明"郊"为甚远之处,又说明上九为同
　　　　人卦最末一爻。

〔二五〕"楚人亡弓,不能亡楚",事见说苑:"楚共王(孔子家语作
　　　　"恭王")出猎,而遗其弓(孔子家语作"亡乌嗥之弓")。左
　　　　右请求之,共王曰:止,楚人遗弓,楚人得之,又何求焉?仲
　　　　尼闻之曰:惜乎其不大,亦曰人遗弓,人得之而已,何必楚
　　　　也。"(十四卷)孔子家语好生篇亦记此事,文略不同。校
　　　　勘记:"'不能亡楚'之'亡',监、毛本误作'忘'。"

〔二六〕"益",增加。<u>孔颖达疏引左传哀公</u>六年<u>吴</u>伐<u>陈</u>,<u>楚</u>救<u>陈</u>而<u>楚昭王</u>轸死于<u>城父</u>之故事,以说明"此爱国而致它灾也"。

大有

☲ 乾下离上**大有。元亨。**

不大通,何由得大有〔一〕乎? 大有,则必元亨矣。

彖曰:大有,柔得尊位大中,而上下应之,曰大有。

处尊以柔,居中以大,体无二阴以分其应,上下应之,靡所不纳〔二〕,大有之义也。

其德刚健而文明,应乎天而时行,是以元亨。

德应于天,则行不失时矣。刚健不滞,文明不犯〔三〕,应天则大〔四〕,时行无违,是以元亨。

象曰:火在天上,大有。君子以遏恶扬善,顺天休命。

大有,包容之象也。故遏〔五〕恶扬善,(成物之性顺天休命顺物之命)〔成物之美,顺夫天德,休物之命〕〔六〕。

初九,无交害,匪咎,艰则无咎。

以夫刚健为大有之始,不能履中,满而不溢〔七〕;术斯以往〔八〕,后害必至,其欲匪咎,艰则无咎也〔九〕。

象曰:大有初九,无交害也。

九二,大车以载,

任重而不危〔一〇〕。

有攸往,无咎。

健不违中,为五所任;任重不危,致远不泥〔一一〕,故可以往而无咎也。

象曰:大车以载,积中不败也。

九三,公用亨于天子,小人弗克。

处大有之时,居下体之极,乘刚健之上,而履得其位,与五同功,威权之盛,莫此过焉[一二]。公[一三]用斯位,乃得通乎天子之道也。小人不克,害可待也[一四]。

象曰:公用亨于天子,小人害也。

九四,匪其彭,无咎。

既失其位,而上近至尊之威,下比分权之臣,其为惧也,可谓危矣。唯夫有圣知[一五]者,乃能免斯咎也。三虽至盛,五不可舍,能辩斯数,专心承五[一六],常匪其旁[一七],则无咎矣。旁,谓三也。

象曰:匪其彭,无咎,明辨皙也。

明,犹才也。

六五,厥孚交如,威如,吉。

居尊以柔,处大以中,无私于物,上下应之。信以发志,故其孚交如也[一八]。夫不私于物,物亦公焉;不疑于物,物亦诚焉。既公且信,何难何备[一九]?不言而教行,何为而不威如[二〇]?为大有之主而不以此道,吉可得乎?

象曰:厥孚交如,信以发志也;威如之吉,易而无备也。

上九,自天祐之,吉,无不利。

大有,丰富之世也。处大有之上,而不累于位,志尚乎贤者也。余爻皆乘刚,而己独乘柔,顺也。五为信德,而己履焉,履信之谓也[二一]。虽不能体柔,而以刚乘柔,思顺之义也。居丰有之世[二二],而不以物累其心[二三],高尚其志,尚贤者也。爻有三德〔二四〕,尽夫助道,故系辞具焉〔二五〕。

象曰:大有上吉,自天祐也。

【校释】

〔 一 〕“大有”,释文:“包容丰富之象。”孔颖达疏:“柔处尊位,群阳并应,大能所有,故称大有。”

〔 二 〕“靡”,无。“纳”,受。

〔 三 〕“刚健不滞,文明不犯”,意为刚健则不为物所滞留,文明(指礼义显明)则不犯于物。此为以大有卦之上下卦象之义(乾为刚健,离为光明)解释大有。

〔 四 〕“则”,法则、效法。“应天则大”,即上文所谓“德应于天”、“居中以大”之意。

〔 五 〕“遏”,止。

〔 六 〕“成物之美,顺夫天德,休物之命”,据宋本等校改。校勘记:“岳本、宋本作‘成物之美,顺夫天德,休物之命’。古本、足利本与岳本同,唯‘夫’作‘奉’。一本无‘奉’字。”按,当如岳本、宋本等。“成物之美”指“遏恶扬善”。“顺夫(奉)天德,休物之命”,释象辞“顺天休命”。孔颖达疏亦说:“遏匿其恶,褒扬其善,顺奉天德,休美物之性命。”

〔 七 〕“不能履中,满而不溢”,孔颖达疏:“初不在二位是不能履中,在大有之初是盈满,身行刚健是溢也。”

〔 八 〕“术”,法。“术斯以往”,意为依照“不能履中,满而不溢”去行动。

〔 九 〕“艰”,艰难。此句意为,如能艰难以从事,则可以避免灾咎。

〔一〇〕"任",承受。此释爻辞"大车以载",意为大车能承受重物而没有危险。

〔一一〕"致",往、达。"泥",滞留。此语本论语子张:"子夏曰:虽小道,必有可观者焉,致远恐泥,是以君子不为也。"

〔一二〕"莫此过焉",如说莫过于此也。

〔一三〕"公",指诸侯、王公。

〔一四〕此句意为,九三之位"权威之盛,莫此过焉",所以只有诸侯、王公可用此位,而小人不能胜用。小人既不能胜用此位,而如果居此位,则"害可待也"。

〔一五〕"圣知",校勘记:"释文出'至知'。"

〔一六〕"辩",明辩。"数",所,指处所。此句意为,九四如能明白自己所处之地位,而专心追随于六五。

〔一七〕"匪其旁",释爻辞"匪其彭"。焦循周易补疏:"广雅'彭彭'、'旁旁'皆训为盛……'旁'之训为溥,为广,'旁魄四塞',故义为盛。说文'彭'为鼓声,义亦为盛者,为'旁'之音通相假借也。王氏(弼)训'彭'为盛,故云'三虽至盛'……直以'旁'代'彭',而云'常匪其旁'。"按,焦说是。"常匪其旁",意为九四当"专心承五",所以对至盛之九三当常非之,如此"则无咎矣"。孔颖达疏"旁"为相旁之旁,乃据注文"旁,谓三也"之意,义虽亦可通,然失王弼之意远矣。

〔一八〕"孚",信。"交",交接。"如",语气辞。

〔一九〕"何难何备",意为有什么困难,又有什么需要防备。

〔二〇〕"不言而教行,何为而不威如",老子十七章王弼注:"大人在上,居无为之事,行不言之教,万物作焉而不为始,故下知有之而已。”

〔二一〕“履信之谓也”，校勘记：“集解本‘之谓’二字作‘者’。”

〔二二〕“居丰有之世”，校勘记：“集解本‘有’作‘富’，‘世’作‘代’。”

〔二三〕“而不以物累其心”，校勘记：“集解本作‘物不累心’。”

〔二四〕“三德”，指“履信”、“思顺”、“尚贤”三德。

〔二五〕“故系辞具焉”，指系辞中言及此爻辞。如系辞上：“易曰：自天祐之，吉，无不利。子曰：祐者，助也。天之所助者，顺也；人之所助者，信也。履信思乎顺，又以尚贤也。是以自天祐之，吉，无不利也。”

<h1 style="text-align:center">谦</h1>

☶ 艮下坤上 谦。亨。君子有终。

彖曰：谦亨。天道下济而光明，地道卑而上行；天道亏盈而益谦，地道变盈而流谦，鬼神害盈而福谦，人道恶盈而好谦，谦尊而光，卑而不可逾，君子之终也。

象曰：地中有山，谦。君子以裒多益寡，称物平施。

多者用谦以为裒〔一〕，少者用谦以为益，随物而与，施不失平也。

初六，谦谦君子，用涉大川，吉。

处谦之下，谦之谦者也。能体谦谦，其唯君子，用涉大难〔二〕，物无害也。

象曰：谦谦君子，卑以自牧也。

牧，养也。

六二，鸣谦，贞吉。

鸣者,声名闻之谓也〔三〕。得位居中,谦而正焉。

象曰:鸣谦贞吉,中心得也。

九三,劳谦,君子有终,吉。

处下体之极,履得其位。上下无阳以分其民,众阴所宗,尊莫先
焉〔四〕。居谦之世,何可安尊?上承下接,劳谦匪解〔五〕,是以
吉也。

象曰:劳谦君子,万民服也。

六四,无不利,㧑谦。

处三之上而用谦焉,则是自上下下之义也;承五而用谦顺,则是上
行之道也。尽乎奉上下下之道,故无不利。指㧑〔六〕皆谦,不违
则也。

象曰:无不利,㧑谦,不违则也。

六五,不富以其邻,利用侵伐,无不利。

居于尊位,用谦与顺,故能不富而用其邻也。以谦顺而侵伐〔七〕,
所伐皆骄逆也〔八〕。

象曰:利用侵伐,征不服也。

上六,鸣谦,利用行师,征邑国。

最处于外,不与〔九〕内政,故有名而已,志功未得也。处外而履谦
顺,可以征邑国而已〔一〇〕。

象曰:鸣谦,志未得也,可用行师,征邑国也。

夫吉凶悔吝,生乎动者也〔一一〕。动之所起,兴于利者也。故饮食
必有讼,讼必有众起〔一二〕。未有居众人之所恶,而为动者所
害〔一三〕;处不竞之地,而为争者所夺。是以六爻虽有失位、无应、
乘刚〔一四〕,而皆无凶咎悔吝者,以谦为主也。"谦尊而光,卑而不

可逾"〔一五〕,信矣哉!

【校释】

〔 一 〕"谦",谦下。释文:"卑退为义,屈己下物也。""衰",减。玉篇:"减也。"释文引广雅:"掊减也。"孔颖达疏引尔雅释诂:"衰,聚也。"并释王弼注文之意说:"于先多者,其物虽多,未得积聚以谦,故益其物更多而积聚。"按,孔疏与谦卦之义、象辞"称物平施"及注"随物而与,施不失平"之意有出入,且王注以"衰"与"益"对文,此处"衰"当为减义。

〔 二 〕"涉大难",即指爻辞"涉大川"。"涉大川"为比喻之说。

〔 三 〕"鸣",校勘记:"释文作'名'。"又,"鸣者,声名闻之谓也",释文说:"一读'名者声'绝句。"

〔 四 〕"宗",主。谦卦只有九三为阳,所以说"众阴所宗,尊莫先焉"。

〔 五 〕"劳",勤劳。"匪解",即非懈,不懈怠。

〔 六 〕"指㧑",释爻辞"㧑"。释文:"㧑,指㧑也,义与麾同。"按,说文:"㧑,裂也。一曰手指㧑也。""裂"与"指㧑",引申之义均为"所到之处皆……"之意。说文段玉裁注:"易'㧑谦',马曰:'㧑,犹离也。'按,'㧑谦'者,溥散其谦,无所往而不用谦,裂义之引申也。"说文通训定声:"㧑,假借为麾。""麾",说文:"旌旗所以指。"即指"所到之处"。王弼注爻辞"㧑谦"说:"指㧑皆谦。"其意为所到之处,无不用谦。

〔 七 〕"以谦顺而侵伐"之"侵"字,郭京周易举正作"征",并说:"经、注、象三'征'字皆误作'侵'字。夫谦顺之道,不妨征

伐骄逆之人……其侵夺之义皆是越己之分……非君上之
所行……侵夺误亦明矣。"

〔 八 〕"骄逆",泛指不受约束者、叛逆者。

〔 九 〕"与",参预、干预。

〔一〇〕"邑国",比喻小国。

〔一一〕"吉凶悔吝,生乎动者也",文见系辞下。

〔一二〕参见序卦:"需者,饮食之道也。饮食必有讼,故受之以讼。
讼必有众起。"

〔一三〕"而为动者所害"之"而"字,校勘记:"郭京云:'而'乃
'不'字之误。卢文弨谓'而'下脱'不'字耳。"按,郭、卢惑
于彖辞"人道恶盈而好谦"之说,且未深寻王弼注文之意,
因而以为当改"而"为"不",或于"而"下增一"不"字。其
实,王弼承老子思想,以老解易。他以为不与人争、处卑
(即"众人之所恶")、守静(即"不竞"),则能不为动者、争
者所害、所夺。如老子八章:"上善若水,水善利万物而不
争,处众人之所恶。"王弼注:"人恶卑也。"又,六十一章
注:"言唯修卑下,然后乃各得其所。"此注说:"未有居众
人之所恶,而为动者所害。"此"居众人之所恶",即指处卑
下,而非彖辞所谓处"盈"而为人所恶。所以本节注下文
说:"是以六爻……以谦为主也。'谦尊而光,卑而不可
逾',信矣哉!"又,此处"未有居众人之所恶,而为动者所
害",与"(未有)处不竞之地,而为争者所夺"为同义,反复
申述,非对比而言。

〔一四〕"失位",指六五以阴而居尊位。"无应",指初与四、二与
五本当相应,但均为阴爻,所以说"无应"。"乘刚",指六

四在九三之上是柔乘刚。

〔一五〕"谦尊而光,卑而不可逾",文见本卦彖辞。"谦尊而光",孔颖达疏:"尊者有谦而更光明盛大。""逾",越。"卑而不可逾",指卑者坚守谦下之道则它人不可逾越。

豫

坤下震上豫。利建侯、行师。

彖曰:豫,刚应而志行,顺以动,豫。豫顺以动,故天地如之,而况建侯、行师乎?天地以顺动,故日月不过而四时不忒;圣人以顺动,则刑罚清而民服。豫之时义大矣哉。

象曰:雷出地奋,豫。先王以作乐崇德,殷荐之上帝,以配祖考。

初六,鸣豫,凶。

处豫〔一〕之初,而特得志于上〔二〕。乐过则淫,志穷则凶,豫何可鸣〔三〕?

象曰:初六鸣豫,志穷凶也。

六二,介于石,不终日。贞吉。

处豫之时,得位履中,安夫贞正,不求苟豫者也。顺不苟从,豫不违中,是以上交不谄,下交不渎〔四〕。明祸福之所生,故不苟说〔五〕;辩必然之理,故不改其操。介如石焉〔六〕,不终日明矣〔七〕。

象曰:不终日,贞吉,以中正也。

六三,盱豫,悔;迟,有悔。

居下体之极,处两卦之际,履非其位,承动豫之主〔八〕。若其盱盱^{〔九〕}而豫,悔亦生焉^{〔一〇〕}。迟而不从,豫之所疾。位非所据,而以从豫,进退离悔,宜其然矣^{〔一一〕}。

象曰:盱豫有悔,位不当也。

九四,由豫,大有得。勿疑,朋盍簪。

处豫之时,居动之始,独体阳爻,众阴所从,莫不由之以得其豫,故曰"由豫,大有得"也。夫不信于物,物亦疑焉,故勿疑则朋合疾也^{〔一二〕}。盍,合也。簪,疾也。

象曰:由豫,大有得,志大行也。

六五,贞疾,恒不死。

四以刚动,为豫之主。专权执制,非己所乘^{〔一三〕},故不敢与四争权。而又居中处尊,未可得亡,是以必常至于贞疾^{〔一四〕},恒不死而已。

象曰:六五贞疾,乘刚也;恒不死,中未亡也。

上六,冥豫成。有渝,无咎。

处动豫之极,极豫尽乐,故至于冥豫成也^{〔一五〕}。过豫不已,何可长乎? 故必渝变,然后无咎^{〔一六〕}。

象曰:冥豫在上,何可长也。

【校释】

〔 一 〕"豫",指豫卦。释文:"悦豫也,备豫也。"孔颖达疏:"豫者,取逸豫之义。以和顺而动,动不违众,众皆说豫,故谓之豫也。"

〔 二 〕"特",独。"上",指上卦九四。豫卦只有九四为阳爻,而初六得以相应,所以说"特得志于上"。

〔 三 〕"鸣",鸟叫声,此处形容豫乐之至,以致叫出声来。"豫何可鸣",意为豫乐不能过分,过分了就将陷于淫,得意过分就将招来凶。卢文弨说:"古本'鸣'下有'哉'字。"

〔 四 〕"谄",谄媚、阿谀。"渎",亵渎、侮辱。此句意为,六二中正不苟,与上交往不阿谀奉迎,与下交往不轻蔑侮辱。

〔 五 〕"说",同"悦"。"苟说",苟且求豫悦。

〔 六 〕"介",耿介,坚确貌。"介如石焉",意为六二的品行,正直不移,就如石头一样坚确。

〔 七 〕"不终日明矣",孔颖达疏:"见几(微小的苗头)之速,不待终竟一日,去恶修善,恒守正。"此句意为,六二能"明祸福之所生","辩必然之理",所以能迅速发现错误的苗头,而且发现后立即改正,不等到一天终了。

〔 八 〕九四是豫卦中唯一的阳爻,是豫卦之主。六三在九四之下,上承九四,所以说"承动豫之主"。

〔 九 〕"盱盱",释爻辞"盱"。说文:"盱,仰目也。""盱,张目也。"释文引向秀说:"盱盱,小人喜悦之貌。"孔颖达疏同。焦循周易补疏说:"郭象注庄子云:'盱盱盱盱,跂扈之貌,人将畏难而疏远。'释文引广雅云:'盱盱盱盱,元气也。'……王氏之学,习于老、庄,其'盱盱'二字正本庄子。其意以九四为动豫之主,以六三为承动豫之主。所云'盱盱而豫',指九四。谓九四以一阳自贵于众阴之中,其盱盱之状不可与居,今承之而从之,必受其辱而生悔。然既近承其下,使迟而不从,则又为九四所疾,故云'迟而不从,豫之所疾'。何也? 其人既自矜自贵,宁容近承其下者不相从也。从之生悔,不从亦有悔,故云'进退离悔'……向秀

之注,既失王氏注易之旨,亦乖庄、列‘谁与’之言。”按,焦
说是。此处“其”指九四而言,非指六三而言,所以“睢盱”
为形容九四跛虺之貌,而非形容九三喜悦之貌。

〔一〇〕“悔亦生焉”之“生”字,集解本作“至”。

〔一一〕“进退离悔”之“离”,当如小过卦“飞鸟离之”、诗经邶风
新台“鸿则离之”之“离”。扬雄方言:“罗谓之离。”玉篇:
“离,遇也。”前汉书扬雄传反离骚注引应劭说:“离,犹遭
也。”又,“宜其然也”四字,集解本作“位不当也”,与象辞
文同。

〔一二〕“朋”,党、类。“合”,聚。“疾”,速,释经文“簪”字。“簪”
为“撍”之借字,玉篇:“撍,急疾也。”

〔一三〕“非己所乘”,意为不是自己(六五)所能驾御的。

〔一四〕“贞疾”,意为虽得正位,但常受到九四之侵害而有病。

〔一五〕“冥”,暗昧。“冥豫”,指不明白豫乐之道而无节制地寻欢
逐乐。

〔一六〕“渝变”,“变”释“渝”之义。此句意为,必须改变“冥豫”
的状况,然后才能无咎。

随

☱ 震下兑上 随。元亨,利贞,无咎。

**彖曰:随,刚来而下,柔动而说,随。大亨,贞,无咎,而天
下随时。随时之义大矣哉!**

震刚而兑柔也。以刚下柔,动而之说,乃得随也〔一〕。为随而不大
通,逆于时也;相随而不为利正,灾之道也。故大通利贞,乃得无

咎也。为随而令大通利贞,得于时也;得时则天下随之矣。随之所施,唯在于时也,时异而不随,否之道也[二],故随时之义大矣哉!

象曰:泽中有雷,随。君子以向晦入宴息。

泽中有雷,动说之象也[三]。物皆说随,可以无为,不劳明鉴[四],故君子向晦入宴息也[五]。

初九,官有渝,贞吉。出门交,有功。

居随之始,上无其应[六],无所偏係[七],动能随时,意无所主者也。随不以欲,以欲随宜者也[八]。故官有渝变,随不失正也。出门无违[九],何所失哉!

象曰:官有渝,从正吉也;出门交,有功,不失也。

六二,系小子,失丈夫。

阴之为物,以处随世,不能独立,必有系也。居随之时,体(于)〔分〕[一〇]柔弱,而以乘夫刚动,岂能秉志?违于所近[一一],随此失彼,弗能兼与[一二]。五处己上,初处己下,故曰"系小子,失丈夫"也。

象曰:系小子,弗兼与也。

六三,系丈夫,失小子。随有求得,利居贞。

阴之为物,以处随世,不能独立,必有系也。虽体下卦,二已据初,将何所附?故舍初系四,志在丈夫。四俱无应,亦欲于己随之,则得其所求矣[一三],故曰"随有求得"也。应非其正[一四],以系于人,何可以妄[一五],故"利居贞"也。初处己下,四处己上,故曰"系丈夫,失小子"也。

象曰:系丈夫,志舍下也。

下,谓初也。

九四,随有获,贞凶。有孚在道,以明,何咎?

处说之初,下据二阴,三求系己,不距则获,故曰"随有获"也。居于臣地,履非其位,以擅[一六]其民,失于臣道,违正者也,故曰"贞凶"。体刚居说,而得民心,能干[一七]其事,而成其功者也。虽违常义,志在济物,心存公诚,著信在道,以明其功,何咎之有!

象曰:随有获,其义凶也;有孚在道,明功也。

九五,孚于嘉吉。

履正居中,而处随世,尽随时之宜,得物之诚,故嘉[一八]吉也。

象曰:孚于嘉吉,位正中也。

上六,拘系之乃从维之,王用亨于西山。

随之为体,阴顺阳者也。最处上极,不从者也。随道已成,而特不从,故拘系之乃从也。"率土之滨,莫非王臣"[一九],而为不从,王之所讨也,故维[二〇]之。王用亨于西山也[二一],兑为西方,山者,途之险隔也。处西方而为不从,故王用通于西山。

象曰:拘系之,上穷也。

处于上极,故穷也。

【校释】

〔 一 〕随卦下卦为震,上卦为兑,震为刚,兑为柔,所以说"以刚下柔"。"说",同"悦",喜悦。震表现为动,兑表现为喜悦,所以又说"动而之说"。"随",释文"从也",有随时、随人等义。

〔 二 〕"否",闭塞、不通。

〔三〕说卦："震为雷。""兑为泽。"又说："动万物者,莫疾乎雷……说(悦)万物者,莫说(悦)乎泽。"所以此处说"泽中有雷,动说之象也"。

〔四〕"明鉴",明镜,比喻心、思虑。

〔五〕"向",对,面临之意。"晦",冥,表示入夜。"宴息",安寝、休息。此句意为,既然可以无为,不用操心,所以君子到了晚上就可以安心睡觉、休息。

〔六〕初应当与四相应,但四也是阳,所以说"上无其应"。

〔七〕"係",繋。"偏係",意为只与某一个爻繋属在一起。"无所偏係",亦即下文"意无所主者也"之意。

〔八〕"随不以欲,以欲随宜者也",进一步说明上文"意无所主"、"动能随时"之意。意为不以自己之欲好而随从之,而是使自己之欲好随从适宜之人或时机。所以下文说不管情况有怎样的变化,而自己始终是"随不失正也"。

〔九〕"出门无违",释爻辞"出门交,有功",意为与人、事交往不会有所违碍,而可取得成功。

〔一〇〕"分"字,据校勘记说校改。校勘记:"钱本、闽、监、毛本'于'作'分',是也。"按,"分"为本分之意。"体分柔弱",指六二之体本是柔弱,故"必有系也"。若作"于"字,与注文之意不合。

〔一一〕"违",失。"违于所近",意为六二之过失在于它随从所临近之初九,因此就不能与九五相应。所以下文说"随此失彼","系小子,失丈夫也"。

〔一二〕"此",指初九。"彼",指九五。"与",若论语 先进"吾与点也"之"与",作许、从之义解。

〔一三〕"四俱无应",四本当与初相应,然初亦为阳,所以说"无应"。"则得其所求矣",集解本无"所"字。

〔一四〕四当与初相应,三当与上相应,然初与四均为阳,三与上均为阴,互不可相应。今三系于四不是正当之应,所以说"应非其正"。

〔一五〕"妄",妄动。

〔一六〕"擅",说文:"专也。"引申为据有。

〔一七〕"干",任、承。蛊卦初六爻辞"干父之蛊",王弼注说:"能承先轨,堪其任者也。"

〔一八〕"嘉",善、美。

〔一九〕文见诗经小雅北山:"溥天之下,莫非王土;率土之滨,莫非王臣。"

〔二〇〕"维",系,即上文"拘系"之意。

〔二一〕"亨",校勘记:"古本作'通'。""也",校勘记:"监、毛本作'者'。"按,以下文字均为释"王用亨于西山"之义,"也"字当以作"者"字于文意为长。

蛊

䷑ 巽下艮上蛊。元亨,利涉大川。先甲三日,后甲三日。

彖曰:蛊,刚上而柔下。

上刚可以断制,下柔可以施令〔一〕。

巽而止,蛊。

既巽又止〔二〕,不竞争也。有事而无竞争之患,故可以有为也。

蛊,元亨,而天下治也。

有为而大亨,非天下治而何也!

利涉大川,往有事也。先甲三日,后甲三日,终则有始,
天行也。

> 蛊[三]者,有事而待能之时也[四]。可以有为,其在此时矣。物已
> 说随,则待夫作制以定其事也;进德修业,往则亨矣! 故"元亨,利
> 涉大川"也。甲者,创制之令也[五]。创制不可责之以旧[六],故先
> 之三日,后之三日,使令(治)〔洽〕[七]而后乃诛也。因事申令,终则
> 复始,若天之行用四时也[八]。

象曰:山下有风,蛊。君子以振民育德。

> 蛊者,有事而待能之时也,故君子以济民养德也。

初六,干父之蛊。有子,考无咎。厉,终吉。

> 处事之首,始见任者也。以柔巽之质,干父之事,能承先轨,堪其
> 任者也[九],故曰"有子"也。任为事首,能堪其事,考[一○]乃无咎
> 也,故曰"有子,考无咎"也。当事之首,是以危也,能堪其事,故
> "终吉"。

象曰:干父之蛊,意承考也。

> 干事之首,时有损益,不可尽承,故意承而已。

九二,干母之蛊,不可贞。

> 居于内中,宜干母事,故曰"干母之蛊"也。妇人之性,难可全正,
> 宜屈己刚,既干且顺,故曰"不可贞"也。干不失中,得中道也。

象曰:干母之蛊,得中道也。

九三,干父之蛊,小有悔,无大咎。

> 以刚干事,而无其应,故有悔也。履得其位,以正干父,虽小有悔,
> 终无大咎。

象曰:干父之蛊,终无咎也。

六四,裕父之蛊,往见吝。

体柔当位,干不以刚,而以柔和,能裕先事者也〔一一〕。然无其应,
往必不合,故曰"往见吝"。

象曰:裕父之蛊,往未得也。

六五,干父之蛊,用誉。

以柔处尊,用中而应,承先以斯,用誉之道也〔一二〕。

象曰:干父用誉,承以德也。

以柔处中,不任威力也。

上九,不事王侯,高尚其事。

最处事上,而不累于位,不事王侯,高尚其事也。

象曰:不事王侯,志可则也。

【校释】

〔 一 〕蛊卦上卦为艮,属阳性刚;下卦为巽,属阴性柔。

〔 二 〕"止",指上卦艮。说卦:"艮,止也。"

〔 三 〕"蛊",释文:"事也,惑也,乱也。"

〔 四 〕"能",指贤能之人。

〔 五 〕"甲者,创制之令也",孔颖达疏:"甲为十日之首,创造之
　　　　令为在后诸令之首,故以创造之令谓之甲。故汉时谓令之
　　　　重者谓之甲令,则此义也。"

〔 六 〕"责",求,追究、诘问。"旧",指旧有之法令。

〔 七 〕"洽"字,据宋本等校改。校勘记:"岳本、宋本、古本、足利
　　　　本'治'作'洽',又正义序引注亦作'洽'。"按,作"洽"是。

"洽",协和之意。王弼注文之意为,新创制之法令,不同
于旧法令,人们开始时尚不习惯,所以不能像用人们已习
惯了的旧法令那样去追究,而必须在先三日、后三日进行
宣传,使新创制之法令与社会生活、人们习惯协调起来,然
后再对违犯新法令的人治罪。

〔八〕此句意为,对于新创制之法令,要根据事情反复加以申明,
就像四时运行不息那样。

〔九〕"干",承、任。"先轨",前人之遗制。"堪",胜。"堪其
任",能胜任。

〔一〇〕"考",父。若与"父"对文而言,则生称"父",死称"考"。

〔一一〕"裕",马融注:"宽也。"孔颖达疏:"容。""先事",指先人
之事。

〔一二〕"誉",荣誉。"用誉之道",意为必然能获得荣誉。

临

䷒ 兑下坤上临。元亨,利贞,至于八月,有凶。

彖曰:临,刚浸而长,说而顺;刚中而应,大亨以正,天之
道也。

阳转进〔一〕长,阴道日消;君子日长,小人日忧,大亨以正之义。

至于八月,有凶,消不久也。

八月阳衰而阴长,小人道长,君子道消也,故曰"有凶"〔二〕。

象曰:泽上有地,临。君子以教思无穷,容保民无疆。

相临〔三〕之道,莫若说顺也。不恃威制,得物之诚,故物无违也。

是以君子教思无穷,容保民无疆也〔四〕。

初九,咸临,贞吉。

> 咸,感也,感应也。有应于四,感以临者也。四履正位,而己应焉,志行正者也。以刚感顺,志行其正;以斯临物,正而获吉也。

象曰:咸临贞吉,志行正也。

九二,咸临,吉,无不利。

> 有应在五,感以临者也。刚胜则柔危,而五体柔,非能同斯志者也;若顺于五,则刚德不长,何由得吉、无不利乎?全与相违,则失于感应。其得(感)〔咸〕〔五〕临吉无不利,必未顺命也〔六〕。

曰:咸临吉无不利,未顺命也。

六三,甘临,无攸利;既忧之,无咎。

> 甘者,佞邪说媚,不正之名也。履非其位,居刚长之世〔七〕,而以邪说临物,宜其无攸利也。若能尽忧其危,改修其道,刚不害正,故咎不长。

象曰:甘临,位不当也;既忧之,咎不长也。

六四,至临,无咎。

> 处顺应阳,不忌刚长,而乃应之,履得其位,尽其至者也。刚胜则柔危,柔不失正,乃〔八〕得无咎也。

象曰:至临无咎,位当也。

六五,知临,大君之宜,吉。

> 处于尊位,履得其中。能纳刚以礼,用建其正,不忌刚长,而能任之。委物以能,而不犯焉,则聪明者竭其视听,知力者尽其谋能,不为而成,不行而至矣〔九〕!大君之宜,如此而已,故曰"知临,大君之宜,吉"也。

象曰:大君之宜,行中之谓也。

上六,敦临,吉,无咎。

> 处坤之极,以敦^{〔一〇〕}而临者也。志在助贤,以敦为德,虽在刚长,刚不害厚,故"无咎"也。

象曰:敦临之吉,志在内也。

【校释】

〔一〕"进"字,校勘记:"古本、足利本'进'作'浸'。"按,彖辞:"临,刚浸而长。""浸",渐进。注文"进"正释"浸"之义,不必如古本、足利本作"浸"。

〔二〕"八月阳衰而阴长",孔颖达疏:"八月者,何氏云从建子阳生至建未为八月。褚氏云自建寅至建酉为八月。今案此注云小人道长,君子道消,宜据否卦之时。故以临卦建丑而至否卦建申为八月也。"李鼎祚周易集解说:"临,十二月卦也。自建丑之月至建申之月,凡历八月,则成否也。否则天地不交,万物不通,是至于八月有凶,斯之谓也。""小人道长,君子道消",语见否卦彖辞。

〔三〕"临",释文引序卦说:"大也。"按,据注文之意,临有相临之意,如以上临下,所以下文说"不恃威制,得物之诚"。

〔四〕此句意为,由于"不恃威制","物无违也",所以君子对百姓之教化和思念没有终止之时,容纳和保抚百姓也没有止境。

〔五〕"咸"字,据四部丛刊影印宋本校改。校勘记补案:"'感'当作'咸',此注正述经文也,无改字之例。"

〔六〕"必未顺命",指九二没有完全顺从于六五。注文之意以为"若顺于五,则刚德不长,何由得吉无不利"? 今二既

"得咸临吉无不利",则"必未顺命也"。

〔七〕"居刚长之世"之"世"字,校勘记:"宋本、古本'世'作'前'。"按,四部丛刊影印宋本"世"不作"前"。作"世"字是。三是阳位而六是阴爻,所以说:"履非其位,居刚长之世,而以邪说临物。""世",即"时"之义,若作"前",则义不可解。

〔八〕"乃",校勘记:"岳本、宋本、足利本'乃'作'则',一本无'乃'字。"按,"乃"、"则"义通。

〔九〕此处乃以老释易。老子四十七章:"是以圣人不行而知(一作"至")……不为而成。"王弼注:"得物之致,故虽不行而虑可知也……明物之性,因之而已,故虽不为而使之成矣。"又,老子三章注:"唯能是任,尚也曷为?唯用是施,贵之何为?"四十九章注:"是以圣人之于天下……无所察焉,百姓何避?无所求焉,百姓何应?无避无应,则莫不用其情矣!"

〔一〇〕"敦",质朴、诚厚。

观

☷坤下巽上观。**盥而不荐,有孚颙若。**

王道之可观〔一〕者,莫盛乎宗庙〔二〕。宗庙之可观者,莫盛于盥也〔三〕。至荐,简略不足复观,故观盥而不观荐也〔四〕。孔子曰:"禘自既灌而往者,吾不欲观之矣〔五〕!"尽夫观盛,则下观而化矣。故观至盥,则"有孚颙若"也〔六〕!

彖曰:大观在上。

下贱而上贵也。

顺而巽,中正以观天下。观盥而不荐,有孚颙若,下观而化也。观天之神道,而四时不忒;圣人以神道设教,而天下服矣!

> 统说观之为道,不以刑制使物,而以观感化物者也。神则无形者也〔七〕。不见天之使四时,而四时不忒〔八〕;不见圣人使百姓,而百姓自服也〔九〕。

象曰:风行地上,观。先王以省方,观民设教。

初六,童观,小人无咎,君子吝。

> 处于观(盥)〔时〕,而最远(德)〔朝〕美〔一〇〕;体于阴柔,不能自进,无所鉴见,故曰"童观"。(巽)〔趣〕顺而已〔一一〕,无所能为,小人之道也,故曰"小人无咎"。君子处大观之时,而为童观,不亦鄙乎〔一二〕!

象曰:初六童观,小人道也。

六二,阚观,利女贞。

> 处在于内,寡所鉴见,体于柔弱,从顺而已。犹有应焉,不为全蒙〔一三〕,所见者狭,故曰"阚观"〔一四〕。居内得位,柔顺寡见,故曰"利女贞",妇人之道也。处大观之时,居中得位,不能大观广鉴,阚观而已,诚可丑也。

象曰:阚观,女贞,亦可丑也。

六三,观我生,进退。

> 居下体之极,处二卦之际,近不比尊,远不童观,观风者也〔一五〕。居此时也,可以观我生,进退也〔一六〕。

象曰:观我生,进退,未失道也。

> 〔处进退之时,以观进退之几,未失道也〔一七〕。〕

六四,观国之光,利用宾于王。

> 居观之时,最近至尊,观国之光[一八]者也。居近得位,明习国
> 仪[一九]者也,故曰"利用宾于王"也。

象曰:观国之光,尚宾也。

九五,观我生,君子无咎。

> 居于尊位,为观之主,宣弘大化,光于四表,观之极者也。上之化
> 下,犹风之靡草[二〇],故观民之俗,以察己(之)〔道〕[二一]。百姓有
> 罪,在(于)〔予〕一人[二二],君子风著,己乃无咎。上为化主,将欲
> 自观,乃观民也[二三]。

象曰:观我生,观民也。

上九,观其生,君子无咎。

> 观我生,自观其道〔者〕[二四]也;观其生,为民所观者也。不在于
> 位,最处上极,高尚其志,为天下所观者也。处天下所观之地,可
> 不慎乎?故君子德见,乃得无咎。生,犹动出也[二五]。

象曰:观其生,志未平也。

> (将)〔特〕处异地,为众〔所〕观[二六],不为平易。和光流通,志未
> 平也。

【校释】

〔 一 〕"观",释文:"示也。"指可显示与人观看者。

〔 二 〕"宗庙",古代天子、诸侯祭祀祖先的地方。古今注:"宗谓
　　　 祖宗,庙号以祖有功而宗有德,故统称之曰宗庙。"

〔 三 〕"盥",说文:"澡手也。"行祭礼前之洗手,表示清洁尊重,
　　　 此处指祭祀时之一种仪式。朱骏声说文通训定声说:"易

‘观盥而不荐’，马注：‘进爵灌地，以降神也。’……按，依字当作‘裸’。其实，以酒浇地，以水浇手，情事略同，亦引申之谊也。”按，朱说是。“盥”，通“灌”，即祭祀仪式中之“裸”。周礼春官大宗伯：“以肆、献、裸享先王。”郑玄注：“肆者，进所解牲体，谓荐孰时也。献，献醴，谓荐血腥也。裸之言灌，灌以郁鬯（香酒），谓始献尸求神时也……祭必先灌，乃后荐腥，荐孰于祫（大合祭）。”又，文选太子释奠会作李善注引“莫盛于盥”句于“盥”上复有一“观”字。集解本“莫盛于盥”之“于”字作“乎”字。

〔四〕“荐”，即荐血腥，荐孰，见上注。集解本无“观荐”之“观”字。

〔五〕语见论语八佾。“禘”，即指禘祫之礼，五年一次之大祭。

〔六〕“颙若”，严正貌。

〔七〕参看系辞上：“阴阳不测之谓神。”“神无方而易无体。”

〔八〕“忒”，差错。参看论语阳货：“子曰：天何言哉！四时行焉，百物生焉。天何言哉！”王弼论语释疑注说：“子欲无言，盖欲明本。举本统末，而示物于极者也。夫立言垂教，将以通性，而弊至于湮；寄旨传辞，将以正邪，而势至于繁。既求道中，不可胜御，是以修本废言，则天而行化。以淳而观，则天地之心见于不言；寒暑代序，则不言之令行乎四时，天岂谆谆者哉！”又，校勘记：“古本‘之’上衍‘下’字，‘而四时’作‘而时’。”

〔九〕此均为阐明“不以刑制使物，而以观感化物”之意。老子五十七章：“故圣人云：我无为而民自化，我好静而民自正，我无事而民自富，我无欲而民自朴。”王弼注：“上之所欲，

民从之速也;我之所欲唯无欲,而民亦无欲而自朴也。此
四者,崇本以息末也。"

〔一〇〕"时"、"朝"二字,据岳本等校改。校勘记:"岳本、闽、监、
毛本'盥'作'时','德'作'朝',是也。释文出'处于观
时,最远朝美'。"按,四部丛刊影印宋本同岳本等。又,孔
颖达疏亦作"童观者,处于观时,最远朝廷之美",均可
为证。

〔一一〕"趣"字,据岳本等校改。校勘记:"岳本、闽、监、毛本'巽'
作'趣'。释文出'趣'字。疏云:'趣在顺从而已。'作
'巽'非。"按,四部丛刊影印宋本同岳本等。"趣",旨趣。

〔一二〕校勘记:"集解本载此节注作:'失位处下,最远朝美,无所
鉴见,故曰童观。处大观之时而童观,趣顺而已。小人为
之无可咎责,君子为之鄙吝之道。'与此文句多不同。"

〔一三〕"犹有应焉",指六二尚有九五相应。"蒙",蒙昧无知。

〔一四〕"阚",同"窥",小视也。"阚观",指见识狭小。

〔一五〕"近不比尊,远不童观",意为六三之位近不与九五为邻,
远又不像初九那样处于童观之时。"观风者也",指六三
上则可进,下则可退,是观风向行事者。

〔一六〕"可以观我生,进退",意为六三既居可进可退之地位,所
以可以观察自己之行动,以为进退之道。"生",上九注
说:"生,犹动也。"孔颖达疏:"或动或出,是生长之义。"
又,孔颖达疏释"生"为"道",说:"道得名生者,道是开通
生利万物。故系辞云:'生生之谓易。'是道为生也。"王弼
上九注亦说:"观我生,自观其道〔者〕也。"

〔一七〕"处进退之时,以观进退之几,未失道也"十五字,原误作

孔颖达疏,今据宋本等补。校勘记:"案,'处进'至'道也'
十五字,岳本、钱本、宋本、古本、足利本并作注文。十行本
以下误为正义,因衍'正义曰'三字,非也。"

〔一八〕"光",指贤能之人。虞翻注:"国之光,谓贤也。"

〔一九〕"仪",指礼义容仪。

〔二○〕"靡",说文:"披靡也。""风之靡草",意为风过之处,草随
之而倒。参看论语颜渊:"子欲善,而民善矣。君子之德
风,小人之德草,草上之风必偃。"

〔二一〕"道"字,据宋本等校改。校勘记:"岳本、宋本、古本、足利
本'之'作'道'。按,正义本作'道'。"按,当作"道"字。
此句意为,上之化下如风之靡草,所以观看民之风俗,即可
用以考察自己之治道如何。若作"之"字,则义不可通。

〔二二〕"予"字,据岳本等校改。校勘记:"岳本、足利本'于'作
'予',宋本、古本作'余',监、毛本作'于'。按,'予'是。"
按,四部丛刊影印宋本亦作"予",作"予"是。"百姓有罪,
在(于)〔予〕一人",文意见论语尧曰:"朕躬有罪,无以万
方;万方有罪,罪在朕躬。"墨子兼爱:"万方有罪,即当朕
身;朕身有罪,无以万方。"(孙星衍尚书今古文注疏说:
"'方'与'夫'声相近,当为'万夫',盖为民请命之词。")
国语周语:"余一人有罪,无以万夫;万夫有罪,在余一
人。"吕氏春秋顺民:"昔者汤克夏而正天下,天大旱,五年
不收,汤乃以身祷于桑林曰:余一人有罪,无及万夫;万夫
有罪,在余一人。无以一人之不敏,使上帝鬼神伤民
之命。"

〔二三〕此节注文集解本作:"观我生,自观其道也。为众观之主,

当宣文化,光于四表。上之化下,犹风之靡草;百姓有过,
在予一人。君子风著,己乃无咎;欲察己道,当观民也。"多
有不同处。

〔二四〕"者"字,据宋本等校补。校勘记:"岳本、宋本、古本、足利
本'也'上有'者'字。孙志祖云:困学纪闻引'道'下亦有
'者'字。"

〔二五〕此节注文集解本作:"观其生,为人所观也。最处上极,天
下所观者也。处天下所观之地,其志未为平易,不可不慎。
故君子德见,乃得无咎。生,犹动出也。"多有不同处。

〔二六〕"特"、"所"二字,据宋本等校改与补。校勘记:"岳本、宋
本、古本、足利本'将'作'特','观'上有'所'字。"按,孔
颖达疏亦作:"特处异地,为众所观。""特",指上九,为独
自、挺立之意,若作"将",则文义不可通。

噬嗑

☲ 震下离上**噬嗑。亨,利用狱。**

噬,啮〔一〕也。嗑,合也。凡物之不亲,由有间也;物之不齐,由有
过也〔二〕。有间与过〔三〕,啮而合之,所以通也〔四〕。刑克以通,狱之
利也。

彖曰:颐中有物,曰噬嗑。

颐〔五〕中有物,啮而合之,噬嗑之义也。

噬嗑而亨。

有物有间,不啮不合〔六〕,无由亨也。

刚柔分动而明,雷电合而章。

刚柔分动,不溷乃明[七];雷电并合,不乱乃章[八],皆利用狱之义。

柔得中而上行,虽不当位,利用狱也。

谓五也。能为啮合而通,必有其主,五则是也。上行,谓所之[九]
在进也。凡言上行,皆所之在贵也。虽不当位,不害用狱也。

象曰:雷电,噬嗑。先王以明罚敕法。

初九,屦校灭趾,无咎。

居无位之地[一〇],以处刑初,受刑而非治刑者也。凡过之所始,必
始于微而后至于著;罚之所始,必始于薄而后至于诛。过轻戮薄,
故屦校灭趾,桎其行也[一一],足惩而已,故不重也。过而不改,乃
谓之过。小惩大诫,乃得其福,故无咎也。校者,以木绞校者也,
即械也。校者,取其通名也。

象曰:屦校灭趾,不行也。

过止于此。

六二,噬肤,灭鼻,无咎。

噬,啮也。啮者,刑克之谓也。处中得位,所刑者当,故曰"噬肤"
也。乘刚而刑,未尽顺道,噬过其分,故"灭鼻"也。刑得所
疾[一二],故虽灭鼻而无咎也。肤者,柔脆[一三]之物也。

象曰:噬肤灭鼻,乘刚也。

六三,噬腊肉,遇毒。小吝,无咎。

处下体之极,而履非其位,以斯食物,其物必坚[一四]。岂唯坚乎?
将遇其毒。噬,以喻刑人;腊,以喻不服;毒,以喻怨生。然承于
四,而不乘刚,虽失其正,刑不侵顺,故虽遇毒,小吝,无咎。

象曰:遇毒,位不当也。

九四,噬干胏,得金矢,利艰贞吉。

虽体阳爻,为阴之主,履不获中,而居(其非)〔非其〕位〔一五〕;以斯噬物,物亦不服,故曰"噬干胏"也〔一六〕。金,刚也;矢,直也。噬干胏而得刚直,可以利于艰贞之吉,未足以尽通理之道也。

象曰:利艰贞吉,未光也。

六五,噬干肉,得黄金。贞厉,无咎。

干肉,坚也;黄,中也;金,刚也。以阴处阳,以柔乘刚,以噬于物,物亦不服,故曰"噬干肉"也。然处得尊位,以柔乘刚,而居于中,能行其戮者也;履不正而能行其戮,刚胜者也;噬虽不服,得中而胜,故曰"噬干肉,得黄金"也。己虽不正,而刑戮得当,故虽贞厉而无咎也〔一七〕。

象曰:贞厉无咎,得当也。

上九,何校灭耳,凶。

处罚之极,恶积不改者也。罪非所惩,故刑及其首,至于灭耳。及首非诫,灭耳非惩,凶莫甚焉。

象曰:何校灭耳,聪不明也。

聪不明故不虑,恶积至于不可解也。

【校释】

〔 一 〕"啮",咬,用齿断物。

〔 二 〕"间",间隔、隔阂。"齐",整齐、有秩序。"过",失、错误。

〔 三 〕"与过",校勘记:"释文:'与过',一本作'有过'。"

〔 四 〕"啮而合之,所以通也",孔颖达疏:"物在于口则隔其上下,若啮去其物,上下乃合而得亨也。"以此比喻如果人们中有间隔上下不能相通者,要用刑法去掉它,使之相亲。

〔五〕"颐",面颊、腮。此处指口内。

〔六〕"不嗑不合",校勘记:"释文'不合'本又作'而合',古本'嗑'下有'而'字,一本下'不'作'而'。"

〔七〕"刚柔",指本卦下震(刚)、上离(柔)。"溷",说文:"乱也,一曰水浊。"混杂之意。

〔八〕"雷电",亦指震(雷)、离(电)而言。"章",文理清晰,亦是"明"之意。

〔九〕"所之",所往。

〔一〇〕"无位之地",指初无阴阳定位。王弼周易略例辩位:"初、上者是事之终始,无阴阳定位也。"

〔一一〕"屦校",古代一种拘锁脚的刑具,即所谓"贯械"。"灭",没。"趾",足。"灭趾",把足砍去,即所谓"刖刑"。"桎",说文:"足械也。"引申为行动不自由,阻碍之意。

〔一二〕"疾",病。复卦注:"疾,犹病也。""刑得所疾",意为刑法施得恰当,适中其所病。

〔一三〕"脆",校勘记:"岳本'脆'作'胞',释文出'胞'字。按,'脆',俗'胞'字。"

〔一四〕"其物必坚",释爻辞"腊肉"。"腊肉",干肉,其质坚硬。

〔一五〕"非其",据宋本等校改。校勘记:"岳本、宋本、古本、足利本'其非'作'非其'。孙志祖云:据疏应作'居非其位'。"

〔一六〕"肺",说文:"食所遗也。"或说:"脯也。"又说:"碎肉。"孔颖达疏:"干肺是胾肉(碎肉)之干者。"

〔一七〕"故虽贞厉而无咎也",集解本无"贞"字。罗振玉校本于"无咎"下有一"者"字。

贲

☲ 离下艮上 贲。亨。小利有攸往。

彖曰：贲，亨。柔来而文刚，故亨。分刚上而文柔，故小利有攸往。

> 刚柔不分，文何由生[一]？故坤之上六来居二位，柔来文刚之义也。柔来文刚，居位得中，是以亨。乾之九二分居上位[二]，分刚上而文柔之义也。刚上文柔[三]，不得中位，不若柔来文刚，故"小利有攸往"[四]。

天文也。

> 刚柔交错而成文焉，天之文也。

文明以止，人文也。

> 止物不以威武，而以文明，人之文也[五]。

观乎天文，以察时变；观乎人文，以化成天下。

> 观天之文，则时变可知也；观人之文，则化成可为也[六]。

象曰：山下有火，贲。君子以明庶政，无敢折狱。

> 处贲之时，止物以文明，不可以威刑，故君子以明庶政，而无敢折狱[七]。

初九，贲其趾，舍车而徒。

> 在贲之始，以刚处下，居于无位，弃于不义，安夫徒步以从其志者也，故饰其趾。舍车而徒，义弗乘之谓也。

象曰：舍车而徒，义弗乘也。

六二，贲其须。

得其位而无应,三亦无应,俱无应而比焉[八],近而相得者也。须[九]之为物,上附者也。循其所履,以附于上,故曰"贲其须"也。

象曰:贲其须,与上兴也。

九三,贲如濡如,永贞吉。

处下体之极,居得其位,与二相比,俱履其正,和合相润以成其文者也。既得其饰,又得其润,故曰"贲如濡如"也[一〇]。永保其贞,物莫之陵[一一],故曰"永贞吉"也。

象曰:永贞之吉,终莫之陵也。

六四,贲如皤如,白马翰如,匪寇婚媾。

有应在初,而阂于三为己寇;虽二志相感,不获通亨[一二]。欲静则疑初之应[一三],欲进则惧三之难,故或饰或素[一四],内怀疑惧也。鲜洁其马,翰如以待[一五],虽履正位,未敢果其志也。三为刚猛,未可轻犯,匪寇乃婚,终无尤也[一六]。

象曰:六四当位,疑也;匪寇婚媾,终无尤也。

六五,贲于丘园,束帛戋戋。吝,终吉。

处得尊位,为饰之主,饰之盛者也。施饰于物,其道害也[一七]。施饰丘园,盛莫大焉[一八],故贲于束帛[一九],丘园乃落。贲于丘园,帛乃戋戋[二〇]。用莫过俭泰而能约,故必吝焉,乃得终吉也。

象曰:六五之吉,有喜也。

上九,白贲,无咎。

处饰之终,饰终反素,故(在)〔任〕其质素[二一],不劳文饰,而无咎也。以白为饰,而无患忧[二二],得志者也。

象曰:白贲无咎,上得志也。

【校释】

〔 一 〕“刚柔”，指本卦下离（柔）、上艮（刚）。“文”，文饰，释贲卦之义。孔颖达疏：“贲，饰也，以刚柔二象交相文饰也。”释文：“傅氏云：‘贲’，古‘班’字，文章貌。郑云：变（宋本作“有”）也，文饰之皃（貌）。王肃云：有文饰黄白色。”

〔 二 〕“坤之上六来居二位”、“乾之九二分居上位”两句，说明贲卦（䷕）是由泰卦（䷊）变化而来。泰卦九二与上六互换爻位，即变化为贲卦。泰卦上卦坤之上六变至下卦乾之九二爻位，所以说“坤之上六来居二位”。坤柔而来到刚乾之中，所以又说“柔来文刚之义也”，等等。泰卦下卦乾之九二来到上卦坤之上六爻位，所以说“乾之九二分居上位”。乾刚而来到柔坤之中，所以又说“分刚上而文柔之义也”，等等。

〔 三 〕此“刚上文柔”句，罗振玉校本作“刚上而文柔”，与上句文同。

〔 四 〕“故小利有攸往”，郭京周易举正“小”字作“不”字，并说：“爻、彖、注三‘不’字并误作‘小’字……定本‘不’字草书势如‘小’字。然九二弃中和之道，就亢极无位之地，故疏云：‘九二弃善从恶。’凡弃善从恶皆非人所愿欲，此乃大恶，岂有小利？误亦明矣。”又，罗振玉校本“有攸往”下有一“也”字。

〔 五 〕“文明”，指礼义，所以说是“人之文也”。

〔 六 〕此节注文中二“观”字，校勘记说：“岳本、宋本、古本、足利本二‘观’字作‘解’，释文出‘解天，音蟹，下同’。”罗振玉校本同此，并说作“观”者误。又，“可为也”，校勘记：“古本‘为’作‘知’。"罗振玉校本于"为"下有一"者"字。

〔七〕"庶政",各种政事。"折狱",断狱。"无敢折狱"下,罗振玉校本有一"也"字。

〔八〕二当与五应,然二爻均为阴爻,所以说"无应"。三当与上应,然二爻均为阳爻,所以说"亦无应"。六二与九三均无应而相邻,所以说"俱无应而比焉"。罗振玉校本于"俱无应而比焉"上有一"二"字。

〔九〕"须",同"鬚",须眉之鬚。毛在颊称髯,在口称髭,在颐称鬚。

〔一〇〕"贲如",文饰得极华丽之貌。"濡如",极润泽之貌。

〔一一〕"陵",侵犯。罗振玉校本作"凌"。

〔一二〕"阂",隔阂、间隔。此句集解本作:"有应在初,三为寇难,二志相感,不获交通。"

〔一三〕"疑"字,校勘记:"集解本‘疑’作‘失’,岳本、宋本、古本、足利本作‘钦’。"罗振玉校本亦作"钦"。按,作"疑"、作"失"、作"钦",于此义皆可通,然以作"钦"于义较长。"钦",说文:"欠也,一曰敬也。"又"钦"有思望之义。此句意为,六四欲静止而不往,则心中有欠(或思望)于初之应。

〔一四〕"素",洁白、质朴,与"饰"相对,释爻辞"皤如"之意。

〔一五〕"鲜洁",释爻辞"白马"之"白"。"翰如",徘徊等待之貌。释文引郑氏注:"翰,犹干也。"焦循周易补疏:"王氏之意以白马属六四,谓六四鲜洁其马,将以应初九,而阂于九三,内怀疑惧,马虽备而尚待。盖亦读‘翰’为‘干’。广雅:‘干,安也。’虽白其马而尚安然未行,故云翰如以待也。"

〔一六〕“匪”，非。“寇”，难，指九三阻隔六四与初九相应之难。“婚”，指六四与初九相结合。“尤”，过错。此句意为，六四如能等待到寇难过去而再去与初九相合，则最终不会有什么过错。又此句注文集解本作：“匪缘寇隔，乃为婚媾，则终无尤也。”

〔一七〕“其道害也”，意为有害于“道”。又，罗振玉校本“也”作“矣”。

〔一八〕“丘园”，孔颖达疏：“丘谓丘墟，园谓园圃。唯草木所生是质素之处，非华美之所。”此句意为，施饰如能像丘园那样朴素，则是饰之最盛大者。

〔一九〕“束帛”，泛指金银珠玉等财物。“故贲于束帛”，罗振玉校本于“故”下有一“施”字。

〔二〇〕“贲于丘园，帛乃戋戋”，校勘记：“宋本‘园’作‘束’。古本、足利本‘帛’上有‘束’。”按，四部丛刊影印宋本“园”不作“束”。“帛”乃“束帛”之简言。“戋戋”，说文：“贼也。”通作“残”，为堕落、毁坏之意，又有浅小之意。王注以“丘园乃落”与“帛乃戋戋”对文，则“戋”亦为“落”义。“故贲于束帛，丘园乃落。贲于丘园，帛乃戋戋”意为，如施饰以金银宝珠，则朴素之质就会丧失。如施饰以朴素，则那些奢侈物就可抛弃。所以下文说：“用莫过俭泰而能约，故必吝焉，乃得终吉也。”孔颖达疏释“戋戋”为众多义，并说：“若能施饰在于质素之处，不华侈费用，则所束之帛戋戋众多也。”义亦可通。

〔二一〕“任”字，据宋本等校改。校勘记：“岳本、宋本、古本、足利本‘在’作‘任’，是也。疏引亦当依宋本作‘任’。”罗振玉校本亦作"任"。按,"任"为听其自然之意。"任其质素",意为听其自然朴素之质。作"在"者,形近而误。

〔二二〕"患忧",四部丛刊影印宋本作"忧患"。

剥

䷖ 坤下艮上 剥,不利有攸往。

彖曰:剥,剥也,柔变刚也。不利有攸往,小人长也。顺而止之,观象也。君子尚消息盈虚,天行也。

坤顺而艮止也,所以顺而止之。不敢以刚止者,以观其形象也〔一〕。强亢激拂,触忤以陨身〔二〕,身既倾焉,功又不就,非君子之所尚也。

象曰:山附于地,剥。上以厚下安宅。

厚下者,床不见剥也〔三〕。安宅者,物不失处也。厚下安宅,治剥之道也。

初六,剥床以足,蔑贞,凶。

床者,人之所以安也。剥床以足,犹云削床之足也。蔑,犹削〔四〕也。剥床之足,灭下之道也。下道始灭,刚陨柔长,则正削而凶来也。

象曰:剥床以足,以灭下也。

六二,剥床以辨,蔑贞,凶。

蔑,犹甚极之辞也〔五〕。辨者〔六〕,足之上也。剥道浸长,故剥其辨也。稍近于床〔七〕,〔床〕转欲灭〔八〕。物之所处,长柔而削正,以斯为德,物所弃也。

象曰:剥床以辨,未有与也。

六三,剥之无咎。

　　与上为应,群阴剥阳,我独协焉;虽处于剥,可以无咎[九]。

象曰:剥之无咎,失上下也。

　　三上下各有二阴,而三独应于阳,则失上下也。

六四,剥床以肤,凶。

　　初、二剥床[一〇],民所以安,未剥其身也。至四,剥道浸长,床既剥尽,以及人身[一一],小人遂盛;物将失身,岂唯削正? 靡所不凶[一二]。

象曰:剥床以肤,切近灾也。

六五,贯鱼以宫人宠,无不利。

　　处剥之时,居得尊位,为剥之主者也。剥之为害,小人得宠,以消君子者也。若能施宠小人于宫人[一三]而已,不害于正,则所宠虽众,终无尤也[一四]。贯鱼[一五],谓此众阴也。骈头相次[一六],似贯鱼也。

象曰:以宫人宠,终无尤也。

上九,硕果不食,君子得舆,小人剥庐。

　　处卦之终[一七],独全不落,故果至于硕,而不见食也[一八]。君子居之,则为民覆荫;小人用之,则剥下所庇也[一九]。

象曰:君子得舆,民所载也;小人剥庐,终不可用也。

【校释】

〔　一　〕“形象”,就卦象讲,剥卦下坤为柔为顺,上艮为山为止。用以比喻社会生活准则,则如孔颖达疏说:“唯望君上形象,量其颜色而止也。”

〔 二 〕"激",扬。"拂",说文:"过击也。""激拂",意为过分刚
　　　直。"触",犯。"忤",逆。"陨",落。"陨身",伤害自身。
　　　"触忤以陨身",罗振玉校本无"以"字。

〔 三 〕"床",下节注说:"人之所以安也。""剥",剥落、损害之意。

〔 四 〕"削",校勘记:"释文:'削'或作'消'。"罗振玉校本亦作
　　　"消",下并同。

〔 五 〕上注说:"蔑,犹削也。"此注说:"蔑,犹甚极之辞也。"意
　　　为,此处六二爻辞所谓之"蔑",比之初六所谓之"蔑",
　　　"削"更甚也。

〔 六 〕"辨",孔颖达疏:"辨,谓床身之下,床足之上,足与身分辨
　　　之处也。"

〔 七 〕"稍近于床"之"床"字,郭京周易举正说当为"人"字之误。
　　　并说:"既云'剥床以辨',何得云'稍近于床'? 若近于床,
　　　则不是床也,误亦明矣。"按,郭说是。孔颖达疏亦说:"今
　　　剥落侵上乃至于辨,是渐近人身,故云'剥床以辨'。"

〔 八 〕"床转欲灭"之"床"字,据罗振玉校本补。按,据文义当有
　　　此"床"字。或说,上句"稍近于床"之"床"字原属此句读,
　　　由于上句脱"人"字(参见上注郭京说)而误于上,以至此
　　　句"转欲灭"文义不全。

〔 九 〕罗振玉校本于"可以无咎"下有一"也"字。下节注"靡所
　　　不凶"下同此。

〔一〇〕"初、二剥床",罗振玉校本无"床"字。

〔一一〕此节注文郭京周易举正有数字不同。"未剥其身"之"身"
　　　字,"床既剥尽"之"尽"字,均作"肤"字。"以及人身"之
　　　"以"字,作"欲"字。按,王注以"身"释经文之"肤",故不

必改"身"字为"肤"字。

〔一二〕"靡",无。"靡所不凶"下,<u>罗振玉</u>校本有一"也"字。

〔一三〕"宫人",宫中之人,指嫔妃、侍从等。

〔一四〕"尤",过。"尤也"之"也",<u>罗振玉</u>校本作"矣"。

〔一五〕"贯",穿。

〔一六〕"骈",并。"相次",一个挨着一个。

〔一七〕"处卦之终",<u>郭京周易举正</u>作"处剥之终"。

〔一八〕"硕",大。"不见食也",不被吃掉。<u>罗振玉</u>校本于"食"下有一"者"字。

〔一九〕"庇",荫,庇护,指爻辞所谓"庐"。

复

䷗ _{震下坤上}复。亨。出入无疾,朋来无咎。反复其道,七日来复,利有攸往。

彖曰:复,亨。刚反,动而以顺行,是以出入无疾,

入则为反〔一〕,出则刚长,故无疾。疾,犹病也。

朋来无咎。

朋,谓阳也。

反复其道,七日来复,

阳气始剥尽,至来复〔二〕时,凡七日〔三〕。

天行也。

以天之行,反(覆)〔复〕〔四〕不过七日,复之不可远也。

利有攸往,刚长也。

往则小人道消也。

复其见天地之心乎！

复者,反本之谓也[五]。天地以本为心者也。凡动息则静,静非对动者也;语息则默,默非对语者也[六]。然则天地虽大,富有万物[七],雷动风行,运化万变,寂然至无,是其本矣[八]。故动息地中,乃天地之心见也[九]。若其以有为心,则异类未获具存矣。

象曰:雷在地中,复。先王以至日闭关,商旅不行,后不省方。

方,事也。冬至,阴之复也;夏至,阳之复也。故为复,则至于寂然大静。先王则天地而行者也,动复则静,行复则止,事复则无事也。

初九,不远复,无祗悔,元吉。

最处复初,始复者也。复之不速,遂至迷凶[一〇],不远而复,几悔而反[一一],以此修身,患难远矣。错之于事,其殆庶几乎[一二],故"元吉"也。

象曰:不远之复,以修身也。

六二,休复,吉。

得位处中[一三],最比于初。上无阳爻,以疑其亲。阳为仁行,在初之上[一四]而附顺之,下仁之谓也。既处中位[一五],亲仁善邻,复之休也[一六]。

象曰:休复之吉,以下仁也。

六三,频复,厉,无咎。

频,频蹙[一七]之貌也。处下体之终,虽愈于上六之迷,已失[一八]复远矣,是以蹙也。蹙而求复,未至于迷,故虽危无咎也。复道宜速,蹙而乃复,义虽无咎,它来难保[一九]。

象曰：频复之厉，义无咎也。

六四，中行独复。

四，上下各有二阴，而处厥中[二〇]，履得其位，而应于初，独得所复。顺道而反，物莫之犯，故曰"中行独复"也。

象曰：中行独复，以从道也。

六五，敦复，无悔。

居厚[二一]而履中。居厚则无怨[二二]，履中则可以自考[二三]。虽不足以及休复之吉，守厚以复，悔可免也。

象曰：敦复无悔，中以自考也。

上六，迷复，凶。有灾眚，用行师，终有大败。以其国君，凶。至于十年不克征。

最处复后，是迷者也。以迷求复，故曰"迷复"也。用之行师，难用有克也，终必大败[二四]。用之于国，则反乎君道也[二五]。大败乃复，量斯势也，虽复十年修之，犹未能征也。

象曰：迷复之凶，反君道也。

【校释】

〔 一 〕"为反"，卢文弨引："浦云，当作'阳反'。"按，孔颖达疏作："出则刚长，入则阳反。"

〔 二 〕"复"，反，指阳气来反。

〔 三 〕"七日"，此词之义释者纷纭，莫衷一是。孔颖达疏引褚、庄二氏云："五月一阴生，至十月一阳生，凡七月。而云七日，不云月者，欲见阳长须速，故变月言日。"孔颖达主郑玄说。郑云："建戌之月（九月），以阳气既尽；建亥之月（十月），纯阴用事；至建子之月（十一月），阳气始生。隔此纯阴一卦，卦主六日七分，举其成数言之，而云七日来复。"（所谓"六日七分"之说，孔颖达引易纬稽览图以说明之。大意谓：一年为三百六十五日又四分之一日，以坎、离、震、兑各主一方，卦有六爻，爻主一气，为二十四节气。其余六十卦，每卦六爻，共三百六十爻，爻主一日，为三百六十日。余下五日又四分之一日，每日为八十分，则共得四百二十分，以六十卦平分之，每卦得七分。因而，以一卦计算，每卦共占六日又七分，故称"六日七分"。）又有谓：由剥卦至复卦，剥卦阳尽于九月之终，至十月末为纯坤用事。坤卦将尽则阳复来。隔坤一卦为六日，复来成震，一阳爻生，共为七日。又有谓：本卦下震为少阳，七为少阳之数，故称七日。朱骏声六十四卦经解说："七日者，冬至至秋分，二百七十九日七时四刻，此九个月为万物生成之时，人所喜悦，冀其来者。除九个月整数，余七日奇，举尾数而言也。"王引之说："此与震、既济之七日得同例，言至多不过七日。举七日者，日之数十，不及半则称三日，过半则言七日，言多不至十日耳。"按，观王弼注文之意，是谓阳气从开始剥而至于剥尽（剥卦之义），再至于反复而来，其为时不是太远的，至多不过七日。下节注说"以天之行反复，不过七日，复之不可远也"，正说明此意。所以"七日"为泛指时间不远之意。又，"七日"下，罗振玉校本有一"也"字。

〔四〕"复"字，据岳本等校改。校勘记："岳本、闽、监、毛本'覆'作'复'。"按，据文义当作"复"。四部丛刊影印宋本亦作"复"。孔颖达疏亦作"反复"。

〔 五 〕"本",指世界万物之根本。王弼以老解易,观此处注文之意,王弼以虚无、寂静为世界万物之根本。老子十六章王弼注说:"以虚静观其反复。凡有起于虚,动起于静,故万物虽并动作,卒复归于虚静,是物之极笃也。"又三十八章王弼注:"本在无为,母在无名。"

〔 六 〕此二句意为,静、默是一切动、语之根本。静、默是绝对的、永恒的;动、语则是相对的、暂时的。

〔 七 〕语出系辞上:"易……盛德大业至矣哉! 富有之谓大业,日新之谓盛德。"

〔 八 〕语出系辞上:"易无思也,无为也,寂然不动,感而遂通天下之故。"

〔 九 〕参见老子三十八章王弼注:"天地虽广,以无为心;圣王虽大,以虚为主……故灭其私而无其身,则四海莫不瞻,远近莫不至;殊其己而有其心,则一体不能自全,肌骨不能相容。"

〔一〇〕"迷"字,校勘记:"宋本'迷'作'远'。"按,四部丛刊影印宋本作"迷"。"迷",惑也,误也。韩非子解老:"凡失其所欲之路而妄行者之谓迷。""复之不速,遂至迷凶",是指本卦上六"迷复,凶"而言,与初九"不远复"相对比。

〔一一〕"几悔而反"之"几",释爻辞"祇"字。"几"、"祇"均为语气辞,音通相借。焦循周易补疏:"释文:'祇,音支,辞也。'……又屯卦'君子几',徐音祈,辞也。'几'、'祇'皆语辞。"

〔一二〕"错",施行。礼记仲尼燕居:"举而错之而已。"注:"错,施行也。""其殆庶几乎",语见系辞下,释者纷纭。王弼此处与上文"患难远矣"对文,当为危殆少矣之意。

〔一三〕"得位处中",集解本作"得位居中"。

〔一四〕"在初之上",集解本作"比初之上"。

〔一五〕"既处中位",罗振玉校本作"既得中位"。

〔一六〕"休",美。论语学而:"泛爱众而亲仁。"里仁:"里仁为美。"六二近初九,初九为阳,为"仁行",所以注说:"亲仁善邻,复之休也。"又,罗振玉校本于"休"下有一"者"字。

〔一七〕"频蹙",急迫貌。校勘记:"释文出'频戚'。"又,罗振玉校本"蹙"作"戚"。

〔一八〕"失",校勘记:"岳本'失'作'去'。"按,"失"有"去"义。

〔一九〕"它来难保",孔颖达疏:"谓以道自守得无咎也。若自守之外,更有它事而来,则难可保此无咎之吉也。故象云:'义无咎。'守常之义得无咎。"

〔二〇〕"厥",其。

〔二一〕"厚",敦厚之意,释爻辞"敦复"之"敦"。

〔二二〕"居厚则无怨",卢文弨说:"宋本'无'作'免',钱本同。"

〔二三〕"考",稽察。"自考",即自我考察。

〔二四〕"行师",指军事行动。"克",胜。

〔二五〕"反乎君道"之"反"为违反之意,非反复之意。又,罗振玉校本于"君道"下有一"者"字。

无妄

☰ 震下乾上 **无妄**。元亨,利贞。其匪正,有眚。不利有攸往。

象曰:无妄,刚自外来而为主于内。

谓震也。

动而健，

震动而乾健也[一]。

刚中而应，

谓五也。

大亨以正，天之命也。

刚自外来而为主于内，动而愈健。刚中而应，威刚方正，私欲不行，何可以妄？使有妄之道灭，无妄[二]之道成，非大亨利贞而何？刚自外来，而为主于内，则柔邪之道消矣；动而愈健，则刚直之道通矣。刚中而应，则齐明之德[三]著矣，故"大亨以正"也。天之教命，何可犯乎？何可妄乎？是以匪正则有眚[四]，而不利有攸往也。

其匪正有眚，不利有攸往。无妄之往，何之矣！天命不祐，行矣哉！

匪正有眚，不求改以从正，而欲有所往。居不可以妄之时[五]，而欲以不正有所往，将欲何之？天命之所不祐，竟矣哉[六]！

象曰：天下雷行，物与无妄。

与，辞也，犹皆也。天下雷行，物皆不可以妄也[七]。

先王以茂，对时育万物。

茂，盛也。物皆不敢妄，然后万物乃得各全其性，对时育物，莫盛于斯也[八]。

初九，无妄往，吉。

体刚处下，以贵下贱，行不犯妄，故往得其志[九]。

象曰：无妄之往，得志也。

六二,不耕获,不菑畬,则利有攸往。

不耕而获,不菑而畬〔一〇〕,代终已成而不造〔一一〕也。不擅其美,乃尽臣道,故"利有攸往"。

象曰:不耕获,未富也。

六三,无妄之灾,或系之牛。行人之得,邑人之灾。

以阴居阳,行违谦顺,是无妄之所以为灾也。牛者,稼穑之资也。二以不耕而获,利有攸往。而三为不顺之行,故或系之牛。是有司之所以为获,彼人之所以为灾也〔一二〕,故曰"行人之得,邑人之灾"也〔一三〕。

象曰:行人得牛,邑人灾也。

九四,可贞,无咎。

处无妄之时,以阳居阴,以刚乘柔,履于谦顺,比近至尊,故可以任正,固有所守,而无咎也。

象曰:可贞无咎,固有之也。

九五,无妄之疾,勿药,有喜。

居得尊位,为无妄之主者也。下皆无妄,害非所致,而取药焉,疾之甚也。非妄之灾,勿治自复;非妄而药之则凶,故曰"勿药,有喜"〔一四〕。

象曰:无妄之药,不可试也。

药攻有妄者也〔一五〕,而反攻无妄,故不可试也。

上九,无妄行,有眚,无攸利。

处不可妄之极,唯宜静保其身而已,故不可以行也。

象曰:无妄之行,穷之灾也。

【校释】

〔一〕语出说卦："乾,健也。""震,动也。"

〔二〕"无妄",没有虚妄、诈伪之意。释文:"无妄,无虚妄也。
说文云:'妄,乱也。'马、郑、王肃皆云:'妄',犹望,谓无所
希望也。"按,王弼以"私欲不行"释"无妄",乃以老解易。
参看老子十六章王弼注。

〔三〕"齐明之德",意为与天同德。

〔四〕"匪",即"非"。"眚",灾害。说文:"目病生翳也。"释文:
"子夏传云:'伤害曰灾,妖祥曰眚。'郑云:'异自内生曰
眚,自外曰祥,害物曰灾。'"

〔五〕"居不可以妄之时",罗振玉校本无"以"字。

〔六〕"竟",终。罗振玉校本于"竟矣哉"下有一"也"字。"竟矣
哉",释象辞"行矣哉",意为终于天命也不去祐助它。

〔七〕孔颖达疏说:"天下雷行者,雷是威恐之声,今天下雷行,震
动万物,物皆惊肃,无敢虚妄。故云:天下雷行,物皆无
妄也。"

〔八〕"对",孔颖达疏:"当也。""对时",即当此无妄之时。"莫
盛于斯也"之"也"字,罗振玉校本作"矣"。

〔九〕"故往得其志"下,罗振玉校本有一"也"字。

〔一〇〕"菑",说文:"不耕田也。"即荒地。尔雅释地:"田一岁曰
菑,二岁曰新,三岁曰畬。"则此"菑"指初耕地。"畬",说
文:"三岁治田也。"指初熟地。又,礼记坊记引"不菑畬",
郑注:"一岁曰菑,二岁曰畬,三岁曰新。"与说文、尔雅稍
异。此处"不菑而畬",借以比喻不为其始,唯助其成之意。

〔一一〕"造",即造始之意。孔颖达疏:"六二处中得位,尽于臣

道。不敢创首,唯守其终。犹若田农,不敢发首而耕,唯在后获刈而已;不敢菑发新田,唯治其畬熟之地。皆是不为其始而成其末。犹若为臣之道,不为事始,而代君有终也。”

〔一二〕“有司”,官吏。此句意为,六三以阴居阳,违背谦顺之道。如同用牛去开垦田地,是创始,所以遭到禁止,耕牛被系缚带走,其人有灾。

〔一三〕“行人”,指“有司”。孔颖达疏:“行人者,有司之义也。有司系得其牛,是行人制之得功,故曰行人之得。”“邑人之灾也”句,罗振玉校本无“也”字。

〔一四〕“勿药”,意为不必服药。“故曰勿药有喜”句,罗振玉校本作“故勿药有喜也”。

〔一五〕“药攻有妄者也”句,罗振玉校本于“攻”字下有一“于”字。

大畜

☰乾下艮上**大畜。利贞。不家食,吉。利涉大川。**

彖曰:大畜,刚健笃实,辉光日新其德。

凡物既厌而退者,弱也;既荣而陨者,薄也〔一〕。夫能辉光日新其德者,唯刚健笃实也〔二〕。

刚上而尚贤,

谓上九也。处上而大通,刚来而不距,尚贤之谓也。

能止健大正也。

健莫过乾,而能止之,非夫大正,未〔三〕之能也。

不家食,吉,养贤也;利涉大川,应乎天也。

> 有大畜之实,以之养贤,令贤者不家食〔四〕,乃吉也。尚贤制健,大
> 正应天,不忧险难,故"利涉大川"也。

象曰:天在山中,大畜。君子以多识前言往行,以畜
其德。

> 物之可畜于怀,令德不散尽于此也。

初九,有厉,利已。

> 四乃畜己,未可犯也。故进则有厉,已则利也〔五〕。

象曰:有厉利已,不犯灾也。

> 处健之始,未果其健者,故能(利)(己)〔已〕〔六〕。

九二,舆说輹。

> 五处畜盛,未可犯也,遇斯而进,故"舆说輹"也〔七〕。居得其中,能
> 以其中,不为冯河〔八〕,死而无悔;遇难能止,故无尤也。

象曰:舆说輹,中无尤也。

九三,良马逐,利艰贞。曰闲舆卫,利有攸往。

> 凡物极则反,故畜极则通。初二之进,值于畜盛,故不可以升;至
> 于九三,升于上九,而上九处天衢〔九〕之亨,涂径大通,进无违距,
> 可以驰骋,故曰"良马逐"也。履当其位,进得其时,在乎通
> 路〔一〇〕,不忧险厄〔一一〕,故"利艰贞"也。闲,阑也〔一二〕。卫,护也。
> 进得其时,虽涉艰难而无患也,舆虽遇闲而故卫也。与上合志,故
> 利有攸往也。

象曰:利有攸往,上合志也。

六四,童牛之牿,元吉。

处艮之始,履得其位,能止健初。距不以角,柔以止刚,刚不敢犯,抑锐之始。以息强争,岂唯独利,乃将有喜也。

象曰:六四元吉,有喜也。

六五,豮豕之牙,吉。

豕牙横猾,刚暴难制之物[一三],谓二也。五处得尊位,为畜之主。二刚而进,能豮[一四]其牙,柔能制健[一五],禁暴抑盛,岂唯能固其位,乃将有庆也。

象曰:六五之吉,有庆也。

上九,何天之衢亨。

处畜之极,畜极则通[一六],大畜以至于大亨之时[一七]。何,辞也。犹云:何畜乃天之衢亨也[一八]。

象曰:何天之衢,道大行也。

【校释】

〔一〕"厌",足。"既厌而退",意为得到一点点满足即退而不进。这是由于它柔弱。"既荣而陨者,薄也",孔颖达疏:"凡物暂时荣华而即陨落者,由体质虚薄也。"又,"既厌而退"句,罗振玉校本无"既"字。

〔二〕"唯刚健笃实也",罗振玉校本于"笃实"下有一"者"字。

〔三〕"未",校勘记:"古本、足利本'未'作'末'。"按,作"末"者,形近而误。

〔四〕"不家食",不自食于家。此句意为,贤能者均能得到任用,而不闲居在家。

〔五〕"厉",危险。"已",止。"故进则有厉,已则利也",集解本作："进则灾危有厉,则止,故能利已。"

〔六〕"故能已",据释文校改。校勘记:"案,释文'利已'下云:注'能已'同。此文作'能利己',与释文不合。"又说:"古本'能已'下有'也'字。"按,当作"故能已"。爻辞、象辞均作"利已",意为利于止,而不利于进。所以上节注说:"进则有厉,已则利也。""果",老子三十章王弼注:"果,犹济也。"为"成"意。此节注文之意为,初九处于刚健之始,尚未完成其刚健,所以还能够止住不进。若作"能利己",则与注文之意不合。"己"、"已"形近而讹,"利"则涉上节注文"已则利也"而衍。又,罗振玉校本"未果其健者"之"健",作"进"字,"者"下有一"也"字,"故能利已"下也有一"也"字。

〔七〕"舆说輹",参见小畜卦校释〔一一〕。又,罗振玉校本"舆"作"车"。

〔八〕"冯河",参见泰卦校释〔九〕。

〔九〕"衢",通道。释文:"马云:四达谓之衢。"

〔一〇〕"在乎通路"之"在"字,罗振玉校本作"之"字。古本、钱本同。

〔一一〕"厄",校勘记:"岳本'厄'作'阨'。释文出'险阨',云:本亦作'厄'。"按,"厄"借为"阨",困塞。

〔一二〕"阂",间隔。

〔一三〕"猾",乱。"横猾",指猪牙纵横交错。"刚暴",校勘记:"释文:'刚暴',一本作'刚突'。"

〔一四〕"豮",释文:"刘云:豕去势曰豮。"孔颖达疏:"观注意,则豮是禁制损去之名。褚云:'豮,除也,除其牙也。'然'豮'

之为除，尔雅无训。按，尔雅云：‘坟，大防。’则是堤防之
义。此‘豶其牙’，谓防止其牙。古字假借，虽豕旁土边之
异，其义亦通。‘豶其牙’，谓止其牙也。”焦循周易补疏：
“王氏盖读‘豶’为‘偾’。尔雅释言云：‘偾，僵也。’左氏
昭公十三年传：‘牛虽瘠，偾于豚上。’杜注云：‘偾，仆也。’
礼记射义：‘贲军之将。’注云：‘贲读为偾，偾犹覆败也。’
谓豕牙横猾刚暴，而五能覆败之、僵仆之也。”按，孔疏、焦
说均可通。

〔一五〕“柔能制健”之“健”字，罗振玉校本作“强”字。

〔一六〕“畜极则通”之“通”字，集解本作“亨”字。

〔一七〕“大亨之时”下，罗振玉校本有一“也”字。古本同。

〔一八〕“天之衢亨也”，“亨”字下集解本多“道大行”三字。罗振
　　　玉校本有一“者”字。

颐

䷚ 震下艮上颐。贞吉。观颐，自求口实。

彖曰：颐，贞吉，养正则吉也。观颐，观其所养也。自求
口食，观其自养也。天地养万物，圣人养贤，以及万民，
颐之时大矣哉。

象曰：山下有雷，颐。君子以慎言语，节饮食。

言〔语〕〔一〕饮食，犹慎而节之，而况其余乎。

初九，舍尔灵龟，观我朵颐，凶。

朵颐者，嚼也〔二〕。以阳处下，而为动始，不能令物由己养，动而求
养者也。夫安身莫若不竞，修己莫若自保〔三〕。守道则福至，求禄

则辱来。居养贤之世,不能贞其所履,以全其德,而舍其灵龟之明兆〔四〕,羡我朵颐而躁〔五〕求,离其致养之至道,窥我宠禄而竞进〔六〕,凶莫甚焉。

象曰:观我朵颐,亦不足贵也。

六二,颠颐,拂经于丘。颐,征凶。

养下曰颠〔七〕。拂,违也。经,犹义也。丘,所履之常也。处下体之中,无应于上,反而养初。居下不奉上而反养下,故曰"颠颐,拂经于丘"也〔八〕。以此而养,未见其福也〔九〕;以此而行,未见有与,故曰"颐,(贞)〔征〕凶"〔一〇〕。

象曰:六二征凶,行失类也。

类皆上养,而二处下养初。

六三,拂颐,贞凶。十年勿用,无攸利。

履夫不正,以养于上,纳上以谄者也。拂养正之义,故曰"拂颐,贞凶"也。处颐而为此行,十年见弃者也。立行于斯,无施而利。

象曰:十年勿用,道大悖也。

六四,颠颐,吉。虎视眈眈,其欲逐逐,无咎。

体属上体,居得其位,而应于初。以上养下,得颐之义,故曰"颠颐,吉"也。下交不可以渎,故虎视眈眈〔一一〕。威而不猛,不恶而严〔一二〕。养德施贤,何可有利?故其欲逐逐〔一三〕,尚敦实也。修此二者,然后乃得全其吉而无咎〔一四〕。观其自养则履正,察其所养则养阳〔一五〕,颐爻之贵,斯为盛矣。

象曰:颠颐之吉,上施光也。

六五,拂经,居贞吉。不可涉大川。

以阴居阳,拂颐之义也〔一六〕,行则失类,故宜居贞也。无应于下,而比于上,故可守贞从上,得颐之吉[一七]。虽得居贞之吉,处颐违谦[一八],难未可涉也。

象曰:居贞之吉,顺以从上也。

上九,由颐,厉,吉。利涉大川。

以阳处上,而履四阴,阴不能独为主,必宗于阳也[一九]。故莫不由之[二○],以得其养,故曰"由颐"。为众阴之主,不可渎也,故厉乃吉。有似家人悔厉之义[二一],贵而无位,是以厉也;高而有民,是以吉也。为养之主,物莫之违,故"利涉大川"也。

象曰:由颐厉吉,大有庆也。

【校释】

〔 一 〕"语"字,据四部丛刊影印宋本及罗振玉校本补。校勘记:"按,'言'下当有'语'字。"

〔 二 〕"朵",动。"颐",颐卦之"颐"为"养"义。此处"颐"指口下颐部。"朵颐",颐部动作,所以注说"嚼也"。

〔 三 〕"莫若自保"之"保"字,罗振玉校本作"宝"字。此句之意,即如老子七章所谓"圣人……外其身而身存"之意。又,讼卦上六象辞注:"未有……处不竞之地,而为争者所夺。"

〔 四 〕"灵龟",占卜用之龟壳。因迷信其有神灵,能启示吉凶之兆,所以称为"灵龟"。

〔 五 〕"羡",羡慕。"躁",动。

〔 六 〕"窥我宠禄而竞进",校勘记:"释文出'而窥',则其本上有'而'字。"罗振玉校本也有"而"字,且"而竞进"之"而"字作"之"字。

〔 七 〕“颠”,倒。王弼认为,养下是颠倒其事,所以说“养下
曰颠”。

〔 八 〕“拂经于丘也”,意为违背常义。

〔 九 〕“未见其福也”,罗振玉校本无“也”字。

〔一〇〕“以此而行”之“而”字,罗振玉校本作“为”字。“与”,许、
赞同。“未见有与”,校勘记:“古本、足利本‘有’作‘其’,
下有‘也’字。”“征”,据罗振玉校本等改。按,此为覆述爻
辞之文,爻辞正作“颐,征凶”,当遵改。

〔一一〕“眈眈”,释文:“马云:下视貌。”说文:“近视而志远。”“下
交不可以渎”,集解本作“下交近渎”。

〔一二〕“不恶而严”下,罗振玉校本有一“也”字。

〔一三〕“逐逐”,释文:“敦实也。”

〔一四〕“然后乃得全其吉而无咎”下,罗振玉校本有一“也”字。

〔一五〕“履正”之“履”字,校勘记:“集解本作‘养’。”“养阳”之
“阳”字,校勘记:“集解本作‘贤’。按,疏云:‘初是阳爻,
则能养阳也。’是正义本自作‘阳’。”

〔一六〕“以阴居阳”,罗振玉校本作“以阴而居阳”。“拂颐之义”,
郭京周易举正作“拂经之义”。按,王弼上节注:“经,犹义
也。”孔颖达疏:“经,义也……乖违于颐养之义。”则此处
当以“拂颐之义”为是。

〔一七〕“得颐”,释文:“一本作‘得顺’。”四部丛刊影印宋本及罗
振玉校本亦作“得顺”。又,“故可守贞从上,得颐之吉”,
校勘记:“集解本作‘故宜居贞,顺而从上则吉’。古本下
有‘也’字。”

〔一八〕“处颐违谦”之“颐”,郭京周易举正作“顺”,并说:“详审

注文,义自见。"按,观象辞"顺以从上"及注文"从上,得颐
之吉"之意,似以作"处顺违谦"于义为长。

〔一九〕"必宗于阳也",罗振玉校本于"阳"下有一"者"字。

〔二〇〕"故莫不由之",罗振玉校本于"故"下有一"物"字。

〔二一〕见家人卦九三爻辞:"家人嗃嗃(严酷貌),悔厉,吉。"王弼
注:"以阳处阳,刚严者也。处下体之极,为一家之长者也。
行与其慢,宁过乎恭;家与其渎,宁过乎严。是以家人虽嗃
嗃,悔厉,犹得其道;妇子嘻嘻,乃失其节也。"

大过

䷛ 巽下兑上**大过。栋桡。利有攸往,亨。**

彖曰:大过,

〔音相过之过〕〔一〕。

大者过也。

大者乃能过也〔二〕。

栋桡,本末弱也。

初为本而上为末也。

刚过而中,

谓二也。居阴,过也;处二,中也。拯弱〔三〕兴衰,不失其中也〔四〕。

巽而说行,

巽而说行〔五〕,以此救难,难乃济也。

利有攸往,乃亨。

危而弗持,则将安用,故往乃亨〔六〕。

大过之时大矣哉!

是君子有为之时也。

象曰:泽灭木,大过。君子以独立不惧,遁世无闷。

此所以为大过,非凡所及也〔七〕。

初六,藉用白茅,无咎。

以柔处下,过而可以无咎,其唯慎乎?

象曰:藉用白茅,柔在下也。

九二,枯杨生稊,老夫得其女妻,无不利。

稊者,杨之秀也〔八〕。以阳处阴,能过其本,而救其弱者也。上无其应,心无(持)〔特〕吝,处过以此,无衰不济也〔九〕。故能令枯杨更生稊,老夫更得少妻〔一〇〕。拯弱兴衰,莫盛斯爻,故无不利也。老过则枯,少过则稚。以老分少,则稚者长;以稚分老,则枯者荣,过以相与之谓也〔一一〕。大过至衰,而己至壮,以至壮辅至衰,应斯义也。

象曰:老夫女妻,过以相与也。

九三,栋桡,凶。

居大过之时,处下体之极,不能救危拯弱,以隆其栋〔一二〕,而以阳处阳,自守所居,又应于上,系心在一〔一三〕,宜其淹弱而凶衰也〔一四〕。

象曰:栋桡之凶,不可以有辅也。

九四,栋隆,吉,有它吝。

体属上体,以阳处阴,能拯其弱,不为下所桡〔一五〕者也,故"栋隆,吉"也〔一六〕。而应在初,用心不弘,故"有它吝"也。

象曰:栋隆之吉,不桡乎下也。

九五,枯杨生华,老妇得其士夫。无咎,无誉。

处得尊位,而以阳处阳,未能拯危〔一七〕。处得尊位,亦未有桡,故能生华〔一八〕,不能生稊,能得夫不能得妻。处栋桡之世,而为无咎无誉,何可长哉?故生华不可久,士〔一九〕夫诚可丑也。

象曰:枯杨生华,何可久也;老妇士夫,亦可丑也。

上六,过涉灭顶,凶,无咎。

处大过之极,过之甚也〔二〇〕。涉难过甚,故至于灭顶,凶〔二一〕。志在救时,故不可咎也。

象曰:过涉之凶,不可咎也。

虽凶无咎,不害义也。

【校释】

〔一〕"音相过之过"五字,据岳本等校补。校勘记:"岳本、钱本、宋本、足利本'大过'下有注文'音相过之过'五字。古本'之过'下有'也'字。释文出'相过之过'。"按,孔颖达疏亦出"注音过之过",并说:"相过者,谓相过越之甚也,非谓相过从之过。"又,小过卦孔疏亦说:"大过卦下注云:'音相过之过。'恐人作罪过之义,故以音之。"郭京周易举正此节注作"音过越之过也",义与孔疏同。又郭说:"过越之过,惟在去声,相过之过在平声,误亦明矣。"据此,今本脱此节注亦明矣。

〔二〕"大",盛大。"过",过甚。孔颖达疏:"大过之卦有二义也。一者,物之自然,大相过越常分……二者,大人大过越常分,以拯患难。"

〔三〕"弱",校勘记:"释文:'弱',本亦作'溺',下'救其弱'、

'拯弱'皆同。"

〔四〕"不失其中也"，罗振玉校本于"中"下有一"者"字。

〔五〕"巽"，顺。"说"，悦。"济"，止，得救。

〔六〕"安"，何。"故往乃亨"下，罗振玉校本有一"也"字。

〔七〕"凡"，指普通人。"非凡所及也"，罗振玉校本于"及"下有一"者"字。

〔八〕"稊"，指杨柳之穗。"秀"，即花穗。

〔九〕"特"字，据岳本等校改。校勘记："岳本、闽、监、毛本'持'作'特'。释文：'特'或作'持'。"按，四部丛刊影印宋本亦作"特"，孔颖达疏亦作"特"。"特"为"独"义，若作"持"，则文义不可通。又，"无衰不济也"，罗振玉校本于"济"下有一"者"字。

〔一○〕"老夫更得少妻"，罗振玉校本于"得"下有一"其"字。

〔一一〕"与"，通"予"，给予。"过以相与"，意为老、少各以自己所过多者给予对方，以补对方之不足。

〔一二〕"栋"，屋栋、屋脊。

〔一三〕"系心在一"之"一"，四部丛刊影印宋本作"下"字。按，当作"一"。"一"犹"己"，"系心在一"，即上文所说"唯自守而已"之意。作"下"者，涉上文"处下体之极"而"又应于上"文义而误。

〔一四〕"弱"，校勘记："岳本、宋本、古本、足利本'弱'作'溺'。释文出'淹溺'，乃历反'。"罗振玉校本亦作"溺"。按，以上各节注中"拯弱"、"救其弱"等亦有作"溺"者，详见校释〔三〕。此处"淹弱而凶衰"，正与上文"拯弱兴衰"义相反。九三"自守所居"，"系心在一"，是褊狭而不能拯救衰弱，所以注文说"宜其淹弱而凶衰也"。如作"溺",义亦可通。
又,"凶衰"之"衰",罗振玉校本作"丧"字。

〔一五〕"桡",说文:"曲木。"木曲易折,引伸为摧折。

〔一六〕"隆",高。"故栋隆,吉也",罗振玉校本无"也"字。

〔一七〕"未能拯危"句上,罗振玉校本重"以阳处阳"四字。

〔一八〕"华",同"花"。

〔一九〕"士",孔颖达疏为"壮",与"老妇"相对则为少,所以"士夫"即少夫。又,郭京周易举正直作"少夫",并说:"爻、注、象三'少'字,并误作'士'。定本'少'字,虫伤类于'士'字,误亦明矣。'士'字,义理无取。"

〔二〇〕"过之甚也",罗振玉校本于"甚"下有一"者"字。

〔二一〕"故至于灭顶,凶"下,罗振玉校本有一"也"字。

习坎

☵ 坎下坎上**习坎**。

坎,险陷之名也。习,谓便习之〔一〕。

有孚,维心亨,

刚正在内,有孚者也;阳不外发而在乎内,心亨者也。

行有尚。

内亨外闇,内刚外顺,以此行险,行有尚也〔二〕。

彖曰:习坎,重险也。

坎以险为用,故特名曰"重险"〔三〕。言习坎者,习(重乎)〔乎重〕〔四〕险也。

水流而不盈,行险而不失其信。

险陷之(释)〔极〕^{〔五〕},故水流而不能盈也。处至险而不失刚中,行
险而不失其信者,习坎之谓也^{〔六〕}。

维心亨,乃以刚中也;行有尚,往有功也。

便习于坎,而之坎地,尽坎之宜,故往必有功也。

天险,不可升也;

不可得升,故得保其威尊^{〔七〕}。

地险山川丘陵也;

有山川丘陵,故物得以保全也^{〔八〕}。

王公设险,以守其国。

国之为卫,恃于险也。言自天地以下,莫不须险也。

险之时用大矣哉。

非用之常,用有时也。

象曰:水洊至,习坎。

重险悬绝,故水洊^{〔九〕}至也。不以坎为隔绝,相仍而至,习乎坎
也^{〔一〇〕}。

君子以常德行,习教事。

至险未夷^{〔一一〕},教不可废,故以常德行而习教事也。习于坎,然后
乃能不以险难为困,而德行不失常也。故则夫习坎^{〔一二〕},以常德
行而习教事也。

初六,习坎,入于坎窞,凶。

习坎者,习为险难之事也^{〔一三〕}。最处坎底,入坎窞者也^{〔一四〕}。处
重险而复入坎底^{〔一五〕},其道凶也。行险而不能自济^{〔一六〕},习坎而
入坎窞,失道而穷在坎底,上无应援可以自济,是以凶也。

象曰:习坎入坎,失道凶也。

九二,坎,有险,求小得。

履失其位,故曰"坎"。上无应援,故曰"有险"。坎而有险,未能出险之中也[一七]。处中而与初三相得,故可以求小得也。初三未足以为援,故曰"小得"也[一八]。

象曰:求小得,未出中也。

六三,来之坎坎,险且枕,入于坎窞,勿用。

既履非其位,而又处两坎之间,出则之坎,居则亦坎[一九],故曰"来之坎坎"也。枕者,枝而不安之谓也[二〇]。出则无之,处则无安[二一],故曰"险且枕"也。来之皆坎,无所用之,徒劳而已。

象曰:来之坎坎,终无功也。

六四,樽酒、簋贰、用缶。纳约自牖,终无咎。

处重险而履正,以柔居柔,履得其位,以承于五。五亦得位,刚柔各得其所,不相犯位,皆无余应以相承比,明信显著,不存外饰。处坎以斯,虽复一樽之酒,二簋之食,瓦缶之器,纳此至约,自进于牖,乃可羞之于王公,荐之于宗庙[二二],故终无咎也。

象曰:樽酒簋贰,刚柔际也。

刚柔相比而相亲焉,际[二三]之谓也。

九五,坎不盈,祗既平,无咎。

为坎之主[二四],而无应辅可以自佐,未能盈坎者也。坎之不盈,则险不尽矣。祗,辞也[二五]。为坎之主,尽平乃无咎,故曰"祗既平,无咎"也。说[二六]既平乃无咎,明九五未免于咎也。

象曰:坎不盈,中未大也。

上六,系用徽纆,寘于丛棘,三岁不得,凶。

险陷[二七]之极,不可升也;严法峻整,难可犯也。宜其囚执,寅〔二八〕于思过之地。三岁险道之夷也,险终乃反,故三岁不得。

自修三岁,乃可以求复,故曰"三岁不得,凶"也。

象曰:上六失道,凶三岁也。

【校释】

〔 一 〕"便习",亦即习,熟悉其事之意。释文:"习,便习也,重
也。刘云:水流不休,故曰习。"孔颖达疏:"习有二义:一
者,习重也,谓上下俱坎,是重叠有险,险之重叠乃成险之
用也;一者,人之行险,先使习其事,乃可得通,故云习也。"
"便习之"下,罗振玉校本有一"也"字。

〔 二 〕"内亨",即上节注所谓"阳不外发而在乎内,心亨者也"。
"阇",同"暗"。"尚",尊贵、推重。

〔 三 〕"故特名曰重险"下,罗振玉校本有一"也"字。

〔 四 〕"乎重"二字,据岳本等校改。校勘记:"岳本、宋本、古本、
足利本'重乎'作'乎重'。"按,孔颖达疏亦作:"言习坎者,
习乎重险也。"本节注上文说"坎以险为用,故特名曰重
险",则"重险"为"坎"之用的专名,故此句当作"言习坎
者,习乎重险也"。

〔 五 〕"极"字,据岳本等校改。校勘记:"岳本、闽、监、毛本'释'
作'极',是也。古本下有'也'字。"按,四部丛刊影印宋
本、罗振玉校本及孔颖达疏亦均作"极"字。"险陷之极",
形容"重险"危峻之貌,若作"释",则于义无解。

〔 六 〕"行险而不失其信者"下,罗振玉校本有一"也"字。"习坎
之谓也",校勘记:"岳本、宋本'坎'作'险'。古一本作'其
信习险之谓也'(罗振玉校本同此),一本作'信习险之谓

也'。"按,观注文之意,是谓彖辞"行险而不失其信"句,乃释卦辞"习坎"之意。故注文当作:"行险而不失其信者,习坎之谓也。"孔颖达疏亦说:"行险而不失其信,谓行此至险,能守其刚中,不失其信也。此释'习坎'及'有孚'之义也。"

〔七〕"故得保其威尊"下,罗振玉校本有一"也"字。

〔八〕"物得以保全也"之"以"字,校勘记:"足利本作'其'。"

〔九〕"洊",或作"瀳",说文:"水至也。"尔雅释言:"再也。"陆绩:"水再至也。"

〔一〇〕"仍",重。"相仍而至",犹言接连不断地相重而来。又,"习乎坎也",罗振玉校本于"坎"下有一"者"字。

〔一一〕"夷",平。

〔一二〕"则",法。"则夫习坎",效法"习坎"。

〔一三〕"习为险难之事也",罗振玉校本于"事"下有一"者"字。

〔一四〕"最处坎底"之"坎"字,校勘记:"释文出'处欿',云亦作'坎'字。""窞",说文:"坎中小坎也,一曰旁入也。"又"入坎窞者也",罗振玉校本无"入"字。

〔一五〕"复入坎底",校勘记:"古本'坎'作'欿',其上有'失'字。足利本亦有'失'字。"

〔一六〕"自济",自止、自救。"行险而不能自济",罗振玉校本无"而"字。

〔一七〕"未能出险之中也",罗振玉校本于"中"下有一"者"字。

〔一八〕"未足以为援,故曰小得也",校勘记:"古本、足利本'援'上有'大'字,'小'上有'求'字。"

〔一九〕"出则之坎","之",往。校勘记:"释文曰:'之'字,一本误

作'亦'。""居则亦坎",校勘记:"古二本'亦'作'之',一
本'亦'下有'之'字,足利本与一本同。"

〔二〇〕"枕枝而不安之谓也",校勘记:"岳本、宋本、古本、足利
本无'枕'字。"罗振玉校本亦无"枕"字。按,"枕",释
文:"郑注曰:木在首曰枕。陆云:闲碍险害之貌。九家
作'玷',古文作'沈'。'沈',直林反。"焦循周易补疏:
"九家作'玷'。'玷',当作'阽'。'阽',危也。'阽'、
'玷'形近,与'枕'音近。王氏以'枕'为'阽'之假借,故
云:'枕枝而不安之谓也。'……'枝'与'支'通,撑持支
柱,亦临险之意。考文(指校勘记)谓古本无'枕'字,
然正义有之。"

〔二一〕"出则无之,处则无安",罗振玉校本于二"无"下均有一
"所"字。

〔二二〕"樽",酒器。"簋",装黍稷之器。"瓦缶之器",指用陶瓦
制作之"樽"、"簋"等器皿,表示俭约。"牖",窗户。
"羞",说文:"进献也。""荐之于宗庙",参看观卦校释
〔二〕、〔三〕、〔四〕。又,"二簋"之"二",罗振玉校本作
"一"字。

〔二三〕"际",交际、亲比。

〔二四〕"为坎之主",罗振玉校本"坎"作"险"。

〔二五〕"祇,辞也",意谓"祇"是语气辞。参看复卦校释〔一一〕。

〔二六〕"说",校勘记:"古本作'谓'。"

〔二七〕"陟",校勘记:"古本作'歆'。"

〔二八〕"囚执",执而囚禁之。"寘",同"置"。

离

☲ 离下离上**离。利贞,亨。**

离[一]之为卦,以柔为正,故必贞而后乃亨,故曰"利贞,亨"也。

畜牝牛,吉。

柔处于内,而履正中,牝[二]之善也。外强而内顺,牛之善也。离之为体,以柔顺为主者也,故不可以畜刚猛之物,而吉于畜牝牛也。

彖曰:离,丽也。

丽,犹著也,各得所著之宜[三]。

日月丽乎天,百谷草木丽乎土。重明以丽乎正,乃化成天下。柔丽乎中正,故亨。是以畜牝牛吉也。

柔著于中正,乃得通也。柔通之吉,极于畜牝牛,不能及刚猛也。

象曰:明两作,离。大人以继明照于四方。

继,谓不绝也。明照相继,不绝旷也[四]。

初九,履错然,敬之,无咎。

错然者,警[五]慎之貌也。处离之始,将进而盛,未在既济,故宜慎其所履[六],以敬为务,辟[七]其咎也。

象曰:履错之敬,以辟咎也。

六二,黄离,元吉。

居中得位,以柔处柔,履文明之盛而得其中,故曰"黄离,元吉"也[八]。

象曰:黄离元吉,得中道也。

九三,日昃之离,不鼓缶而歌,则大耋之嗟,凶。

> 嗟,忧叹之辞也。处下离之终,明在将没,故曰"日昃[九]之离"也。明在将终,若不委之于人,养志无为,则至于耋老有嗟,凶矣[一〇],故曰"不鼓缶而歌,则大耋之嗟,凶"也[一一]。

象曰:日昃之离,何可久也。

九四,突如其来如,焚如,死如,弃如。

> 处于明道始变之际,昏而始晓,没而始出,故曰"突如其来如"。其明始进,其炎始盛,故曰"焚如"。逼近至尊,履非其位,欲进其盛,以炎其上,命必不终,故曰"死如"。违离之义,无应无承[一二],众所不容,故曰"弃如"也。

象曰:突如其来如,无所容也。

六五,出涕沱若,戚嗟若,吉。

> 履非其位,不胜所履。以柔乘刚,不能制下,下刚而进,将来害己,忧伤之深,至于沱嗟也[一三]。然所丽在尊,四为逆首[一四],忧伤至深,众之所助,故乃沱嗟而获吉也。

象曰:六五之吉,离王公也。

上九,王用出征,有嘉折首,获匪其丑,无咎。

> 离,丽也。各得安其所丽,谓之离。处离之极,离道已成,则除其非类,以去民害,王用出征之时也。故必有嘉折首,获匪其丑,乃得无咎也[一五]。

象曰:王用出征,以正邦也。

【校释】

〔　一　〕"离",附著。释文:"离,著也。"又,离卦象日,故又有明之义。说卦:"离也者,明也。"

〔 二 〕"牝",雌。

〔 三 〕"各得所著之宜"下,<u>罗振玉</u>校本有一"也"字。

〔 四 〕"旷",<u>说文</u>:"明也。"此节注文,<u>校勘记</u>:"十行本止有'也
照明也'四字,余并阙……<u>释文</u>:一本无'明照'二字。"又,
"旷"下,<u>罗振玉</u>校本有一"者"字。

〔 五 〕"警",<u>校勘记</u>:"集解作'敬'。"

〔 六 〕"将进而盛"之"而"字,<u>集解</u>本作"其"。"既济",已成。
"故宜慎其所履",<u>集解</u>本无"其"字。

〔 七 〕"辟",借为"避"。

〔 八 〕"黄",<u>噬嗑</u>卦六五注:"黄,中也。""黄离",指得离卦之中,
亦即上文所谓"履文明而得其中"之意。<u>郭京</u><u>周易举正</u>
此句注文作:"故曰黄离也。柔居中正,处得其位,初则
尚敬而我比焉。为卦之主,能通其道,体明履顺,吉之大
者,故曰元吉也。"比之今本注文多三十七字。并说:"前
'黄'(即指"故曰黄离"句以前文字)解'黄离',补文解
'无吉'。今本多脱。"

〔 九 〕"昃",侧,日偏西。

〔一〇〕"耊",七十岁称"耊",或说八十岁称"耊"。"有嗟,凶
矣",<u>校勘记</u>:"闽、监、毛本作'而有嗟,凶'。"

〔一一〕"鼓缶而歌",敲着瓦盆歌唱。<u>庄子</u><u>至乐</u>:"<u>庄子</u>妻死,<u>惠子</u>
吊之,<u>庄子</u>则方箕踞,鼓盆而歌。"此句意为,人到了老耊,
就应该把事情委托给别人去做,而自己安逸取乐(鼓缶而
歌),养志无为,否则必然会有老耊之忧虑嗟叹,而终究
有凶。

〔一二〕"无应无承"之"承"字,郭京周易举正作"乘",并说:"四应在初,初复阳体,两雄必争,是无应也;三虽在下,得位刚强,是无乘也。盖'乘'、'承'声同,转写为误,寻义趣可知也。"

〔一三〕"沱嗟",垂泪叹息之貌。

〔一四〕"逆首",校勘记:"释文:'逆首',本作'逆道',两得。"

〔一五〕"嘉",善、美。孔颖达疏"有嘉"为:"有嘉美之功。"一说,爻辞所述"有嘉",为周时国名,周曾与其作战而获胜,此爻辞即记其事。"折",除去。"匪",同"非";罗振玉校本直作"非"。"丑",类。又,"乃得无咎也",罗振玉校本无"也"字。

下经

咸

䷞ 艮下兑上咸。亨。利贞,取女吉。

彖曰:咸,感也。柔上而刚下,二气感应以相与。

> 是以亨也。

止而说,

> 是利贞也。

男下女,

> 取女吉也。

是以亨,利贞,取女吉也。天地感而万物化生,

> 二气相与,乃化生也。

圣人感人心而天下和平。观其所感,而天地万物之情可见矣。

> 天地万物之情,见于所感也[一]。凡感之为道,不能感非类者也,故引取女以明同类之义也。同类而不相感应,以其各亢[二]所处也。故女虽应男之物,必下之而后取女乃吉也。

象曰:山上有泽,咸。君子以虚受人。

> 以虚受人,物乃感应[三]。

初六,咸其拇。

> 处咸之初,为感之始,所感在末[四],故有志而已。如其本实,未至伤静[五]。

象曰:咸其拇,志在外也。

四属外也〔六〕。

六二,咸其腓,凶。居吉。

咸道转进,离拇升腓〔七〕,腓体动躁者也。感物以躁,凶之道也〔八〕。由躁故凶,居则吉矣。处不乘刚,故可以居而获吉。

象曰:虽凶居吉,顺不害也。

阴而为居,顺之道也;不躁而居,顺不害也。

九三,咸其股,执其随,往吝。

股〔九〕之为物,随足者也。进不能制动,退不能静处〔一○〕,所感在股,志在随人者也。志在随人,所执亦以贱矣,用斯以往,吝其宜也。

象曰:咸其股,亦不处也;志在随人,所执下也。

九四,贞吉,悔亡。憧憧往来,朋从尔思。

处上卦之初,应下卦之始,居体之中,在股之上。二体始相交感,以通其志,心神始感者也。凡物始感而不以之于正,则至于害,故必贞然后乃吉,吉然后乃得亡其悔。始在于感,未尽感极,不能至于无思,以得其党,故有憧憧往来〔一一〕,然后朋从其思也。

象曰:贞吉悔亡,未感害也。

未感于害,故可正之得悔亡也。

憧憧往来,未光大也。

九五,咸其脢,无悔。

脢者〔一二〕,心之上,口之下。进不能大感,退亦不为无志,其志浅末,故无悔而已。

象曰:咸其脢,志末也。

上六,咸其辅颊舌。

咸道转末,故在口舌言语而已。

象曰:咸其辅颊舌,滕口说也。

辅、颊〔一三〕、舌者,所以为语之具也。咸其辅、颊、舌,则滕口说也〔一四〕。憧憧往来,犹未光大,况在滕口,薄可知也。

【校释】

〔 一 〕"感",交感、感应。彖辞和王弼注文均以"感"释咸卦之义。

〔 二 〕"亢",高。校勘记:"释文:'亢',一本作'有'。"

〔 三 〕"虚",谦虚、谦下。此句之意即上节注所谓:"同类而不相感应,以其各亢所处也。故女虽应男之物,必下之而后取女乃吉也。"又,老子六十一章王弼注:"唯修卑下,然后乃各得其所〔欲〕。"

〔 四 〕"所感在末",释爻辞"感其拇"。"拇"为大足指,为一身之末。

〔 五 〕"本",指整个身体。此句意为,如果其本体坚实,则虽有所感应,而不至于损害静的本体。按,以上二句均为王弼借爻辞以阐明其本末、动静的思想。可参阅老子注。

〔 六 〕"四",指九四。九四属上卦(外卦)。"也",校勘记:"岳本、闽、监、毛本'也'作'卦'。古本上有'卦'字。"四部丛刊影印宋本同岳本。

〔 七 〕"腓",说文:"胫腨也。"即小腿。

〔 八 〕参看老子四十五章王弼注:"静则全物之性,躁则犯物之性。"又,六十章注:"躁则多害,静则全真。"

〔　九　〕"股",即大腿。

〔一〇〕"静处",校勘记:"古本、足利本'静处'作'处静'。按,疏
　　　云'静守其处',作'处静'非。"

〔一一〕"憧憧",说文:"憧,意不定也。""憧憧往来",这里有反复
　　　思求之意。

〔一二〕"脢",说文:"背肉也。"郑云:"背脊肉也。"

〔一三〕"辅",上颔。"颊",面颊。

〔一四〕"滕",说文:"水超涌也。"孔颖达疏:"滕,竞与也。""滕口
　　　说也",意为善于言说,竞为言说。所以王弼注说:"薄可
　　　知也。"又,"滕"或作"腾",释文:"腾,郑云:送也。"孔颖达
　　　疏:"郑玄又作'媵'。'媵',送也。咸道极薄,徒送口舌言
　　　语相感而已,不复有志于其间。王注义得两通,未知谁同
　　　其旨也。"

恒

☰☳ 巽下震上恒。亨,无咎,利贞。

恒而亨,以济三事[一]也。恒之为道,亨乃无咎也,恒通无咎,乃利
正也。

利有攸往。

各得所恒,修其常道,终则有始,往而无违,故利有攸往也。

彖曰:恒,久也。刚上而柔下,

刚尊柔卑,得其序也。

雷风相与。

长阳长阴[二],能相成也。

巽而动，

> 动无违也。

刚柔皆应，

> 不孤媲[三]也。

恒。

> 皆可久之道。

恒，亨，无咎，利贞。久于其道也。

> 道得所久，则常通无咎，而利正也。

天地之道，恒久而不已也。

> 得其所久，故不已也[四]。

利有攸往，终则有始也。

> 得其常道，故终则复始，往无穷(也)〔极〕[五]。

日月得天而能久照，四时变化而能久成，圣人久于其道
而天下化成。

> 言各得其所恒，故皆能长久。

观其所恒，而天地万物之情可见矣。

> 天地万物之情，见于所恒也。

象曰：雷风，恒。

> 长阳长阴，合而相与，可久之道也。

君子以立不易方。

> 得其所久，故不易也。

初六，浚恒，贞凶，无攸利。

> 处恒之初，最处卦底，始求深者也。求深穷底，令物无余缊[六]，渐

以至此,物犹不堪[七],而况始求深者乎? 以此为恒,凶正害德,无施而利也。

象曰:浚恒之凶,始求深也。

九二,悔亡。

虽失其位,恒位于中,可以消悔也。

象曰:九二悔亡,能久中也。

九三,不恒其德,或承之羞,贞吝。

处三阳之中,居下体之上,处上体之下。上不全尊,下不全卑,中不在体,体在乎恒,而分无所定[八],无恒者也。德行无恒,自相违错,不可致诘,故"或承之羞"也[九]。施德于斯,物莫之纳,鄙贱甚矣,故曰"贞吝"也。

象曰:不恒其德,无所容也。

九四,田无禽。

恒于非位,虽劳无获也。

象曰:久非其位,安得禽也。

六五,恒其德贞,妇人吉,夫子凶。

居得尊位,为恒之主,不能制义,而系应在二,用心专贞,从唱而已。妇人之吉,夫子之凶也。

象曰:妇人贞吉,从一而终也;夫子制义,从妇凶也。

上六,振恒,凶。

夫静为躁君,安为动主[一〇]。故安者,上之所处也;静者,可久之道也[一一]。处卦之上,居动之极,以此为恒,无施而得也。

象曰:振恒在上。大无功也。

【校释】

〔 一 〕"恒",久。"三事",孔颖达疏:"褚氏云:'三事'谓'无咎'、'利贞'、'利有攸往'。庄氏云:'三事'者,'无咎'一也,'利'二也,'贞'三也。周氏云:'三事'者,一'亨'也,二'无咎'也,三'利贞'也。注不明数,故先儒各以意说。窃谓注云'恒而亨,以济三事'者,明用此'恒亨'济彼'三事',无疑'亨'字在'三事'之外。而此注云:'恒之为道,亨乃无咎,恒通无咎,乃利正也。'又,注彖曰:'道得所久,则常通无咎,而利正也。'此解皆以'利正'相将为一事,分以为二,恐非注旨。验此注云:'恒之为道,亨乃无咎。'此以恒亨济'无咎'也;又云:'恒通无咎,乃利正也。'此以恒亨济'利正'也;下注'利有攸往'云:'各得所恒,修其常道,终则有始,往而无违,故利有攸往。'此以恒亨济'利有攸往'也。观文验注,褚氏为长。"

〔 二 〕"长阳",即长男,指震卦。"长阴",即长女,指巽卦。说卦:"震一索而得男,故谓之长男;巽一索而得女,故谓之长女。"

〔 三 〕"媲",说文:"配也。"

〔 四 〕"已",止,无穷尽。

〔 五 〕"极"字,据岳本等校改。校勘记:"岳本、宋本、古本、足利本'也'作'极'。"按,孔颖达疏:"人用恒久之道,会于变通,故终则复始,往无穷极,同于天地之不已。"正作"穷极"。又,老子十六章王弼注:"得道之常,则乃至于不穷极也。"与此同,故当据改。

〔 六 〕"缊",释文引广雅:"缊,积也。"校勘记:"岳本、钱本'缊'

作‘蕴’。”

〔七〕“渐以至此”，意为慢慢积累而至于深。“堪”，胜。

〔八〕“分”，名分、职分。此处指地位。

〔九〕“违错”，违背错乱。“致诘”，推问。“羞”，羞辱。

〔一〇〕参看老子二十六章王弼注：“凡物，轻不能载其重，小不能镇大。不行者使行，不动者制动。是以重必为轻根，静必为躁君也。”

〔一一〕参看老子十六章王弼注：“归根则静，故曰静。静则复命，故曰复命也。复命则得性命之常，故曰常也。”

遁

☲☰ 艮下乾上**遁。亨，小利贞。**

彖曰：遁亨，遁而亨也。

遯之为义，遯乃通也〔一〕。

刚当位而应，与时行也；

谓五也。刚当位而应，非否亢也〔二〕；遁不否亢，能与时行也。

小利贞，浸而长也。

阴道欲浸而长〔三〕，正道亦未全灭，故“小利贞”也。

遁之时义大矣哉。

象曰：天下有山，遁。

天下有山，阴长之象〔四〕。

君子以远小人，不恶而严。

初六，遁尾，厉。勿用有攸往。

遁之为义，辟内而之外者也〔五〕。尾之为物，最在体后者也。处遁

之时,不往何灾,而为遁尾,祸所及也。危至而后(未)〔求〕^{〔六〕}行,
(虽)〔难〕^{〔七〕}可免乎厉,则勿用有攸往也。

象曰:遁尾之厉,不往何灾也。

六二,执之用黄牛之革,莫之胜说。

居内处中,为遁之主。物皆遁己^{〔八〕},何以固之?若能执乎理中、
厚顺之道以固之也,则莫之胜解^{〔九〕}。

象曰:执用黄牛,固志也。

九三,係遁,有疾厉,畜臣妾吉。

在内近二,以阳附阴,宜遁而繫,故曰"繫遁"^{〔一○〕}。遁之为义,宜
远小人,以阳附阴,繫于所在,不能远害,亦已惫^{〔一一〕}矣,宜其屈辱
而危厉也。繫于所在,畜臣妾可也,施于大事,凶之道也。

象曰:係遁之厉,有疾惫也;畜臣妾吉,不可大事也。

九四,好遁,君子吉,小人否。

处于外而有应于内,君子好遁,故能舍之;小人系恋,是以否也。

象曰:君子好遁,小人否也。

音臧否之否。

九五,嘉遁,贞吉。

遁而得正,反制于内,小人应命,率正其志,不恶而严,得正之吉,
遁之嘉也。

象曰:嘉遁贞吉,以正志也。

上九,肥遁,无不利。

最处外极,无应于内,超然绝志,心无疑顾。忧患不能累,矰
缴^{〔一二〕}不能及,是以肥遁^{〔一三〕},无不利也。

象曰：肥遁无不利，无所疑也。

【校释】

〔一〕"遯"，即"遁"。释文："隐退也。匿迹避时，奉身退隐之谓
也。郑云：逃去之名。序卦云：遁者，退也。"此句意为，
"遁"之含义，是说只有退隐才能亨通。

〔二〕"刚当位而应"，卢文弨说："古本、宋本、钱本'刚'上并有
'以'字。""否亢"，意为处于高位而蔽塞不通。

〔三〕"浸"，渐进。"阴道欲浸而长"，指初六、六二两阴爻浸长。
"欲"字，郭京周易举正作"虽"字，并说："卦有六爻，两爻
已变，不可言'欲'，误亦明矣。"

〔四〕遁卦上卦为乾，下卦为艮。乾为天，艮为山，所以说"天下
有山"。遁卦初、二两爻为阴爻，所以说"阴长之象"。

〔五〕"辟"，借为"避"。"之"，往。

〔六〕"求"字，据四部丛刊影印宋本等校改。校勘记："毛本
'未'作'求'。按，'未'字宜衍，正义'是遁之为后也'可
证。"按，作"未"于文义不可通，"未"、"求"形近而讹，当据
改。校勘记以"未"为衍字，义亦可通。

〔七〕"难"字，据四部丛刊影印宋本等校改。校勘记："监、毛本
'虽'作'难'，不误，释文出'难可'。"按，据上文"处遁之
时，不往何灾，而为遁尾，祸所及也"，意谓祸不可免。故此
处当作"难可免乎厉（危）"。如作"虽"字，于文义不可通。
"虽"、"难"形近而讹，当据改。

〔八〕"己"，校勘记："释文：'已'，音以，或音纪。按，音纪则当
作人己字。疏云'物皆弃己而遁'，则正义本作'己'，与或

音合。”

〔九〕“解”,脱。“莫之胜解”,意为不能脱离而去。孔颖达疏:
“逃遁之世,避内出外。二既处中居内,即非遁之人,便为
遁之主。物皆弃己而遁,何以执固留之？惟有中和、厚顺
之道可以固而安之也。能用此道,则不能胜己解脱而
去也。”

〔一〇〕“繫”,校勘记:“岳本、闽、监、毛本‘繫’作‘係’,下同。”
按,“繫”借为“係”,下同。校勘记:“凡相连属谓之‘係’,
此‘係遁’是也。”

〔一一〕“惫”,困病。

〔一二〕“矰缴”,带有丝线的矢。

〔一三〕“肥”,孔颖达疏引子夏传:“肥,饶裕也。”焦循周易补疏:
“张衡思玄赋:‘欲飞遁以保名。’曹植七启:‘飞遁离俗。’
文选注引淮南九师曰:‘遁而能肥,吉孰大焉。’后汉书注
引作‘遁而能飞’(姚宽西溪丛话云:周易遁卦“肥遁无不
利”,“肥”字古作“甮”,与古“蜚”字相似,即今之“飞”字,
后世遂改为“肥”——焦注)。王氏此注云‘矰缴不能及’,
则是以‘肥遁’为‘飞遁’也。”按,焦说是。

大壮

☷ 乾下震上大壮。利贞。

彖曰:大壮,大者壮也。

　　大者,谓阳爻。小道将灭,(一)〔大〕〔一〕者获正,故利贞也。

刚以动,故壮。大壮利贞,大者正也。正大而天地之情

可见矣。

天地之情,正大而已矣。弘正极大,则天地之情可见矣!

象曰:雷在天上,大壮。

刚以动也。

君子以非礼弗履。

壮而违礼则凶,凶则失壮也,故君子以大壮而顺(体)〔礼〕[二]也。

初九,壮于趾,征凶,有孚。

夫得大壮者,必能自终成也,未有陵犯于物,而得终其壮者。在下而壮,故曰"壮于趾"也。居下而用刚壮,以斯而进,穷凶可必也,故曰"征凶,有孚"。

象曰:壮于趾,其孚穷也。

言其信穷。

九二,贞吉。

居得中位,以阳居阴,履谦不亢,是以贞吉。

象曰:九二贞吉,以中也。

九三,小人用壮,君子用罔。贞厉,羝羊触藩,羸其角。

处健之极,以阳处阳,用其壮者也。故小人用之以为壮,君子用之以为罔己[三]者也。贞厉以壮,虽复羝羊以之触藩,能无羸乎[四]!

象曰:小人用壮,君子罔也。

九四,贞吉,悔亡。藩决不羸。壮于大舆之輹。

下刚而进,将有忧虞,而以阳处阴,行不违谦,不失其壮,故得贞吉而悔亡也。己得其壮,而上阴不罔己路,故藩决不羸也。壮于大舆之輹,无有能说其輹者[五],可以往也。

象曰:藩决不羸,尚往也。

六五,丧羊于易,无悔。

> 居于大壮,以阳处阳,犹不免咎,而况以阴处阳、以柔乘刚者乎?羊,壮也[六]。必丧其羊,失其所居也。能丧壮于易[七],不于险难,故得无悔。二履贞吉,能干其任[八],而己委焉,则得无悔。委之则难不至,居之则敌寇来,故曰"丧羊于易"。

象曰:丧羊于易,位不当也。

上六,羝羊触藩,不能退,不能遂。无攸利,艰则吉。

> 有应于三,故不能退,惧于刚长,故不能遂[九]。持疑犹豫[一〇],志无所定,以斯决事,未见所利。虽处刚长,刚不害正。苟定其分,固志在(一)〔三〕[一一],以斯自处,则忧患消亡,故曰"艰则吉"也。

象曰:不能退,不能遂,不详也;艰则吉,咎不长也。

【校释】

〔 一 〕"大"字,据岳本等校改。校勘记:"岳本、闽、监、毛本'一'作'大'。"按,此注乃释"大壮"之义,"壮"为强盛,"大"指阳,"大壮"即阳大盛之意。象辞说:"大者正也。"王弼注文也极言:"天地之情,正大而已矣。弘正极大,则天地之情可见矣!"故此处当作"大者获正"。如作"一",则于文义不可通。

〔 二 〕"礼"字,据四部丛刊影印宋本等校改。校勘记:"岳本、钱本、闽、监、毛本'体'作'礼'。释文'而慎礼也','慎'或作'顺'。"按,据注上文"壮而违礼则凶"之文意,则此处当作"君子以大壮而顺礼也"。作"体"者,形近而讹。

〔三〕“罗”，说文：“以丝罟鸟也。”即以罗网捕鸟也。“罗己”，孔颖达疏：“君子当此即虑危难，用之以为罗网于己。”

〔四〕“羝羊”，说文：“牡羊也。”即公羊。“藩”，藩篱。“羸”，孔颖达疏：“拘累缠绕也。”焦循周易补疏以“羸”为“弱”义。焦说：“王氏以‘君子用罔’为‘罔罗’。九四注云：‘上阴不罔己路，故藩决不羸。’似是入于罔罗之中，为拘累缠绕。然王氏注姤初六‘羸豕’谓：‘豭强而牝弱，豕之豭犹羊之羝。’六五‘丧羊于易’注云：‘羊，壮也。’羊本强壮，又是羝羊，其强壮更甚，用以触藩则亦必羸，故云：‘虽复羝羊，以之触藩，能无羸乎！’此正与豭强牝弱互明。‘羸’为弱，与壮对。谓强壮如羝羊，藩不能决，触之亦无所用其力，而角为之羸弱，羸由于触，不因罗罔也。若云‘拘累缠绕’，于义为不贯矣。”按，焦说是。

〔五〕“舆之輹”、“说其輹”，参看小畜卦校释〔一一〕。

〔六〕“羊，壮也”、“必丧其羊”中二“羊”字，以及爻辞、象辞中“羊”字，郭京周易举正均作“牛”字，并说：“大壮之义，莫先于牛，义可见矣。”按，王弼周易略例明象说：“义苟在健，何必马乎！”意为只要意义是“健”，不一定拘于以某一物为譬。羝羊是羊之壮者，故羝羊亦可为“大壮”。郭说非。

〔七〕“易”，平易、容易之意，与下“险难”对言。按，爻辞“丧羊于易”及旅卦上九爻辞“丧牛于易”，据近人考证，为商人先祖王亥丧牛羊于有易之故事。山海经载：“王亥托于有易河伯仆牛，有易杀王亥取仆牛。”（参看古史辨第三册上篇，顾颉刚：周易卦爻辞中的故事）

〔八〕"能干其任",意为能胜任其所负之事。校勘记:"古本
　　'任'上有'所'字。"

〔九〕"遂",往、进。

〔一〇〕"豫",校勘记:"释文:'犹与',一本作'预'。按,'与',
　　'豫'之假借字,'预'又'豫'之俗字。"

〔一一〕"三"字,据闽、监、毛本校改。校勘记:"闽、监、毛本'一'
　　作'三'。"按,上六应于三。孔颖达疏亦说"但艰固其志,
　　不舍于三,即得吉",正与注"苟定其分,固志在(一)〔三〕,
　　以斯自处,则忧患消亡"义同。作"一"者误,且于文义不
　　可通。

晋

☷☲ 坤下离上晋。康侯用锡马蕃庶,昼日三接。

象曰:晋,进也。明出地上,顺而丽乎大明,柔进而上
行。

　　凡言上行者,所(以)〔之〕在贵也〔一〕。

是以康侯用锡马蕃庶,昼日三接也。

　　康,美之名也〔二〕。顺以著明,臣之道也;柔进而上行,物所与也,
　　故得锡马而蕃庶〔三〕。以讼受服,则终朝三褫;柔进受宠,则一昼
　　三接也〔四〕。

象曰:明出地上,晋。君子以自昭明德。

　　以(显)〔顺〕著明,自显之道〔五〕。

初六,晋如摧如,贞吉。罔孚裕,无咎。

　　处顺之初,应明之始,明顺之德,于斯将隆。进明退顺,不失其正,

故曰"晋如摧如〔六〕,贞吉"也。处卦之始,功业未著,物未之信,故曰"罔孚"〔七〕。方践卦始,未至履位,以此为足,自丧其长〔八〕者也。故必裕〔九〕之,然后无咎。

象曰:晋如摧如,独行正也;裕无咎,未受命也。

未得履位,未受命也。

六二,晋如愁如,贞吉。受兹介福于其王母。

进而无应,其德不昭,故曰"晋如愁如"。居中得位,履顺而正,不以无应而回其志,处晦能致其诚者也〔一〇〕。修德以斯,(间)〔闻〕乎幽昧〔一一〕,得正之吉也,故曰"贞吉"。母者,处内而成德者也。鸣鹤在阴,则其子和之〔一二〕;立诚于暗,暗亦应之,故其初愁如。履贞不回,则乃受兹大福于其王母也〔一三〕。

象曰:受兹介福,以中正也。

六三,众允,悔亡。

处非其位,悔也。志在上行,与众同信,顺而丽〔一四〕明,故得悔亡也。

象曰:众允之,志上行也。

九四,晋如鼫鼠,贞厉。

履非其位,上承于五,下据三阴,履非其位。又负且乘,无业可安,志无所据,以斯为进,正之厄也〔一五〕。进如鼫鼠〔一六〕,无所守也。

象曰:鼫鼠贞厉,位不当也。

六五,悔亡。失得勿恤。往,吉,无不利。

柔得尊位,阴为明主,能不用(柔)〔察〕〔一七〕,不代下任也。故虽不当位,能消其悔。失得勿恤,各有其司,术斯以往〔一八〕,无不利也。

象曰：失得勿恤，往有庆也。

上九，晋其角，维用伐邑。厉，吉，无咎，贞吝。

> 处进之极，过明之中，明将夷焉〔一九〕。已在乎角〔二〇〕，而犹进之，非亢如何？失夫道化无为之事〔二一〕，必须攻伐然后服邑。危乃得吉，吉乃无咎，用斯为正，亦以贱矣。

象曰：维用伐邑，道未光也。

【校释】

〔一〕"之"字，据岳本等校改。校勘记："岳本、宋本、古本、足利本'以'作'之'。按，噬嗑注皆作'所之在贵也'，足证此文'以'字为'之'字之误。"按，"之"，往也，即行之义。"晋"为进，且为"上行"，所以说"所之在贵也"。若作"以"，则文义不可通。

〔二〕"康"，尔雅释诂："乐也。""安也。"所以注说："康，美之名也。"按，爻辞"康侯用锡马蕃庶"，据近人考证，为周初卫康叔之故事。事已失载，推测其事可能为：康叔时，周王有赐马，康侯善于畜牧，而用以蕃庶（参看古史辨第三册上篇，顾颉刚：周易卦爻辞中的故事）。

〔三〕"锡"，同"赐"。"蕃庶"，众多。

〔四〕"终朝三褫"，语见讼卦上九爻辞："或锡之鞶带，终朝三褫之。"注说："以讼受锡，荣何可保？故终朝之间，褫带者三也。"参看讼卦校释〔三二〕。晋以"柔进受宠"，与以讼受赐相反，所以注说，一日之间接连三次受赏赐。

〔五〕"顺"字，据岳本等校改。校勘记："岳本、监、毛本上'显'

字作'顺',古本下有'也'字。按,'顺'字是也。正义可
证。"按,当作"顺"。上节注文说"顺以著明,臣之道也",
正与此注义同。晋卦下坤上离,坤为顺,离为明。"以顺著
明"和"顺以著明",均为释此卦之义,是以坤之顺而附于
离之明。初六注说"处顺之初,应明之始……",也是此
意。又,四部丛刊影印宋本及孔颖达疏引注文亦均
作"顺"。

〔六〕"摧",释文:"退也。"此句意为,进退都吉利。

〔七〕"罔孚",无信。孔颖达疏:"罔孚者,处卦之始,功业未著,
未为人所信服。"

〔八〕"长",进。

〔九〕"裕",宽裕。孔颖达疏:"宜宽裕其德,使功业弘广。"

〔一〇〕"回",曲。"不以无应而回其志",意为不以五无应于己而
改变志向,别求它应。又,"回"字,校勘记:"古本误作
'曲',下'履贞不回'同。""晦",不显。校勘记:"岳本
'晦'作'悔'。"

〔一一〕"闻"字,据岳本等校改。校勘记:"岳本、宋本、古本、足利
本'间'作'闻'。释文出'闻乎'。又,释文:'闻',亦作
'文',又作'交',义并通。"按,当作"闻"。"闻乎",有"及
于"之义。此句意为,六二能以"不以无应而回其志,处晦
能致其诚"来修养自己的品德,甚至于幽昧独居之时亦能
如此。

〔一二〕语见中孚九二爻辞:"鸣鹤在阴,其子和之;我有好爵,吾与
尔靡之。"注:"立诚笃至,虽在暗昧,物亦应之。"

〔一三〕"王母",大母,即祖母。尔雅释亲:"父之考为王父,父之

妣为王母。”

〔一四〕“丽”，附著。

〔一五〕“负”，指“上承于五”；“乘”，指“下据三阴”。“厄”，借为“阨”，困塞。此句意为，九四履非其位，上下都不得安处，以此而进，正是走向困境。

〔一六〕“鼫鼠”，尔雅释兽注：“形大如鼠，头如兔，尾有毛，青黄色，好在田中食粟豆。”说文：“五技鼠也。能飞，不能过屋；能缘，不能穷木；能游，不能渡谷；能穴，不能掩身；能走，不能先人。”荀子劝学篇：“梧（鼫）鼠五技而穷。”蔡邕劝学篇：“鼫鼠五能，不成一伎术。”“守”，据守。

〔一七〕“察”字，据四部丛刊影印宋本等校改。校勘记补：“毛本‘柔’作‘察’。”按，当作“察”。孔颖达疏：“阴为明主，能不自用其明，以事委任于下。”“明”正是“察”之义。又，老子四十九章王弼注：“物有其宗，事有其主。如此，则可冕旒充目而不惧于欺，黈纩塞耳而无戚于慢。又何为劳一身之聪明，以察百姓之情哉！”义正与此同。

〔一八〕“术斯以往”，意为以此为法而去做。

〔一九〕“夷”，平，引申为丧失。“明将夷焉”，意为此爻处离之最上爻，即将转失。下一卦明夷卦即离在下。

〔二〇〕“角”，孔颖达疏：“角，西南隅也。”按，观注文“已在乎角，而犹进之，非亢如何”之意，此“角”字，似为顶点、极点之意。

〔二一〕“道化无为之事”，即老子二十三章王弼注所谓：“道以无形无为成济万物，故从事于道者，以无为为君，不言为教。”又如，老子十七章王弼注所谓：“大人在上，居无为之事，行不言之教,万物作焉而不为始,故下知有之而已。"

明夷

☷☲ 离下坤上**明夷。利艰贞。**

彖曰:明入地中,明夷。内文明而外柔顺,以蒙大难,<u>文王</u>以之。利艰贞,晦其明也,内难而能正其志,<u>箕子</u>以之。

象曰:明入地中,明夷。君子以莅众,

> 莅众显明,蔽伪百姓者也〔一〕。故以蒙养正,以明夷莅众〔二〕。

用晦而明。

> 藏明于内,乃得明也;显明于外,巧所辟也〔三〕。

初九,明夷于飞,垂其翼;君子于行,三日不食。有攸往,主人有言。

> 明夷之主,在于上六,上六为至暗者也。初处卦之始,最远于难也〔四〕。远难过甚,明夷远遁,绝迹匿形,不由轨路,故曰"明夷于飞"。怀惧而行,行不敢显,故曰"垂其翼"也。尚义而行,故曰"君子于行"也。志急于行,饥不遑食〔五〕,故曰"三日不食"也。殊类过甚,以斯适人,人必疑之,故曰"有攸往,主人有言"。

象曰:君子于行,义不食也。

六二,明夷,夷于左股,用拯马壮吉。

> 夷于左股,是行不能壮也〔六〕。以柔居中,用夷其明,进不殊类,退不近难,不见疑惮,顺以则也〔七〕,故可用拯〔八〕马而壮吉也。不垂其翼,然后乃免也〔九〕。

象曰:六二之吉,顺以则也。

> 顺之以则,故不见疑。

九三,明夷于南狩,得其大首,不可疾贞。

> 处下体之上,居文明之极[一〇],上为至晦,入地之物也。故夷其明以获南狩,得大首也[一一]。南狩者,发其明也。既诛其主,将正其民。民之迷也,其日固已久矣,化宜以渐,不可速正,故曰"不可疾贞"。

象曰:南狩之志,乃大得也。

> 去暗主也。

六四,入于左腹,获明夷之心,于出门庭。

> 左者,取其顺也。入于左腹,得其心意,故虽近不危。随[一二]时辟难,门庭而已,能不逆忤也。

象曰:入于左腹,获心意也。

六五,箕子之明夷,利贞。

> 最近于晦,与难为比,险莫如兹。而在斯中,犹暗不能没,明不可息,正不忧危,故"利贞"也[一三]。

象曰:箕子之贞,明不可息也。

上六,不明晦,初登于天,后入于地。

> 处明夷之极,是至晦者也。本其初也,在乎光照,转至于晦,遂入于地。

象曰:初登于天,照四国也;后入于地,失则也。

【校释】

〔 一 〕"莅",临。"莅众",指统治百姓。"蔽",败,有丧失之意,如老子六十五章王弼注"蔽其朴也"中"蔽"之义。校勘记:"释文:'蔽',本或作'弊'。""蔽伪百姓者也",使百姓蔽伪。此句意为,以智慧统治百姓,反而使百姓丧失朴实,变得诈伪。如老子十八章王弼注:"行术用明,以察奸伪,趣睹形见,物知避之,故智慧出则大伪生也。"

〔 二 〕"夷",平,伤。"明夷",丧失其明、藏其明、晦其明之意。"以蒙养正",蒙卦卦辞注:"夫明莫若圣,昧莫若蒙,蒙以养正,乃圣功也。""以明夷莅众",即如老子四十九章王弼注所谓圣人"冕旒充目"、"黈纩塞耳",不劳聪明、不用智慧以治百姓之意。

〔 三 〕"巧所辟也",校勘记:"古本、足利本'巧'作'乃'。闽本、明监本'辟'作'避'。"按,"辟",通"避"。四部丛刊影印宋本"巧"亦作"乃"。"巧"、"乃"于此义均可通,然以作"巧"于义为长。如老子六十五章王弼注:"复以巧术防民之伪,民知其术,(防随)〔随防〕而避之。"义正与此同。

〔 四 〕"初处卦之始,最远于难也",校勘记:"古本'初'下有'九'字,'也'上有'者'字。"

〔 五 〕"遑",暇。"饥不遑食",意为因急于行,故虽饥饿,也无暇去进食。

〔 六 〕"夷于左股",意为左腿受伤。"是",校勘记:"岳本、宋本、古本、足利本'是'作'示',释文出'示行'。"按,"是"、"示"于此义均可通,然以作"示"义较长。"示"为表示、现示之意。

〔 七 〕"惮",说文:"忌难也。""不见疑惮",意为六二"以柔居中,用夷其明",所以不为他人所疑忌。"顺以则也",意为以顺为法则。

〔八〕"拯",孔颖达疏为"济"。焦循周易补疏:"正义于艮六二'不拯其随',解'拯'为'举';于涣初六'用拯马壮吉',解'拯'为'救';于此则以为'拯济'。王氏注初九云:'怀惧而行,行不敢显,故曰垂其翼。'又云:'殊类过甚,以斯适人,人必疑之。'此注云'进不殊类,不见疑惮',明与初九相反,则'拯'与'垂'相反。'垂'向下,'拯'则举而向上。故以'不垂其翼'解'拯'……'拯人于溺',亦可为'济',然'拯马'则犹云升马、策马而进之,不可言'济'。"

〔九〕"然后乃免也",校勘记:"释文:'然后而免也',一作'然后乃获免也'。古本'乃'作'获'。"

〔一〇〕"文明之极",明夷卦下卦为离,离象明,九三是下卦离卦的最上一爻,所以说:"居文明之极。"

〔一一〕"南狩",离为南方之卦,又为文明之象,所以孔颖达疏:"南方文明之所。""狩",猎。孔颖达疏:"狩者,征伐之类。""南狩",即向南方征伐。"大首",此处指明夷卦之主上六。

〔一二〕"随",校勘记:"岳本、宋本、古本、足利本'随'作'虽'。"

〔一三〕"正不忧危",意为行为正直不愁有危险。按,爻辞"箕子之明夷",据近人考证,为殷纣时箕子之故事。殷纣暴虐,箕子被发佯狂,藏其明以自保,所以说"箕子以明夷"。王弼注似不取此事。焦循周易补疏:"释文云:蜀才'箕'作'其'。刘向云:今易'箕子'作'荄滋'。……汉书儒林传,蜀人赵宾(附于孟喜传)……以为'箕子明夷',阴阳气亡箕子。箕子者,万物方荄滋也。古字'箕'通'其','子'通

'滋'(释名:"子,滋也。"),'滋'通'兹'。王氏读'箕子'
为'其兹',故云:'险莫如兹,而在斯中。'以'兹'字解
'子'字,以'斯'字解'其'字。若曰'其兹之明夷',而'犹
暗不能没,明不可息,正不忧危,故利贞也'。用一'犹'字
为'其兹'二字作转。谓明之伤夷如兹,而犹利贞也。推
王注之意,绝不以为近殷纣之箕子。"焦说穿凿,不尽合王
弼注文之意,仅备参考。

家人

☲ 离下巽上家人。利女贞。

家人之义,各自修一家之道,不能知家外他人之事也。统而论之,
非元亨利君子之贞,故利女贞。其正在家内而已。

彖曰:家人,女正位乎内,

谓二也。

男正位乎外。

谓五也。家人之义,以内为本,故先说女也。

**男女正,天地之大义也。家人有严君焉,父母之谓也。
父父、子子、兄兄、弟弟、夫夫、妇妇而家道正。正家而天
下定矣!**

象曰:风自火出,家人。

由内以相成,炽〔一〕也。

君子以言有物而行有恒。

家人之道,修于近小而不妄也。故君子以言必有物,而口无择言;
行必有恒,而身无择行〔二〕。

初九,闲有家,悔亡。

凡教在初,而法在始。家渎而后严之,志变而后治之,则悔矣[三]。

处家人之初,为家人之始,故宜必以闲有家,然后悔亡也[四]。

象曰:闲有家,志未变也。

六二,无攸遂,在中馈,贞吉。

居内处中,履得其位,以阴应阳,尽妇人之正义。无所必遂,职乎中馈[五],巽顺而已,是以贞吉也。

象曰:六二之吉,顺以巽也。

九三,家人嗃嗃,悔厉,吉。妇子嘻嘻,终吝。

以阳处阳[六],刚严者也。处下体之极,为一家之长者也。行与其慢,宁过乎恭[七];家与其渎,宁过乎严,是以家人虽嗃嗃,悔厉,犹得其道[八];妇子嘻嘻,乃失其节也[九]。

象曰:家人嗃嗃,未失也;妇子嘻嘻,失家节也。

六四,富家,大吉。

能以其富顺而处位,故"大吉"也。若但能富其家,何足为大吉?体柔居巽,履得其位,明于家道,以近至尊,能富其家也。

象曰:富家大吉,顺在位也。

九五,王假有家,勿恤,吉。

假,至也。履正而应,处尊体巽,王至斯道以有其家者也。居于尊位,而明于家道,则下莫不化矣。父父、子子、兄兄、弟弟、夫夫、妇妇,六亲和睦,交相爱乐,而家道正。正家而天下定矣。故王假有家,则勿恤[一〇]而吉。

象曰:王假有家,交相爱也。

上九,有孚,威如,终吉。

处家人之终,居家道之成,刑于寡妻〔一〕,以著于外者也,故曰"有孚"。凡物以猛为本者,则患在寡恩;以爱为本者,则患在寡威。故家人之道,尚威严也。家道可终,唯信与威,身得威敬,人亦如之。反之于身,则知施于人也。

象曰:威如之吉,反身之谓也。

【校释】

〔 一 〕"炽",盛。家人卦巽上离下,巽为风,离为火。孔颖达疏:"巽在离外,是风从火出。火出之初,因风方炽;火既炎盛,还复生风,内外相成,有似家人之义。"

〔 二 〕"择",别。此句意为,君子之言行必定是可以遵循的,而没有别的言行。

〔 三 〕"渎",借为"黩",说文:"黩,握持垢也。"浊乱之意。"则悔矣",校勘记:"古本作'则悔成矣',足利本作'则悔生矣'。"

〔 四 〕"闲",说文:"阑也,从门,中有木。"引申为防、御等义。此句意为,必须防御家中的渎乱和志变,然后可以无悔吝。

〔 五 〕"遂",进、往。"无所必遂",意为妇人之道在于"应阳"、"巽顺而已",所以没有独自必定要行之事。"职",主。"中馈",指妇女。"中",指家中;"馈",做饭。孔颖达疏:"职主在于家中馈食供祭而已。"

〔 六 〕"以阳处阳"之"处",集解本作"居"。

〔 七 〕"慢",懈怠。"恭",肃敬。集解本于"慢"字下、"渎"字下均有一"也"字。

〔八〕 "嗃嗃"，说文："严酷貌。"严肃之意。"犹得其道"，校勘
　　　记："集解作'犹得吉也'，古本无'犹'字。"

〔九〕 "嘻嘻"，孔颖达疏："喜笑之貌也。""乃失其节"，集解本作
　　　"失家节也"。

〔一〇〕 "恤"，忧。

〔一一〕 "刑于寡妻"，语出诗经 大雅 思齐："刑于寡妻，至于兄弟，
　　　以御于家邦。"意为，治家要严，首先要从嫡妻身上做起，然
　　　后才能推广到兄弟，以至于一国。

<h2 style="text-align:center">睽</h2>

兑下离上 睽。小事吉。

彖曰：睽，火动而上，泽动而下。二女同居，其志不同行。
说而丽乎明，柔进而上行，得中而应乎刚，是以小事吉。

　　事皆相违，害之道也〔一〕。何由得小事吉？以有此三德也〔二〕。

天地睽而其事同也，男女睽而其志通也，万物睽而其事
类也。睽之时用大矣哉。

　　睽离之时，非小人之所能用也。

象曰：上火下泽，睽。君子以同而异。

　　同于通理，异于职事〔三〕。

初九，悔亡。丧马，勿逐，自复。见恶人，无咎。

　　处睽之初，居下体之下，无应独立，悔也。与（人）〔四〕合志〔四〕，故
　　得悔亡。马者，必显之物〔五〕。处物之始，乖而丧其马，物莫能同，
　　其私必相显也，故勿逐而自复也。时方乖离，而位乎穷下，上无应
　　可援，下无权可恃，显德自异，为恶所害，故见恶人乃得免

咎也〔六〕。

象曰:见恶人,以辟咎也。

九二,遇主于巷,无咎。

处睽失位,将无所安。然五亦失位,俱求其党,出门同趣,不期而
遇,故曰"遇主于巷"也。处睽得援,虽失其位,未失道也。

象曰:遇主于巷,未失道也。

六三,见舆曳,其牛掣。其人天且劓,无初有终。

凡物近而不相得,则凶。处睽之时,履非其位,以阴居阳,以柔乘
刚,志在于上,而不和于四,二应于五,则近而不相比,故"见舆
曳"〔七〕。舆曳者,履非其位,失所载也。"其牛掣"〔八〕者,滞隔所
在,不获进也。"其人天且劓"者〔九〕,四从上取,二从下取,而应在
上九,执志不回,初虽受困,终获刚助。

象曰:见舆曳,位不当也;无初有终,遇刚也。

九四,睽孤,遇元夫。交孚,厉,无咎。

无应独处,五自应二,三与己睽,故曰"睽孤"也。初亦无应特立。
处睽之时,俱在独立,同处体下,同志者也。而己失位,比于三五,
皆与己乖,处无所安,故求其畴类〔一〇〕而自托焉,故曰"遇元
夫"〔一一〕也。同志相得而无疑焉,故曰"交孚"也。虽在乖隔,志故
得行〔一二〕,故虽危无咎。

象曰:交孚无咎,志行也。

六五,悔亡。厥宗噬肤。往,何咎?

非位,悔也,有应故亡〔一三〕。厥宗〔一四〕,谓二也。噬肤者,啮柔
也〔一五〕。三虽比二,二之所噬,非妨己应者也。以斯而往,何咎之
有?往必合也〔一六〕。

象曰:厥宗噬肤,往有庆也。

上九,睽孤。见豕负涂,载鬼一车,先张之弧,后说之弧。匪寇婚媾。往,遇雨则吉。

> 处睽之极,睽道未通,故曰"睽孤"。己居炎极,三居泽盛〔一七〕,睽之极也。以文明之极,而观至秽之物〔一八〕,睽之甚也。豕(失)〔而〕负涂〔一九〕,秽莫过焉。至睽将合,至殊将通〔二〇〕,恢诡谲怪,道将为一〔二一〕。未至于治,先见殊怪〔二二〕,故〔二三〕见豕负涂,甚可秽也。见鬼盈车,吁〔二四〕可怪也。先张之弧,将攻害也;后说之弧〔二五〕,睽怪通也。四剋其应〔二六〕,故为寇也。睽志将通,匪寇婚媾〔二七〕,往不失时,睽疑亡也。贵于遇雨,和阴阳也。阴阳既和,群疑亡也〔二八〕。

象曰:遇雨之吉,群疑亡也。

【校释】

〔一〕此句为释睽卦之义。"睽",乖异、分离之意。睽卦兑下离上,兑为泽,离为火,不能相交互济,所以说"事皆相违"。

〔二〕"三德",指彖辞中所说之"说(悦)而丽乎明"、"柔进而上行"、"得中而应乎刚"三德。

〔三〕此句之意,孔颖达疏:"佐王(或作"主")治民,其意则同;各有司存,职掌则异。"

〔四〕"四"字,据岳本等校改。校勘记:"岳本、宋本、古本、足利本'人'作'四'。"按,当作"四"。孔颖达疏:"四亦处下,无应独立,不乖于己,与己合志。"可为证。

〔五〕"马者,必显之物",校勘记:"古本下有'也'字。释文:'必

显’,一本作‘必类’,下‘相类’亦然。”“显”,显露。孔颖
达疏:“马之为物,难可隐藏。”

〔 六 〕此句文义不明。既言“显德自异,为恶所害”,又言“故见
恶人乃得免咎也”,前后似有矛盾。孔颖达疏:“见谓逊接
之也。”又,象辞疏:“恶人不应与之相见,而逊接之者,以
辟(避)咎也。”按,若据孔疏,则注文之意,似谓恶人势在必
见,若己“显德自异”而不相见,则将“为恶所害”,如能谨
慎、谦逊与之相见,则反可免去咎害。

〔 七 〕“曳”,去、失。

〔 八 〕“掣”,牵止不进。

〔 九 〕“天”、“劓”,两种刑名。“天”,释文:“天,剠也。马云:剠
凿其额曰天。”即在额上施墨刑。“劓”,割鼻之刑。额在
上,鼻在下,所以下文说:“四从上取,二从下取。”

〔一〇〕“畴”,匹。“畴类”,同类之意。

〔一一〕“元”,初。“元夫”,指初九。孔颖达疏:“处于卦始,故云
元也。初、四俱阳,而言夫者,盖是丈夫之夫,非夫妇之
夫也。”

〔一二〕“志故得行”之“故”,通“固”,固然之辞。

〔一三〕“有应故亡”,校勘记:“古本、足利本‘亡’上有‘悔’字。
按,集解有‘悔’字,正义本同。”

〔一四〕“厥”,同“其”。“宗”,主。

〔一五〕“噬肤者,啮柔也”,此处指二噬三。孔颖达疏:“三是阴
爻,故以肤为譬,言柔脆也。”参看噬嗑卦六二爻辞注。

〔一六〕“往必合也”,集解本作:“往必见合,故有庆也。”

〔一七〕睽卦上离下兑,离为火,兑为泽。上九为上卦离的最后一

爻,六三是下卦兑的最后一爻,所以注说:"己居炎极,三居泽盛。"

〔一八〕"文明之极",指上九处离卦(文明)之极。"至秽之物",指"豕负涂",即沾了一身泥的猪。

〔一九〕"而"字,据岳本等校改。校勘记:"岳本、钱本、宋本、古本'失'作'而'。监、毛本作'之'。足利本作'也'。按,'而'是。"按,据上下文义,当作"而"。孔颖达疏亦作"豕而负涂泥"可证。

〔二〇〕"至睽将合,至殊将通",意为乖异、殊别到了极点,则将走向其反面而合之、通之。有"物极必反"之意。

〔二一〕"恢",宽大。"诡",奇变。"谲",矫诈。"怪",妖异。"恢诡谲怪,道将为一",语出庄子齐物论:"物固有所然,物固有所可;无物不然,无物不可。故为是举莛与楹,厉与西施,恢诡谲怪,道通为一。"此处王弼改"道通为一"为"道将为一",与庄子原意略有不同。他不是简单地"齐万物而为一",否定事物差别的相对主义,而是说,事物如果到了"至睽"、"至殊",则道将为之"通"、"合",而达于"治"。

〔二二〕"未至于治,先见殊怪",校勘记:"岳本、钱本、宋本、足利本'治'作'洽'。古本'治先'作'合志',一本'治'作'合志'二字。"

〔二三〕校勘记:"古本'故'下有'曰'字。"

〔二四〕"吁",说文:"惊也。"

〔二五〕"弧",弓。"说",借为"脱"。

〔二六〕"剙",校勘记:"钱本、宋本、古本'剙'作'刺'。释文出'四剙'。""四剙其应",指九四伤害六三,因六三为上九之应。

〔二七〕“匪”，同“非”。“匪寇婚媾”，意为若非寇贼（指九四）阻
隔，六三早已来与上九相应。

〔二八〕“群疑”，指见豕、见鬼等。

<h1 style="text-align:center">蹇</h1>

☳ 艮下坎上**蹇。利西南，不利东北，**

西南，地也；东北，山也。以难之平〔一〕，则难解；以难之山，则
道穷。

利见大人。

往则济也。

贞吉。

爻皆当位，各履其正，居难履正，正邦之道也。正道未否，难由正
济，故“贞吉”也。遇难失正，吉可得乎〔二〕？

**彖曰：蹇，难也，险在前也。见险而能止，知矣哉！蹇利
西南，往得中也；不利东北，其道穷也；利见大人，往有功
也；当位贞吉，以正邦也。蹇之时用大矣哉！**

蹇难之时，非小人之所能用也。

象曰：山上有水，蹇。

山上有水，蹇难之象〔三〕。

君子以反身修德。

除难莫若反身修德〔四〕。

初六，往蹇，来誉。

处难之始,居止之初,独见前识[五],睹险而止,以待其时,知矣哉!故往则遇蹇,来则得誉。

象曰:往蹇来誉,宜待也。

六二,王臣蹇蹇,匪躬之故。

处难之时[六],履当其位,居不失中,以应于五。不以五在难中,私身远害,执心不回,志匡[七]王室者也,故曰"王臣蹇蹇,匪躬之故"[八]。履中行义,以存其上[九],处蹇以(比)〔此〕,未见其尤也[一〇]。

象曰:王臣蹇蹇,终无尤也。

九三,往蹇,来反。

进则入险,来则得位,故曰"往蹇,来反"[一一]。为下卦之主,是内之所恃也。

象曰:往蹇来反,内喜之也。

六四,往蹇,来连。

往则无应,来则乘刚,往来皆难,故曰"往蹇,来连"[一二]。得位履正,当其本实,虽遇于难,非妄所招也。

象曰:往蹇来连,当位实也。

九五,大蹇,朋来。

处难之时,独在险中,难之大者也,故曰"大蹇"。然居不失正,履不失中,执德之长,不改其节,如此,则同志者集而至矣,故曰"朋来"也。

象曰:大蹇朋来,以中节也。

上六,往蹇,来硕,吉。利见大人。

往则长难,来则难终,难终则众难皆济,志大得矣,故曰"往蹇,来硕,吉"〔一三〕。险夷难解,大道可兴,故曰"利见大人"也。

象曰:往蹇来硕,志在内也;

有应在内,往则失之〔一四〕,来则志获,志在内也。

利见大人,以从贵也。

【校释】

〔 一 〕"难",释"蹇"。蹇卦是险难之意。"之",往。

〔 二 〕"吉可得乎",校勘记:"古本'吉'下有'何'字。一本作'吉何可得也'。足利本上有'何'字。"

〔 三 〕蹇卦艮下坎上,艮为山,坎为水,所以说"山上有水"。

〔 四 〕"反身修德"之"反",郭京周易举正作"正"字,并说:"经、注'正'字并误作'反'字。且博闻强识而让,敦善行而不怠,谓之君子。既成君子之名,若反君子之身,则是小人之道。曰'难由正济',又曰'遇难失正,吉可得乎',足明'反身'之义乖矣。"孔颖达疏引陆绩说:"水本应在山下,今在山上,终应反下,故曰'反身'。处难之世,不可以行,只可反自省察,修己德用,乃除难。"此则释"反"为"反身而诚"之"反"。按,孔疏是。

〔 五 〕"居止之初",蹇卦下卦为艮,艮有止义,故云。"前识",老子三十八章王弼注:"前识者,前人而识也。""独见前识",意为有过人之见识、先人之见识。

〔 六 〕"处难之时"之"之"字,校勘记:"钱本、宋本、古本'之'作'穷'。"按,四部丛刊影印宋本作"之"。

〔 七 〕"匡",正。

〔 八 〕"王臣蹇蹇","王"指九五,"臣"指六二,两者均处于难,而六二"志匡王室",这是以难济难,所以说是"蹇蹇"。"匪"同"非"。"躬",己。"匪躬之故",意为不因自己也有难,而不去济君王之难。

〔 九 〕"以存其上",郭京周易举正作"以存其正",并说:"疏云:'六二是五之臣,往应于五,履正居中,志匡王室,能涉蹇难,而往济蹇。'……观疏寻义,误亦可知。"

〔一〇〕"此"字,据四部丛刊影印宋本等校改。校勘记补:"毛本'比'作'此'。"按,当作"此"。"此"指"履中行义,以存其上"。若作"比",则文义不可通。"尤",害。

〔一一〕"往蹇来反"之"反",郭京周易举正作"正",并说:"经、注、象三'正'字,并误作'反'字。此爻辞注:'爻皆当位,各履其正。'又六四注:'得位履正,当其本实。'九五注:'居不失正。'据四节'正'字义,足明三处'反'字误也。"

〔一二〕"连",孔颖达疏引马融说:"连,亦难也。"又引郑玄说:"迟久之意。"按,王弼注明言"往来皆难,故曰往蹇来连",是亦以"连"为"难"也。

〔一三〕"硕",大。

〔一四〕"往则失之",校勘记:"钱本、宋本、古本作'往之则失'。"按,四部丛刊影印宋本作"往则失之"。

解

坎下震上 **解。利西南。**

西南,众也。解〔一〕难济险,利施于众。遇难不困于东北,故不言不利东北也〔二〕。

无所往,其来复,吉;有攸往,夙吉。

未有善于解难,而迷于处安也。解之为义,解难而济厄者也〔三〕。无难可往,以解来复,则不失中;有难而往,则以速为吉者〔四〕。无难则能复其中,有难则能济其厄也。

彖曰:解,险以动,动而免乎险,解。

动乎险外,故谓之免;免险则解,故谓之解。

解,利西南,往得众也;其来复吉,乃得中也;有攸往夙吉,往有功也。天地解而雷雨作,雷雨作而百果草木皆甲坼。

天地否结〔五〕,则雷雨不作;交通感散,雷雨乃作也。雷雨之作,则险厄者亨,否结者散,故百果草木皆甲坼也〔六〕。

解之时大矣哉!

无坼而不释也〔七〕。难解之时,非治难时,故不言用。体尽于解之名,无有幽隐,故不曰义〔八〕。

象曰:雷雨作,解。君子以赦过宥罪。

初六,无咎。

解者,解也〔九〕。屯难盘结,于是乎解也。处蹇难始解之初,在刚柔始散之际,将赦罪厄,以夷其险。处此之时,不烦于位而无咎也〔一〇〕。

象曰:刚柔之际,义无咎也。

或有过咎,非其理也〔一一〕。义,犹理也。

九二,田获三狐,得黄矢,贞吉。

狐者,隐伏之物也。刚中而应,为五所任,处于险中,知险之情,以斯解物，能获隐伏也[一二]，故曰"田获三狐"也。黄，理中之称也。矢，直也。田而获三狐，得乎理中之道[一三]，不失枉直之实，能全其正者也，故曰"田获三狐，得黄矢，贞吉"也。

象曰：九二贞吉，得中道也。

六三，负且乘，致寇至，贞吝。

处非其位，履非其正，以附于四，用夫柔邪以自媚者也。乘二负四，以容其(为)〔身〕[一四]。寇之来也，自己所致，虽幸而免，正之所贱也[一五]。

象曰：负且乘，亦可丑也；自我致戎，又谁咎也。

九四，解而拇，朋至斯孚。

失位不正，而比于三，故三得附之为其拇也[一六]。三为之拇，则失初之应，故解其拇，然后朋至而信矣[一七]。

象曰：解而拇，未当位也。

六五，君子维有解，吉。有孚于小人。

居尊履中，而应乎刚，可以有解而获吉矣。以君子之道解难释险，小人虽暗，犹知服之而无怨矣，故曰"有孚于小人"也[一八]。

象曰：君子有解，小人退也。

上六，公用射隼于高墉之上，获之，无不利。

初为四应，二为五应，三不应上，失位负乘。处下体之上，故曰高墉[一九]。墉非隼[二〇]之所处，高非三之所履，上六居动之上，为解之极，将解荒悖而除秽乱者也，故用射之[二一]。极(则)〔而〕后动[二二]，成而后举，故必获之而无不利也。

象曰：公用射隼，以解悖也。

【校释】

〔 一 〕"解",解卦含有二义,一指解除险难,一指舒缓。孔颖达 疏:"物情舒缓,故为解也。"

〔 二 〕"遇难不困于东北",校勘记:"岳本、闽、监、毛本'遇难'作 '也'、'亦'("也"字属上句),宋本同,然'困'作'因'。" "不利东北",语见蹇卦卦辞:"蹇利西南,不利东北。"

〔 三 〕"解难而济厄者也",校勘记:"十行本'难'字阙,古本、足 利本'厄'作'危',下仿此。释文:'厄',或作'危'。"

〔 四 〕"者",校勘记:"岳本、宋本、古本、足利本'者'作'也'。"

〔 五 〕"否结",闭塞。

〔 六 〕"甲",孚甲,即动物之卵、植物之蕾。"坼",裂。"甲坼", 意为百果草木都放苞。

〔 七 〕"无坼而不释也",校勘记:"按,'坼',当作'坼'。毛本作 '所',非也。"按,四部丛刊影印宋本及集解本均作"所"。 据文义,似以作"所"字为长。"所",处所。"不释"之 "释",即解裂之意,亦即"坼"之意。此句意为,难解之时, 无处不解。注文为感叹解卦意义之伟大。若作"坼",虽 亦可通,然与"释"字义重。

〔 八 〕"非治难时"、"故曰不义"下,罗振玉校本均有一"也"字。 集解本于"尽于解之名"、"故曰不义"下,均有一"也"字。

〔 九 〕"解者,解也",郭京周易举正作:"解者,解散也。"

〔一〇〕"处此之时",罗振玉校本作"处此时也"。"烦",乱。"无 咎也",罗振玉校本于"咎"下有一"者"字。

〔一一〕"过",释文出"遇"字,并说:"'遇'或作'过'。"又说:"一 本无'或有过咎,非其理也'八字。"校勘记:"古本亦无此八字。"

〔一二〕"能获隐伏也",罗振玉校本于"伏"下有一"者"字。

〔一三〕"得乎理中之道","乎"字,罗振玉校本作"于"。

〔一四〕"身"字,据四部丛刊影印宋本及罗振玉校本校改。校勘
记补:"毛本'为'作'身'。"按,当作"身",且"以容其身"
为句。意为,六三乘于九二而负于四,以容纳己身。

〔一五〕"正之所贱也",罗振玉校本无"也"字。

〔一六〕"拇",大足指。

〔一七〕"朋",指初六。"然后朋至而信矣",集解本作"然后朋至,
斯孚而信矣"。又,罗振玉校本"矣"作"也"。

〔一八〕"故曰有孚于小人也",罗振玉校本无"也"字。

〔一九〕"墉",墙。"故曰高墉"下,罗振玉校本有一"也"字。

〔二〇〕"隼",说文:"祝鸠也。"孔颖达疏:"隼者,贪残之鸟,鹯鹞
之属。"

〔二一〕解卦上卦为震,象动,所以说:"上六居动之上。""荒悖",
"荒"当读若诗经周颂"天作高山,大王荒之"之"荒",意为
"大"。"悖",逆。孔颖达疏:"六三失位负乘,不应于上,
是悖逆之人也。上六居动之上,能除解六三之荒悖。""秽
乱",亦指六三。又,"故用射之"下,罗振玉校本有一
"也"字。

〔二二〕"而"字,据岳本等校改。校勘记:"岳本、监、毛本'则'作
'而'。补按,'而'字是也。正义可证。"按,四部丛刊影印
宋本及罗振玉校本均作"而",孔颖达疏亦作"而"。"极而
后动,成而后举"两句,正相对应。

损

兑下艮上 **损。有孚,元吉,无咎,可贞,利有攸往。曷之用? 二簋可用享。**

彖曰:损,损下益上,其道上行。

> 艮为阳,兑为阴,凡阴顺于阳者也。阳止于上,阴说而顺,损下益上,上行之义也[一]。

损而有孚,元吉,无咎,可贞,利有攸往。

> 损之为道,损下益上,损刚益柔也[二]。损下益上,非补不足也;损刚益柔,非长君子之道也[三]。为损而可以获吉,其唯有孚乎! 损而有孚,则元吉,无咎,而可正,利有攸往矣[四]。损刚益柔,不以消刚;损下益上,不以盈上。损刚而不为邪[五],益上而不为谄,则何咎而可正? 虽不能拯济大难,以斯有往[六],物无距也。

曷之用?

> 曷,辞也。曷之用,言何用丰为也[七]。

二簋可用享。

> 二簋,质薄之器也[八]。行损以信,虽二簋而可用享。

二簋应有时,

> 至约之道,不可常也[九]。

损刚益柔有时,

> 下不敢刚,贵于上行,损刚益柔之谓也。刚为德长,损之不可以为常也。

损益盈虚,与时偕行。

自然之质,各定其分,短者不为不足,长者不为有余,损益将何加焉〔一〇〕? 非道之常,故必与时偕行也〔一一〕。

象曰:山下有泽,损。

山下有泽,损之象也〔一二〕。

君子以惩忿窒欲。

可损之善,莫善忿、欲也〔一三〕。

初九,已事遄往,无咎,酌损之。

损之为道,损下益上,损刚益柔,以应其时者也。居于下极,损刚奉柔,则不可以逸;处损之始,则不可以盈。事已则往,不敢宴安〔一四〕,乃获无咎也。刚以奉柔,虽免乎咎,犹未亲也,故既获无咎〔一五〕,复自酌损,乃得合志也。遄,速也。

象曰:已事遄往,尚合志也。

尚合于志〔一六〕,故速往也。

九二,利贞,征凶。弗损,益之。

柔(下)〔不〕可全益〔一七〕,刚不可全削,下不可以无正。初九已损刚以顺柔,九二履中,而复损己以益柔,则剥道成焉,故不可遄往〔一八〕,而利贞也。进之于柔,则凶矣,故曰“征凶”也。故九二不损而务益,以中为志也〔一九〕。

象曰:九二利贞,中以为志也。

六三,三人行,则损一人;一人行,则得其友。

损之为道,损下益上,其道上行。三人,谓自六三已〔二〇〕上三阴也。三阴并行,以承于上,则上失其友,内无其主,名之曰益,其实乃损〔二一〕。故天地相应,乃得化醇;男女匹配,乃得化生〔二二〕。阴阳不对,生可得乎? 故六三独行,乃得其友,二阴俱行,则必疑矣〔二三〕。

象曰：一人行，三则疑也。

六四，损其疾，使遄有喜，无咎。

履得其位，以柔纳刚，能损其疾也〔二四〕。疾何可久，故速乃有喜〔二五〕。损疾以离其咎，有喜乃免，故使速乃有喜〔二六〕，有喜乃无咎也。

象曰：损其疾，亦可喜也。

六五，或益之，十朋之龟，弗克违，元吉。

以柔居尊，而为损道，江海处下，百谷归之〔二七〕。履尊以损，则或益之矣〔二八〕。朋，党也。龟者，决疑之物也。阴非先唱，柔非自任，尊以自居，损以守之。故人用其力，事竭其功〔二九〕，智者虑能，明者虑策〔三〇〕，弗能违也，则众才之用（事）〔尽〕矣〔三一〕。获益而得十朋之龟，足以尽天人之助也〔三二〕。

象曰：六五元吉，自上佑也。

上九，弗损，益之，无咎，贞吉，利有攸往。得臣无家。

处损之终，上无所奉，损终反益，刚德不损〔三三〕，乃反益之，而不忧于咎。用正而吉，不制〔三四〕于柔，刚德遂长，故曰"弗损，益之，无咎，贞吉，利有攸往"也。居上乘柔，处损之极，尚夫刚德，为物所归，故曰"得臣"；得臣则天下为一，故"无家"也。

象曰：弗损益之，大得志也。

【校释】

〔　一　〕此节注文释损卦之义为"损下益上"。释文："损，省减之义也。又训失，序卦云'损必有所失'是也。"又，"阴说

（悦）而顺"下,罗振玉校本有一"之"字。

〔二〕"损之为道"之"道"字,罗振玉校本作"义"。"损刚益柔
也",罗振玉校本于"柔"下有一"者"字。

〔三〕"非补不足也"之"足"下,"非长君子之道也"之"道"下,
罗振玉校本并有一"者"字。

〔四〕"利有攸往矣",罗振玉校本无"有"字。

〔五〕"损刚而不为邪",罗振玉校本"损刚"作"刚损"。

〔六〕"以斯有往"之"有"字,罗振玉校本作"而"。"物无距
也",罗振玉校本于"距"下有一"矣"字。

〔七〕"丰",盛。此句意为,处损之时,祭享当用俭约,不用丰盛。

〔八〕"簋",装黍稷之器。

〔九〕"约",俭约。此句孔颖达疏:"申明二簋之礼不可为常。
二簋至约,惟在损时应时行之,非时不可也。"

〔一〇〕参看老子二十章王弼注:"夫燕雀有匹,鸠鸽有仇;寒乡之
民,必知旔裘。自然已足,益之则忧。故续凫之足,何异截
鹤之胫?"

〔一一〕"故必与时偕行也",罗振玉校本无"也"字。

〔一二〕损卦艮上兑下,艮为山,兑为泽,所以说"山下有泽"。"损
之象也",罗振玉校本无"也"字。

〔一三〕"忿",怒、怨恨。"莫善忿、欲也",罗振玉校本无"也"字。
校勘记:"古本、足利本'善'下有'损'字。"按,此句为释象
辞"惩忿窒欲"之意,有"损"字于义较长。

〔一四〕"已",竟。"事已",事情已完成。"敢",校勘记:"岳本、古
本、足利本'敢'作'可'。"

〔一五〕"故既获无咎"之"既"字,罗振玉校本作"能"。

〔一六〕"尚合于志",罗振玉校本作"尚于合志"。

〔一七〕"不"字,据岳本等校改。校勘记:"'下','不'之误。岳本、闽、监、毛本不误。古本'全'上并有'以'字。"罗振玉校本此句正作"柔不可以全益"。

〔一八〕损卦之象为䷨,初九既已损刚益柔,若九二再损刚益柔,则将成为䷖(剥卦),所以注说:"复损己以益柔,则剥道成焉。""遄",说文:"往来数也。"尔雅 释诂:"速也。"又:"疾也。"

〔一九〕"故九二不损而务益,以中为志也",罗振玉校本无"故"字,"也"字作"者"。

〔二〇〕"已",以。校勘记:"释文出'以上'。按,'以'、'已'古通。"

〔二一〕"其实乃损"下,罗振玉校本有一"也"字。

〔二二〕语本系辞下:"天地絪缊,万物化醇;男女构精,万物化生。""醇",精纯。校勘记:"宋本、古本、足利本'醇'作'淳',疏同。释文出'化淳'。"

〔二三〕"二阴俱行"之"二",罗振玉校本作"三",并说作"二"者误。按,据孔颖达疏"若与二阴并己俱行",则当作"二"。作"二"或"三",于此义皆可通。

〔二四〕"能损其疾也",罗振玉校本于"疾"下有一"者"字。

〔二五〕"故速乃有喜"下,罗振玉校本有一"也"字。

〔二六〕"故使速乃有喜",罗振玉校本无"使"字。

〔二七〕"江海处下,百谷归之",语本老子。如老子三十二章:"譬道之在天下,犹川谷之于江海。"注:"川谷之与江海,非江海召之,不召不求而自归者。"又如六十一章:"大国者下流。"王弼注:"江海居大而处下,则百川流之。"

〔二八〕参看老子四十二章:"人之所恶,唯孤寡不穀,而王公以为称。故物或损之而益,或益之而损。"

〔二九〕"人用其力,事竭其功",郭京周易举正"人"作"民","事"作"士",并说:"注疏初论庶民,次举众士,三用才智,四任明远,则是众才之义,非关物务诸事。盖为'士'、'事'声相近,因而误焉。"

〔三〇〕"智",校勘记:"岳本'智'作'知'。释文出'知者'。"按,"智"、"知"古通。"明者虑策"之"虑"字,罗振玉校本作"献"。

〔三一〕"弗"字,罗振玉校本作"不"。"尽"字,据四部丛刊影印宋本等校改。校勘记补:"按正义,'事'当作'尽'。毛本不误。"按,郭京周易举正作"尽",孔颖达疏引注亦作"尽",并释为"毕",可证。

〔三二〕"十朋之龟",孔颖达疏引马、郑等引尔雅释鱼"十朋之龟"为:"一曰神龟,二曰灵龟,三曰摄龟,四曰宝龟,五曰文龟,六曰筮龟,七曰山龟,八曰泽龟,九曰水龟,十曰火龟。"并据王注"朋,党也",释"十朋之龟"为"群才"。又,王引之经义述闻说:"集解引崔憬曰:'元龟价值二十大贝,龟之最神贵者。双贝曰朋也。'引之仅案,尔雅龟名有十,然无称朋之文……马、郑之说殆不可从。崔氏之说,本于汉书食货志,王莽所定。(志曰:"元龟岠冉长尺二寸,直二千一百六十,为大贝十朋。")莽作事多依经说,盖当时施、孟、梁邱诸家有训朋为两贝者,故莽用之。寻绎文义,此说为长……十朋之龟,犹言百金之鱼耳。不当如马、郑所

说。"按,王引之考"十朋之龟"之原意诚是,然与王弼注文
之意不合,录以参考。"足以尽天人之助也",罗振玉校本
于"助"下有一"者"字。

〔三三〕"刚德不损"之"德"字,罗振玉校本作"得"。

〔三四〕"不制",校勘记:"释文:'不制',一本作'下制'。"

益

☶ 震下巽上益。利有攸往,利涉大川。

彖曰:益,损上益下,民说无疆。

> 震,阳也;巽,阴也。巽非违震者也,处上而巽,不违于下,损上益
> 下之谓也〔一〕!

自上下下,其道大光。利有攸往,中正有庆;

> 五处中正,自上下下,故有庆也。以中正有庆之德,有攸往也,何
> 适而不利哉?

利涉大川,木道乃行。

> 木者,以涉大川为常,而不溺者也〔二〕。以益涉难,同乎木也。

益动而巽,日进无疆。天施地生,其益无方。

> 损(下)〔上〕益(上)〔下〕〔三〕。

凡益之道,与时偕行。

> 益之为用,施未足也〔四〕;满而益之,害之道也。故凡益之道,与时
> 偕行也〔五〕。

象曰:风雷,益。君子以见善则迁,有过则改。

> 迁善改过〔六〕,益莫大焉。

初九,利用为大作,元吉,无咎。

处益之初,居动之始,体夫刚德,以茙其事,而之乎巽,以斯大作,必获大功〔七〕。夫居下非厚事之地,在卑非任重之处,大作非小功所济,故元吉,乃得无咎也。

象曰:元吉,无咎,下不厚事也。

时可以大作,而下不可以厚事,得其时而无其处,故元吉,乃得无咎也〔八〕。

六二,或益之,十朋之龟,弗克违,永贞吉。王用享于帝,吉。

以柔居中,而得其位;处内履中,居益以〔中〕〔冲〕〔九〕。益自外来,不召自至,不先不为,则朋龟献策,同于损卦六五之位〔一〇〕。位不当尊,故吉在永贞也。帝者,生物之主,兴益之宗,出震而齐巽者也〔一一〕。六二居益之中,体柔当位,而应于巽,享帝之美,在此时也〔一二〕。

象曰:或益之,自外来也。

六三,益之,用凶事,无咎。有孚,中行告公用圭。

以阴居阳,求益者也,故曰"益之"。益不外来,己自为之,物所不与,故在谦则戮,救凶则免〔一三〕。以阴居阳,处下卦之上〔一四〕,壮之甚也,用救衰危,物所恃也,故用凶事,乃得无咎也〔一五〕。若能益不为私,志在救难,壮不至亢,不失中行〔一六〕,以此告公,国主所任也。用圭之礼,备此道矣。故曰"有孚,中行告公用圭"也〔一七〕。公者,臣之极也。凡事足以施天下,则称王;次天下之大者,则称公。六三之才,不足以告王,足以告公,而得用圭也,故曰"中行告公用圭"也〔一八〕。

象曰:益用凶事,固有之也。

用施凶事,乃得固有之也。

六四,中行告公从,利用为依迁国。

居益之时,处巽之始,体柔当位,在上应下,卑不穷下,高不处亢,位虽不中,用中行者也。以斯告公,何有不从?以斯依迁,谁有不纳也[一九]?

象曰:告公从,以益志也。

志得益也。

九五,有孚惠心,勿问元吉。有孚,惠我德。

得位履尊,为益之主者也。为益之大,莫大于信;为惠之大,莫大于心。因民所利而利之焉,惠而不费[二〇],惠心者也。信以惠心,尽物之愿,固[二一]不待问而元吉。有孚,惠我德也[二二],以诚惠物,物亦应之,故曰"有孚,惠我德"也。

象曰:有孚惠心,勿问之矣;惠我德,大得志也。

上九,莫益之,或击之,立心勿恒,凶。

处益之极,过盈者也。求益无已,心无恒者也。无厌之求[二三],人弗与也。独唱莫和,是偏辞也[二四]。人道恶盈,怨者非一,故曰"或击之"也[二五]。

象曰:莫益之,偏辞也;或击之,自外来也。

【校释】

〔　一　〕此节注文释益卦之义为"损上益下"。释文:"益,增长之名,又以弘裕为义,系辞云'益,长裕而不设'是也。""损上益下之谓也",罗振玉校本无"也"字。

〔　二　〕"木者,以涉大川为常",罗振玉校本无"涉"字。"涉大川",比喻难,所以下文说"以益涉难"。

〔三〕此节注文据岳本等校改。校勘记:"岳本、闽、监、毛本作
　　　'损上益下'是也。古本下有'也'字。"罗振玉校本亦作
　　　"损上益下"。

〔四〕"施未足也",意为施与不足者。罗振玉校本于"足"下有
　　　一"者"字。

〔五〕"与时偕行也",罗振玉校本无"也"字。

〔六〕"迁善改过"之"迁"字,罗振玉校本作"之"。

〔七〕"必获大功",校勘记:"古本下有'也'字。"罗振玉校本同。

〔八〕"故元吉,乃得无咎也",罗振玉校本无"也"字。

〔九〕"冲"字,据四部丛刊影印宋本及罗振玉校本等校改。校
　　　勘记补:"按,'中'当作'冲',下正义'居益而能用谦冲者
　　　也'可证。"按,当作"冲"。"冲",即老子四章"道冲而用
　　　之"之"冲",释为"虚"。

〔一〇〕"不召自至"之"自",罗振玉校本作"而"字。"不先不
　　　为",校勘记补:"案,'为'当作'违'。"按,据注文之意,当
　　　作"不先不为"。此意谓,以柔居中,若能不为先,不施为,
　　　则物将自归之,如损卦六五爻辞注说"江海处下,百谷归
　　　之"之意。所以下文说:"朋龟献策,同于损卦六五之位。"
　　　又,六三爻辞注"益不外来,己自为之,物所不与",正与此
　　　"不先不为"而"益自外来,不召自至"相对而言。校勘记
　　　补说当作"违",然未出证,疑据爻辞"弗克违"之意而作此
　　　断语。"朋龟献策",见损卦六五爻辞并注。

〔一一〕"兴益之宗"下,罗振玉校本有一"也"字。"齐",校勘记:
　　　"古本'齐'误'济'。""出震而齐巽",语出说卦:"帝出乎

震,齐乎巽。"孔颖达疏:"辅嗣之意,以此帝为天帝也。帝
若出万物则在乎震,絜齐万物则在乎巽。"

〔一二〕"在此时也",罗振玉校本于"时"下有一"者"字。

〔一三〕"物所不与"下,罗振玉校本有一"也"字。"救凶则免",校
勘记:"古本下有'也'字。"

〔一四〕"处下卦之上",罗振玉校本作"处卦之上",脱"下"字。

〔一五〕"故用凶事,乃得无咎也",罗振玉校本无"乃"字。此句之
意,孔颖达疏:"六三以阴居阳,不能谦退……若以谦道责
之,则理合诛戮;若以救凶原之,则情在可恕。"

〔一六〕"不失中行",校勘记:"古本上有'故'字。"郭京周易举正
作"信不失中",并说:"其'信'字,本为'有孚'之义,审详
首末注义,义亦自明。"

〔一七〕"告",语。"圭",说文:"瑞玉也,上圆下方。圭以封诸侯,
故从重土。"

〔一八〕"足以告公,而得用圭也",罗振玉校本"圭"作"珪",下并
有"者"字。"故曰:中行告公用圭也",罗振玉校本无
"也"字。

〔一九〕"依迁",孔颖达疏:"依人而迁国。""谁有不纳也"之"谁"
字,校勘记:"古本、足利本'谁'作'何'。"又,罗振玉校本
无"也"字。

〔二〇〕语出论语尧曰:"子曰:因民之所利而利之,斯不亦惠而不
费乎。"

〔二一〕"固",校勘记:"岳本、宋本、古本、足利本'固'作'故'。"
罗振玉校本同。

〔二二〕"有孚惠我德也",校勘记:"浦镗云:此六字疑衍文。"

〔二三〕"无厌之求",校勘记:"释文出'無厌'。"按,易经中"無"
均作"无",王弼注文随之。

〔二四〕"偏辞",意为一家之言。

〔二五〕"击",攻击。"故曰或击之也",罗振玉校本无"曰"、"也"
二字。

夬

䷪乾下兑上**夬。扬于王庭。孚号有厉。告自邑,不利即戏。利有攸往。**

夬,与剥反者也〔一〕。剥以柔变刚,至于刚几尽。夬以刚决柔,如剥之消刚。刚陨,则君子道消;柔消,则小人道陨。君子道消,则刚正之德不可得直道而用,刑罚之威不可得坦然而行。扬于王庭,其道公也〔二〕。

象曰:夬,决也。刚决柔也。健而说,决而和。

健而说〔三〕,则决而和矣。

扬于王庭,柔乘五刚也。

刚德齐长〔四〕,一柔为逆,众所同诛而无忌者也,故可扬于王庭。

孚号有厉,其危乃光也。

刚正明信以宣其令,则柔邪者危〔五〕,故曰"其危乃光"也。

告自邑,不利即戏,所尚乃穷也。

以刚断制,告令可也。告自邑,谓行令于邑也。用刚即戏,尚力取胜也。尚力取胜,物所同疾也〔六〕。

利有攸往,刚长乃终也。

刚德愈长,柔邪愈消,故利有攸往,道乃成也。

象曰:泽上于天,夬。君子以施禄及下,居德则忌。

> 泽上于天,夬之象也[七]。泽上于天,必来下润,施禄及下之义也。夬者,明法而决断之象也。忌,禁也。法明断严,不可以慢,故居德以明禁也。施而能严,严而能施,健而能说,决而能和,美之道也。

初九,壮于前趾,往不胜,为咎。

> 居健之初,为决之始,宜审其策以行其事。壮其前趾,往而不胜,宜其咎也。

象曰:不胜而往,咎也。

> 不胜之理,在往前也。

九二,惕号,莫夜有戎,勿恤。

> 居健履中,以斯决事,能审己度而不疑者也[八]。故虽有惕惧号呼,莫夜有戎,不忧不惑,故勿恤也[九]。

象曰:有戎勿恤,得中道也。

九三,壮于頄,有凶。君子夬夬,独行遇雨若濡。有愠,无咎。

> 頄,面权也[一〇],谓上六也。最处体上,故曰权也[一一]。剥之六三,以应阳为善。夫刚长则君子道兴,阴盛则小人道长。然则,处阴长而助阳则善,处刚长而助柔则凶矣。夬为刚长,而三独应上六,助于小人,是以凶也[一二]。君子处之,必能弃夫[一三]情累,决之不疑,故曰"夬夬"也。若不与众阳为群[一四],而独行殊志,应于小人,则受其困焉。遇雨若濡,有恨而无所咎也[一五]。

象曰:君子夬夬,终无咎也。

九四,臀无肤,其行次且。牵羊悔亡,闻言不信。

下刚而进,非己所据,必见侵伤,失其所安,故臀无肤,其行次且也[一六]。羊者,抵狠[一七]难移之物,谓五也。五为夬主,非下所侵,若牵于五,则可得悔亡而已。刚亢不能纳言,自任所处,闻言不信,以斯而行,凶可知矣。

象曰:其行次且,位不当也;闻言不信,聪不明也。

同于噬嗑灭耳之凶[一八]。

九五,苋陆夬夬,中行无咎。

苋陆[一九],草之柔脆者也,决之至易,故曰"夬夬"也。夬之为义,以刚决柔,以君子除小人者也。而五处尊位,最比小人,躬自决者也。以至尊而敌至贱[二〇],虽其克胜,未足多也。处中而行,足以免咎而已,未足光也[二一]。

象曰:中行无咎,中未光也。

上六,无号,终有凶。

处夬之极,小人在上,君子道长,众所共弃,故非号咷所能延也[二二]。

象曰:无号之凶,终不可长也。

【校释】

〔 一 〕"夬",释文:"决也。"决去、决断之意。夬卦卦象为☰,剥卦卦象为☷,爻之阴阳恰好相反,所以注说:"夬,与剥反者也。"

〔 二 〕"扬",发扬、公开之意。此句之意,孔颖达疏:"决,以刚决柔,施之于人,则是君子决小人也。王庭是百官所在之处。以君子决小人,故可以显然发扬决断之事于王者之庭,示公正而无私隐也。"

〔三〕"说",悦。下象辞注"健而能说"之"说"同。

〔四〕"刚德齐长"之"齐"字,集解本作"浸"。

〔五〕"则柔邪者危",校勘记:"释文出'则邪',是其本无'柔'字。"

〔六〕"疾",病。此句意为,崇尚武力以取胜,是为万物共同的灾害。

〔七〕夬卦上兑下乾,兑为泽,乾为天,所以说"泽上于天"。

〔八〕"能",校勘记:"古本无'能'字。""能审己度",意为能审慎地考虑自己的策谋。

〔九〕"莫",通"暮"。"莫夜有戎",意为夜晚有寇贼。又,或说:"莫",无。"莫夜",意为夜夜,而非一夜。"惕惧呼号",警诫、注意之意。"恤",忧、惑。

〔一〇〕"颅,面权也"之"权"字,集解本作"颧"。按,"权"为"颧"之借字。"面权",即脸部之颧骨。

〔一一〕"故曰权也"之"权",集解本作"颅"。

〔一二〕"而三独应上六,助于小人,是以凶也",集解本无"六"、"于"二字。

〔一三〕"弃夫",校勘记:"释文'弃夫'本亦作'去'。"

〔一四〕"若不与众阳为群",集解本无"众"字。

〔一五〕"濡",浸湿。此句意为,九三不与众阳为群,而独行其志,往应上六,所以遇雨而使自己浸湿。由于这是自己行为招致的,所以只能怨恨自己,而无可归咎。"有恨而无所咎也",集解本"恨"作"愠","而"字下有一"终"字。按,以上为据孔颖达疏义释王注之意,读爻辞为:"独行遇雨若濡,有愠无咎。"洪颐煊经义丛钞读爻辞为:"独行遇雨,若濡有愠,无咎。"并说:"'愠',当作'缊'。礼记玉藻'缊为袍',郑注'缊'谓:'今纩及旧絮也。'言遇雨若濡,有缊絮可以御湿,故无咎。既济'繻有衣袽',王注:'繻,宜曰濡,衣袽所以塞舟漏也。''袽以塞舟漏','缊以遇雨',其义同也。"录以参考。

〔一六〕"侵伤"之"伤",校勘记:"宋本、古本、足利本'伤'作'食'。按,正义本作'伤'。""次且",释文:"本亦作'趑趄',或作'趀跙'。"按,此皆借为"趑趄",说文:"趑趄,行不进也。"

〔一七〕"抵狠",强壮之意。大壮卦六五注:"羊,壮也。"校勘记:"岳本'抵狠'作'牴很',古本亦作'牴',释文出'牴很','牴'本又作'抵',或作'牴'。"

〔一八〕噬嗑卦上九象辞:"何校灭耳,聪不明也。"此处象辞也说:"聪不明也。"所以注说:"同于噬嗑灭耳之凶。"

〔一九〕"苋陆",孔颖达疏:"子夏传云:'苋陆,木根草茎,刚下柔上也。'马融、郑玄、王肃皆云:'苋陆,一名商陆。'"按,"商陆"为多年生草本植物。又,集解本无"陆"字。

〔二〇〕"以至尊而敌至贱",集解本于"以"上有一"夫"字,于"敌"下有一"于"字。

〔二一〕"光",光大。"未足光也",集解本作"未为光益也"。

〔二二〕夬卦只有上六为阴爻,余皆阳爻,所以说"众所共弃"。"号咷",大哭。"延",延长。

姤

☰ 巽下乾上 **姤。女壮,勿用取女。**

象曰：姤，遇也，柔遇刚也。

施之于人，即女遇男也。一女而遇五男，为壮至甚，故不可取也。

勿用取女，不可与长也。天地相遇，品物咸章也。

（正）〔匹〕乃功成也〔一〕。

刚遇中正，天下大行也。

化乃大行也。

姤之时义大矣哉！

凡言义者，不尽于所见，中有意谓者也〔二〕。

象曰：天下有风，姤。后以施命诰四方。

初六，系于金柅，贞吉。有攸往，见凶。羸豕孚蹢躅。

金者，坚刚之物。柅者〔三〕，制动之主，谓九四也。初六处遇之始〔四〕，以一柔而承五刚，体夫躁质，得遇而通，散而无主，自纵者也。柔之为物，不可以不牵，臣妾之道，不可以不贞，故必系于正应，乃得贞吉也。若不牵于一，而有攸往行，则唯凶是见矣。羸豕，谓牝豕也。群豕之中，豭〔五〕强而牝弱，故谓之羸豕也。孚，犹务躁也〔六〕。夫阴质而躁恣者，羸豕特甚焉。言以不贞之阴，失其所牵，其为淫丑，若羸豕之孚，务蹢躅也〔七〕。

象曰：系于金柅，柔道牵也。

九二，包有鱼，无咎，不利宾。

初阴而穷下，故称鱼〔八〕。不正之阴，处遇之始，不能逆近者也〔九〕。初自乐来应己之厨，非为犯夺〔一〇〕，故无咎也。擅人之物，以为己惠，义所不为，故"不利宾"也〔一一〕。

象曰：包有鱼，义不及宾也。

九三,臀无肤,其行次且。厉,无大咎。

处下体之极,而二据于初,不为己(弃)〔乘〕[一二]。居不获安,行(为)〔无〕其应[一三],不能牵据,以固所处,故曰"臀无肤,其行次且"也[一四]。然履得其位,非为妄处;不遇其时,故使危厉。灾非己招,是以无大咎也。

象曰:其行次且,行未牵也。

九四,包无鱼,起凶。

二有其鱼,故失之也[一五]。无民而动,失应而作,是以凶也[一六]。

象曰:无鱼之凶,远民也。

九五,以杞包瓜,含章,有陨自天。

杞[一七]之为物,生于肥地者也。包瓜为物,系而不食者也[一八]。九五履得尊位,而不遇其应,得地而不食,含章[一九]而未发,不遇其应,命未流行,然处得其所,体刚居中,志不舍命,不可倾陨,故曰"有陨自天"也[二〇]。

象曰:九五含章,中正也;有陨自天,志不舍命也。

上九,姤其角,吝,无咎。

进之于极,无所复遇,遇角而已,故曰"姤其角"也。进而无遇,独恨而已;不与物争,其道不害,故无凶咎也[二一]。

象曰:姤其角,上穷吝也。

【校释】

〔 一 〕"匹"字,据岳本等校改。校勘记:"岳本、宋本、古本、足利本'正'作'匹',释文'正'亦作'匹'。"按,当作"匹"。四部丛刊影印宋本亦作"匹"。"匹",遇。"匹乃功成",正释

彖辞"天地相遇,品物咸章也"之意。若作"正",则义不可
解。作"正"者,形近而讹。

〔二〕"所见",指卦象。"中有意谓者也",即王弼在略例明象中
所谓"夫象者,出意者也"之意。

〔三〕"杝",孔颖达疏:"杝之为物,众说不同。王肃之徒,皆为
织绩之器,妇人所用。惟马云:杝者,在车之下,所以止轮
令不动者也。王注云:杝制动之主,盖与马同。"说文:
"簚,收丝者也。""柅,簚柄也。或从木,尼声。"然则"杝"
即"柅",纺车转轮之把。丝缠于簚,簚受制于杝,所以注
说:"杝者,制动之主。"

〔四〕姤卦之义为"遇",所以说初六是"遇之始"。

〔五〕"豭",说文:"牡豕也。"

〔六〕"孚,犹务躁也"之"务"字,郭京周易举正作"骛",下"若
赢豕之孚务蹢躅也"之"务"同,并说:"字义恰作'骛'字。"
按,"务"借为"骛",乱驰之意。

〔七〕"蹢躅",释文:"不静也。"即注所谓"阴居而躁恣者"。

〔八〕"故称鱼"下,集解本有一"也"字。

〔九〕"逆",犯。"近",指初六。

〔一〇〕"厨",释爻辞"包","包"借为"庖"。"非为犯夺"之"夺"
字,集解本作"应"。

〔一一〕"擅",占据。"故不利宾也"之"利"字,集解本作"及"。

〔一二〕"乘"字,据岳本等校改。校勘记:"毛本'棄'作'弃'。岳
本、宋本、古本、足利本'棄'作'乘'。"按,四部丛刊影印宋
本亦作"乘"。据注文之意当作"乘"。此句意为,初六已
为九二所据,九三下无阴可乘,所以"居不获安"。若作

“棄”,则义不可通。

〔一三〕“无”字,据岳本等校改。校勘记:“闽、监、毛本‘为’作‘失’,岳本作‘无’,古本作‘無’。按,‘为’乃‘無’之误,‘失’乃‘无’之误。”按,当作“无”字。此句意为,九三上亦无阴可相应。

〔一四〕“次且”,借为“趑趄”。说文:“趑趄,行不进也。”

〔一五〕“故失之也”,集解本于“故”上有一“四”字。郭京周易举正说:“失”字当为“无”字之误。按,作“失”、作“无”于此义均可通。

〔一六〕“无民”、“失应”均指九四失去初六。“动”,释爻辞“起”之义。

〔一七〕“杞”,孔颖达疏:“王氏云‘生于肥地’,盖以‘杞’为今之枸杞也。”

〔一八〕“包瓜”,即“匏瓜”,属于葫芦一类,不可食。论语阳货:“子曰:吾岂匏瓜也哉,焉能系而不食?”

〔一九〕“章”,美。

〔二〇〕此句意为,如有倾倒、陨落,也不是自己造成的,而是由天降下的。

〔二一〕“不与物争,其道不害,故无凶咎也”,集解本作:“不与物牵,故曰上穷吝也。”

萃

☵ 坤下兑上 萃。亨。

聚乃通也〔一〕。

王假有庙。

假,至(聚)〔也〕[二]。王以聚至有庙也[三]。

利见大人,亨,利贞。

聚得大人,乃得通而利正也。

用大牲,吉。

全乎聚道,用大牲乃吉也[四]。聚道不全而用大牲,神不福也。

利有攸往。

彖曰:萃,聚也。顺以说,刚中而应,故聚也。

但顺而说[五],则邪佞之道也;刚而违于中应,则强亢之德也。何由得聚?顺说而以刚为主,主刚而履中,履中以应,故得聚也。

王假有庙,致孝享也。

全聚,乃得致孝之享也。

利见大人,亨,聚以正也。

大人,体中正者也。通(众)〔聚〕以正[六],聚乃得全也。

用大牲,吉。利有攸往,顺天命也。

顺以说而不损刚,顺天命者也。天德刚而不违中,顺天则说[七],而以刚为主也。

观其所聚,而天地万物之情可见矣。

方以类聚,物以群分[八];情同而后乃聚,气合而后乃群。

象曰:泽上于地,萃。君子以除戎器,戒不虞。

聚而无防,则众(心生)〔生心〕[九]。

初六,有孚不终,乃乱乃萃,若号。一握为笑,勿恤,往无咎。

有应在四,而三承之,心怀嫌疑,故“有孚不终”也。不能守道,以结至好,迷务竞争,故"乃乱乃萃"也。一握者,小之貌也。为笑者,懦[一○]劣之貌也。己为正配[一一],三以近宠,若安夫卑退,谦以自牧[一二],则勿恤而往无咎也。

象曰:乃乱乃萃,其志乱也。

六二,引吉,无咎。孚乃利用禴。

居萃之时,体柔当位,处坤之中,己独处正[一三],与众相殊,异操而聚,民之多僻,独正者危。(矣)〔未〕能变体以远于害[一四],故必见引[一五],然后乃吉而无咎也。禴,殷(者)〔春〕祭名也[一六],四时祭之省者也。居聚之时,处于中正,而行以忠信,(致之)〔故可〕以省薄荐于鬼神也[一七]。

象曰:引吉无咎,中未变也。

六三,萃如嗟如,无攸利。往无咎,小吝。

履非其位,而比于四,四亦失位,不正相聚,相聚不正,患所生也[一八]。干人之应[一九],害所起也,故"萃如嗟如,无攸利"也[二○]。上六亦无应而独立,处极而忧危,思援而求朋,巽以待物者也[二一]。与其萃于不正,不若之于同志,故可以往而无咎也。二阴相合,犹不若一阴一阳之(至)〔应〕[二二],故有小吝也。

象曰:往无咎,上巽也。

九四,大吉,无咎。

履非其位,而下据三阴,得其所据,失其所处。处聚之时,不正而据,故必大吉,立夫大功,然后无咎也[二三]。

象曰:大吉无咎,位不当也。

九五,萃有位,无咎,匪孚。元永贞,悔亡。

处聚之时,最得盛位,故曰"萃有位"也。四专而据,己德不行,自

守而已,故曰"无咎,匪孚"。夫修仁守正,久必悔消,故曰"元永
贞,悔亡"。

象曰:萃有位,志未光也。

上六,赍咨涕洟,无咎。

处聚之时,居于上极,五非所乘,内无应援。处上独立,近远无助,
危莫甚焉。赍咨,嗟叹之辞也。若能知危之至,惧祸之深,忧病之
甚,至于涕洟〔二四〕,不敢自安,亦众所不害,故得无咎也。

象曰:赍咨涕洟,未安上也。

【校释】

〔 一 〕"聚",释卦名"萃"之义。"通",释"亨"之意。

〔 二 〕"也"字,据四部丛刊影印宋本等校改。校勘记补:"按,
'聚'当'也'字之讹,毛本正作'也'。"

〔 三 〕此句之意,孔颖达疏:"天下崩离,则民怨神怒,虽复亨祀,
与无庙同。王至大聚之时,孝德乃昭,始可谓之有庙矣。"

〔 四 〕"全乎"之"乎",校勘记:"岳本、宋本、古本、足利本'乎'作
'夫'。""大牲",指祭祀用之全牛。

〔 五 〕"说",悦。下"顺说而以刚为主"之"说"同。

〔 六 〕"聚"字,据四部丛刊影印宋本等校改。校勘记补:"毛本
'众'作'聚'。"按,彖辞:"利见大人,亨,聚以正也。"故此
当作"通聚以正,聚乃得全也"。作"众"者,形近而讹。

〔 七 〕"顺天则说"之"则"字,校勘记:"钱本'则'作'而'。"

〔 八 〕语出系辞上:"方以类聚,物以群分,吉凶生矣。"

〔 九 〕"生心"二字,据岳本等校改。校勘记:"岳本、宋本、足利

本作'则众生心'，古本作'则众生心也'。孙志祖云：据困
学纪闻，当作'则众生心'。"按，四部丛刊影印宋本亦作
"则众生心"，王应麟困学纪闻卷一引此文亦作"聚而无
防，则众生心"。"众生心"，即各生离异之心之意。

〔一〇〕"懦"，校勘记："岳本'懦'作'愞'，释文同。按，释文'乃
乱反'，则当作'奰'。古音'奰'声、'需'声划然不同。说
文云：'偄，弱也。'从'人'、从'奰'。作'愞'者，后出字。"
按，说文："愞，奴（弩）弱也。"据段玉裁注，"愞"久已讹作
"懦"，则"懦"、"愞"二字早已通假。

〔一一〕"己为正配"，校勘记："岳本、古本'配'作'妃'，释文出
'正妃'。按，释文云：'正'，本亦作'匹'。"按，释文出
"妃"，然注说"音配"，则"妃"为"配"之借字。

〔一二〕"牧"，治。"自牧"，意为自养。

〔一三〕"己独处正"之"处"字，集解本作"履"。

〔一四〕"未"字，据四部丛刊影印宋本及集解本等校改。校勘记
补："毛本'矣'作'未'，属下句。"按，当作"未"。"未能变
体以远于害"为句。此句正说明六二"己独处正，与众相
殊"，而所以"危"之原因。若作"矣"字而属上句读，则义
不可通。

〔一五〕"见引"，指受到九五之接纳。"故必见引"，校勘记："集解
作'故必待五引'。"

〔一六〕"春"字，据四部丛刊影印宋本及集解本等校改。校勘记
补："毛本'者'作'春'。"按，当作"春"字。释文："禴，殷
春祭名，马、王肃同。郑玄：夏祭名（按，周制称夏祭
为禴）。"

〔一七〕"故可"二字,据四部丛刊影印宋本等校改。校勘记:"毛本'致之'作'故可'。"按,孔颖达疏亦引作:"故可以省薄荐于鬼神也。"集解本"致之"作"可",无"荐"字。

〔一八〕"四亦失位,不正相聚,相聚不正,患所生也"句,郭京周易举正引定本作:"四亦失位不正,不正相聚,患所生也。"

〔一九〕"干人之应",指六三妨害初六与九四之应,即初六注"己为正配,三以近宠"之意。

〔二〇〕"嗟如",感叹貌。"无攸利也",校勘记:"古本'攸'下有'往'字。"

〔二一〕"巽",顺。

〔二二〕"应"字,据闽、监、毛本校改。校勘记:"闽、监、毛本'至'作'应'。按,正义作'应'。"按,据注文上下文义,当作"应"。

〔二三〕"处聚之时,不正而据,故必大吉,立夫大功,然后无咎也",文义不通,疑有误。孔颖达疏:"以阳处阴,明履非其位,又下据三阴,得其所据。失其所处,处聚之时,不正而据,是其凶也。若以萃之时,立夫大功,获其大吉,乃得无咎。故曰大吉无咎。"据此,此注文似当作:"处聚之时,不正而据,故必立夫大功,然后大吉无咎也。"

〔二四〕"涕洟",孔颖达疏:"自目出曰涕,自鼻出曰洟。"

升

☷☴ 巽下坤上升。元亨。用见大人,勿恤。

巽顺可以升[一]。阳爻不当尊位,无严刚之正,则未免于忧,故用见大人,乃勿恤也。

南征,吉。

> 以柔之南,则丽乎大明也[二]。

象曰:柔以时升。

> 柔以其时,乃得升也。

巽而顺,刚中而应,是以大亨。

> 纯柔则不能自升,刚亢则物不从。既以时升,以巽而顺,刚中而应,以此而升,故得大亨。

用见大人,勿恤,有庆也;南征,吉,志行也。

> 巽顺以升,至于大明,志行之谓也。

象曰:地中生木,升。君子以顺德,积小以高大。

初六,允升,大吉。

> 允,当也。巽卦三爻皆升者也。虽无其应,处升之初,与九二、九三合志俱升。当升之时,升必大得,是以大吉也。

象曰:允升大吉,上合志也。

九二,孚乃利用禴,无咎。

> 与五为应,往必见任[三]。体夫刚德,进不求宠,闲[四]邪存诚,志在大业,故乃利用纳约于神明矣[五]。

象曰:九二之孚,有喜也。

九三,升虚邑。

> 履得其位,以阳升阴,以斯而举,莫之违距,故若升虚邑也[六]。

象曰:升虚邑,无所疑也。

> 往必得邑[七]。

六四,王用亨于岐山。吉,无咎。

处升之际,下升而进,可纳而不可距也。距下之进,攘来自专^[八],则殃咎至焉。若能不距而纳,顺物之情,以通庶志,则得吉而无咎矣。岐山之会^[九],顺事之情,无不纳也。

象曰:王用亨于岐山,顺事也。

六五,贞吉,升阶。

升得尊位,体柔而应,纳而不距,任而不专,故得贞吉升阶而尊也。

象曰:贞吉升阶,大得志也。

上六,冥升,利于不息之贞。

处(贞)〔升〕^[一〇]之极,进而不息者也。进而不息,故虽冥犹升也。故施于不息之正则可,用于为物之主则丧矣。终于不息,消之道也^[一一]。

象曰:冥升在上,消不富也。

劳不可久也。

【校释】

〔 一 〕"升",序卦:"上也。"孔颖达疏:"登上之义。"

〔 二 〕"之",往。"南",指南方。"丽",附著。说卦:"离也者,明也,万物皆相见,南方之卦也。"

〔 三 〕"见任",被任用。

〔 四 〕"闲",防。

〔 五 〕"利用纳约于神明",释爻辞"利用禴"。"禴"为省薄之祭。参见萃卦六二注。

〔 六 〕"若升虚邑",意为如入无人之境,形容九三去与上六相应十分容易。或说,四邑为邱,四邱为虚。

〔七〕"邑",校勘记:"岳本、宋本、古本、足利本'邑'作'也'。"
孔颖达疏作"邑"。

〔八〕"攘",却、距。"来",纳。

〔九〕"岐山之会",旧注及孔颖达疏都以为指周文王岐山之会,
然稽之古籍,均无此事之记载。疑此为指周古公亶父迁于
岐山,而四方之民均来相从之故事。史记周本纪:"古公亶
父复修后稷、公刘之业,积德行义,国人皆戴之。薰育、戎
狄攻之,欲得财物,予之;已复攻,欲得地与民,民皆怒,欲
战。古公曰:'有民立君,将以利之,今戎狄所为攻战,以吾
地与民。民之在我,与其在彼何异? 民欲以我故战,杀人
父子而君之,予不忍为。'乃与私属遂去豳;度漆沮,逾梁
山,止于岐下。豳人举国扶老携弱,尽复归古公于岐下。
及他旁国,闻古公仁,亦多归之。于是,古公乃贬戎狄之
俗,而营筑城郭、室屋而邑别居之,作五官有司。民皆歌乐
之,颂其德。"又,说苑卷十四记为周大(太)王之事(旧说
太王即古公亶父),文字稍有出入:"大王有至仁之恩,不
忍战百姓,故事勳育、戎氏以犬马、珍币。而伐不止。问其
所欲者,土地也。于是属其群臣、耆老而告之曰:'土地者,
所以养人也,不以所以养而害其养也,吾将去之。'遂居岐
山之下。邠人负幼扶老从之,如归父母。三迁而民五倍其
初者,皆兴仁义,趣上之事。"

〔一○〕"升"字,据四部丛刊影印宋本等校改。校勘记:"岳本、古
本'贞'作'升'。按正义当作'升'。"

〔一一〕"消",衰弱,即下节注"劳不可久"之意。

困

☷ 坎下兑上**困**。亨。

　　穷必通也,处困而不能自通者[一],小人也。

贞大人吉,无咎。

　　处困而得无咎,吉乃免也。

有言不信。

象曰:困,刚揜也。

　　刚(则)〔见〕揜于柔也[二]。

险以说,困而不失其所亨,

　　处险而不改其说,困而不失其所亨也。

其唯君子乎! 贞大人吉,以刚中也;

　　处困而用刚,不失其中,履正而能体大者也。能正而不能大博,未

　　能(说)〔济〕[三]困者也,故曰"贞大人吉"也。

有言不信,尚口乃穷也。

　　处困而言,不见信之时也。非行言之时,而欲用言以免,必穷者

　　也。其吉在于贞大人,口何为乎?

象曰:泽无水,困。君子以致命遂志。

　　泽无水,则水在泽下[四];水在泽下,困之象也。处困而屈其志者,

　　小人也。君子固穷[五],道可忘乎!

初六,臀困于株木,入于幽谷,三岁不觌。

　　最处底下,沉滞卑困,居无所安,故曰"臀困于株木"也[六]。欲之

　　其应,二隔其路;居则困于株木[七],进不获拯,必隐遁者也,故曰

"入于幽谷"也。困之为道,不过数岁[八]者也,以困而藏,困解乃出,故曰"三岁不觌"也[九]。

象曰:入于幽谷,幽不明也。

言幽者,不明之辞也。入于不明,以自藏也。

九二,困于酒食,朱绂方来,利用享祀。征凶,无咎。

以阳居阴,尚谦者也。居困之时,处得其中,体夫刚质,而用中履谦,应不在一,心无所私,盛莫先焉。夫谦以待物,物之所归;刚以处险,难之所济;履中则不失其宜,无应则心无私恃;以斯处困,物莫不至,不胜丰衍[一〇],故曰"困于酒食",美之至矣。坎,北方之卦也。朱绂[一一],南方之物也。处困以斯,能招异方者也,故曰"朱绂方来"也。丰衍盈盛,故"利用享祀"。盈而又进,倾之道也[一二],以此而征,凶谁咎乎,故曰"征凶,无咎"。

象曰:困于酒食,中有庆也。

六三,困于石,据于蒺藜。入于其宫,不见其妻,凶。

石之为物,坚而不纳者也,谓四也。三以阴居阳,志武者也。四自纳初,不受己者也。二非所据,刚非所乘,上比困石,下据蒺藜[一三],无应而入,焉得配偶[一四]?在困处斯,凶其宜也。

象曰:据于蒺藜,乘刚也。入于其宫,不见其妻,不祥也。

九四,来徐徐,困于金车。吝,有终。

金车,谓二也。二刚以载者也,故谓之金车。徐徐者,疑惧之辞也。志在于初,而隔于二,履不当位,威命不行。弃之则不能,欲往则畏二,故曰"来徐徐,困于金车"也。有应而不能济之,故曰"吝"也。然以阳居阴,履谦之道,量力而处,不与二争,虽不当位,物终与之,故曰"有终"也。

象曰:来徐徐,志在下也,

> 下,谓初也。

虽不当位,有与也。

九五,劓刖,困于赤绂,乃徐有说。利用祭祀。

> 以阳居阳,任其壮者也。不能以谦致物,物则不附。忿物不附而
> 用其壮,猛行其威刑,异方愈乖,遐迩愈叛[一五],刑之欲以得,乃益
> 所以失也[一六],故曰"劓刖,困于赤绂"也[一七]。二以谦得之,五以
> 刚失之,体在中直,能不遂迷,困而后能用其道者也。致物之功,
> 不在于暴,故曰徐也。困而后乃徐,徐则有说矣,故曰"困于赤绂,
> 乃徐有说"也。祭祀,所以受福也。履夫尊位,困而能改,不遂其
> 迷,以斯祭祀,必得福焉,故曰"利用祭祀"也。

象曰:劓刖,志未得也;乃徐有说,以中直也;利用祭祀,
受福也。

上六,困于葛藟,于臲卼;曰动悔有悔,征吉。

> 居困之极,而乘于刚,下无其应,行则愈绕[一八]者也。行则缠绕,
> 居不获安,故曰"困于葛藟,于臲卼"也[一九]。下句无困,因于上
> 也[二〇]。处困之极,行无通路,居无所安,困之至也。凡物,穷则
> 思变,困则谋通[二一],处至困之地,用谋之时也。曰者,思谋之辞
> 也。谋之所行,有隙则获,言将何以通至困乎?曰动悔,令生有
> 悔,以征则济矣,故曰"动悔有悔,征吉"也。

象曰:困于葛藟,未当也;

> 所处未当,故致此困也。

动悔有悔,吉行也。

【校释】

〔 一 〕"困",困穷、闭塞。释文:"困,穷也。穷悴掩蔽之义。"孔颖达疏:"困者,穷厄委顿之名。""处困",四部丛刊影印宋本作"处穷"。

〔 二 〕"见"字,据岳本等校改。校勘记:"岳本、宋本、古本、足利本'则'作'见'。按,'见'是。"按,当作"见"。注文释彖辞"困,刚揜也"之义。"见",被。"揜",同"掩"。"刚见揜于柔也",是谓坎(阳、刚)在下位,被兑(阴、柔)所掩蔽。若作"则",则于文义不可通。

〔 三 〕"济"字,据四部丛刊影印宋本等校改。校勘记补:"按正义,'说'当作'济'。毛本是'济'字。"按,当作"济"。孔颖达疏:"若正而不大,未能济困,处困能济,济乃得吉而无咎也,故曰贞大人吉,以刚中也。"

〔 四 〕困卦上兑下坎,兑为泽,坎为水,所以说:"水在泽下。"集解本于"则水在泽下"下有一"也"字。

〔 五 〕"固",固守、安守。"君子固穷",语见论语卫灵公:"在陈绝粮,从者病,莫能兴。子路愠见曰:'君子亦有穷乎?'子曰:'君子固穷,小人穷斯滥矣。'"校勘记:"释文:'固穷'或作'困穷',非。"

〔 六 〕"株木",说文:"木根也。"徐锴注:"在土曰根,在土上曰邾(株)。""臀困于株木",借喻滞留于卑下之意。

〔 七 〕"居则困于株木",校勘记:"古本无'于'、'木'二字。"按,孔颖达疏引此句亦无"于"、"木"二字。

〔 八 〕"数岁",校勘记:"释文:'数岁',本亦作'三岁'。"

〔 九 〕"觌",说文:"见也。"

〔一〇〕"衍",溢、美。"丰衍",丰美。

〔一一〕"绂",亦作"韨"。"朱绂",君主祭祀宗庙时所穿之服装,所以说是"南方之物"。

〔一二〕"倾",覆。此句意为,已盈满而再进,则为倾覆之道。益卦象辞注:"满而益之,害之道也。"义与此同。

〔一三〕"蒺藜",孔颖达疏:"蒺藜之草,有刺而不可践也。"此处借喻九二。

〔一四〕"偶",校勘记:"岳本、宋本、古本、足利本'偶'作'耦',宋本、疏亦作'耦'。按,'耦'字是也,俗多借'偶'字为之。"

〔一五〕"遌迍",校勘记:"释文出'遌远',云本亦作'遌迍'。""遌迍愈叛",意为愈行威刑,则远近愈不归附而叛去。

〔一六〕"乃",而。"益",增。此句意为,用刑之意是想有所得,而结果却增加其所失。

〔一七〕"劓",割鼻之刑。"刖",断足之刑。"赤绂",即上节注之"朱绂",比喻南方。

〔一八〕"绕",缠绕,比喻困穷、闭塞。

〔一九〕"葛藟",释文:"藟,似葛之草,又作'虆'。毛诗草木疏云:一名'巨荒',似'蘡薁',连蔓而生,幽州人谓之'椎虆'。"孔颖达疏:"葛虆,引蔓缠绕之草。""臲卼",孔颖达疏:"动摇不安之貌。"

〔二〇〕"下句无困,因于上也",意为爻辞"于臲卼"句上无"困"字,是循上句"困于葛藟"而来,故不必再有一"困"字。

〔二一〕"凡物,穷则思变,困则谋通",语本系辞下:"易,穷则变,变则通,通则久。"

井

☴ 巽下坎上井。**改邑不改井，**

井以不变为德者也〔一〕。

无丧无得，

德有常也。

往来井井。

不渝变也。

汔至亦未繘井，

已来至而未出井也。

羸其瓶，凶。

井道以已出为功也。几至而覆，与未汲同也。

象曰：巽乎水而上水，井。

音举上之上。

井养而不穷也，改邑不改井，乃以刚中也。

以刚处中，故能定居其所而不变也。

汔至亦未繘井，未有功也；

井以已成为功。

羸其瓶，是以凶也。

象曰：木上有水，井。君子以劳民劝相。

木上有水，井之象也〔二〕。上水以养，养而不穷者也〔三〕。相，犹助
也。可以劳民劝助，莫若养而不穷也。

初六，井泥不食，旧井无禽。

最在井底,上又无应,沉滞滓秽,故曰"井泥不食"也。井泥而不可食,则是久井不见渫治者也[四]。久井不见渫治,禽所不向[五],而况人乎?一时所共弃舍也。井者,不变之物,居德之地。恒德至贱,物无取也。

象曰:井泥不食,下也;旧井无禽,时舍也。

九二,井谷射鲋,瓮敝漏。

谿谷出水,从上注下,水常射焉。井之为道,以下给上者也。而无应于上,反下与初,故曰"井谷射鲋"[六]。鲋,谓初也。失井之道,水不上出而反下注,故曰"瓮敝漏"也[七]。夫处上宜下,处下宜上。井已下矣而复下注,其道不交,则莫之与也[八]。

象曰:井谷射鲋,无与也。

九三,井渫不食,为我心恻,可用汲。王明,并受其福。

渫,不停污之谓也[九]。处下卦之上,履得其位,而应于上,得井之义也。当井之义,而不见食,修己全洁,而不见用,故"为我心恻"也。为,犹使也。不下注而应上,故"可用汲"也。王明,则见照明[一〇]。既嘉其行,又钦其用[一一],故曰"王明,并受其福"也。

象曰:井渫不食,行恻也;

行感于诚,故曰恻也。

求王明,受福也。

六四,井甃,无咎。

得位而无应,自守而不能给上,可以修井之坏,补过而已。

象曰:井甃无咎,修井也。

九五,井冽寒泉食。

冽,絜也[一二]。居中得正,体刚不桡,不食不义,中正高絜,故井冽寒泉〔一三〕,然后乃食也。

象曰:寒泉之食,中正也。

上六,井收。勿幕,有孚,元吉。

处井上极,水已出井,井功大成,在此爻矣,故曰“井收”也〔一四〕。群下仰之以济,渊泉由之以通者也。幕,犹覆也〔一五〕。不擅其有,不私其利,则物归之,往无穷矣,故曰“勿幕,有孚,元吉”也。

象曰:元吉在上,大成也。

【校释】

〔一　〕“以不变为德”,释井卦之义。孔颖达疏:“此卦明君子修德养民,有常不变,终始无改,养物不穷,莫过乎井。故以修德之卦取譬,名之井也。”释文:“杂卦云:通也。彖云:养而不穷……广雅云:井,深也。郑云:井,法也……周云:井以不变更为义。师说:井以清洁为义。”

〔二　〕井卦巽下坎上,巽为木,坎为水,所以说:“木上有水,井之象也。”又,此句校勘记说:“集解云:‘木上有水,上水之象也。’按,正义作:‘木上有水,则是上水之象。’”

〔三　〕“上水以养,养而不穷者也”,集解本作:“水以养而不穷也。”

〔四　〕“久井”,即旧井。“渫”,说文:“除去也,一曰治井也。”“渫治”,修理。

〔五　〕“向”,借为“飨”,食。

〔六　〕“射”,旧释为“厌”。观王弼注文,似为水往下流之意。“鲋”,小鱼。释文:“鲋,鱼名也。子夏传谓虾蟆。”或说:

今称鲫鱼者。"井谷射鲋",意为井本当"以下给上",水上
出者,今却如同豁谷,水反下注而及于小鱼。又,或释
"射"为得义。如周易集解引崔憬说:"唯得于鲋。"王引之
经义述闻释"井谷射鲋"为:"射而取之,有所得矣。言得
于下而无应于上,故象传谓之'无与也'。"

〔七〕"甕敝漏",意为如瓶破而漏水。焦循周易补疏:"卢学士
(文弨)依卢都转刻本改为'雍','雍'与'甕'同……
'雍',犹敝也……王氏读'甕敝'为'雍敝',即是'甕敝',
井上雍敝,故水不上出漏,故反下注也。"

〔八〕"交",相互交通。"其道不交",意为上下不相交通。"则
莫之与也",指万物不与己相应。校勘记:"释文出'无与
之也',云一本作'则莫之与也'。"

〔九〕"不停污",意为不使污泥淤积。校勘记:"释文出'停
汙'。"按,"污"、"汙"古通。

〔一〇〕"王明,则见照明",意为如遇到贤明之主,就能看到它的
美行。"照",校勘记:"监、毛本'照'作'昭'。"

〔一一〕"嘉",美。"钦",敬。

〔一二〕"冽",玉篇:"寒气也。"王弼此处释为"絜",即"洁"。

〔一三〕"寒泉",孔颖达疏:"清而冷者,水之本性;遇物然后浊而
温。故言寒泉,以表絜也。"

〔一四〕"收",成。

〔一五〕"覆",掩盖。

革

䷰ 离下兑上**革。已日乃孚,元亨,利贞,悔亡。**

夫民可与习常,难与适变;可与乐成,难与虑始[一]。故革之为道,即日不孚,已日乃孚也[二]。孚,然后乃得元亨[三],利贞,悔亡也。已日而不孚,革不当也。悔吝之所生,生乎变动者也。革而当,其悔乃亡也。

象曰:革,水火相息,二女同居,其志不相得,曰革。

凡不合然后乃变生,变之所生,生于不合者也。故取不合之象以为革也[四]。息者,生变之谓也。火欲上而泽欲下[五],水火相战,而后生变者也。二女同居[六],而有水火之性,近而不相得也。

已日乃孚,革而信之;文明以说,大亨以正;革而当,其悔乃亡。

夫所以得革而信者,文明以说也[七]。文明以说,履正而行,以斯为革,应天顺民,大亨以正者也。革而大亨以正,非当如何。

天地革而四时成,汤武革命,顺乎天而应乎人,革之时大矣哉!

象曰:泽中有火,革。君子以治历明时。

历数时会,存乎变也。

初九,巩用黄牛之革。

在革之始,革道未成,固夫常中,未能应变者也。此可以守成,不可以有为也。巩,固也。黄,中也。牛之革,坚仞[八]不可变也。固之所用,常中坚仞,不肯变也。

象曰:巩用黄牛,不可以有为也。

六二,已日乃革之,征吉,无咎。

阴之为物,不能先唱,顺从者也。不能自革,革已[九]乃能从之,故曰"已日乃革之"也。二与五虽有水火殊体之异,同处厥中,阴阳相应,往必合志,不忧咎也,是以征吉而无咎。

象曰:已日革之,行有嘉也。

九三,征凶,贞厉。革言三就,有孚。

> 已处火极,上卦三爻,虽体水性,皆从革者也。自四至上,从命而变,不敢有违,故曰"革言三就"〔一〇〕。其言实诚,故曰"有孚"。革言三就,有孚而犹征之,凶其宜也。

象曰:革言三就,又何之矣。

九四,悔亡,有孚改命,吉。

> 初九处下卦之下,九四处上卦之下,故能变也。无应,悔也。与水火相比,能变者也,是以悔亡。处水火之际,居会变之始,能不固吝,不疑于下,信志改命〔一一〕,不失时愿,是以吉也。有孚则见信矣,见信以改命,则物安而无违,故曰"悔亡,有孚改命,吉"也。处上体之下,始宣命也〔一二〕。

象曰:改命之吉,信志也。

> 信志而行。

九五,大人虎变,未占有孚。

> 未占而孚,合时心也。

象曰:大人虎变,其文炳也。

上六,君子豹变,小人革面。

> 居变之终,变道已成。君子处之,能成其文〔一三〕,小人乐成,则变面以顺上也。

征凶,居贞吉。

> 改命创制,变道已成。功成则事损〔一四〕,事损则无为。故居则得正而吉,征则躁扰而凶也。

象曰:君子豹变,其文蔚也;小人革面,顺以从君也。

【校释】

〔一〕语本史记商君列传:"愚者暗于成事,智者见于未明。民不可与虑始,而可与乐成。"商君书更法篇同。

〔二〕"革",改、改变。"即日",当日,也即所谓"始"。"已日",终日,也即所谓成功之日。

〔三〕"孚,然后……",校勘记:"岳本、钱本'然'作'而'。"

〔四〕此为以革卦卦象释革卦之义。革卦离下兑上,离为火,兑为泽,火炎上,泽润下,所以说"不合之象"。

〔五〕"火欲上而泽欲下",校勘记:"古本'火'上有'故'字。"

〔六〕说卦"离,为火,为中女";"兑,为泽,为少女",所以注说"二女同居"。

〔七〕"文明",指礼义显明。"说",悦。

〔八〕"仞",校勘记:"监、毛本'仞'作'靭',下同。"按,"仞",借为"靭",亦作"韧"、"肕",均为柔而坚固之义。

〔九〕"革已",即变革已成功。

〔一〇〕"三",指自四至上三爻。"就",成就。"革言三就",意为此三爻"从命而变,不敢有违",所以由革而言,比三爻同有成就。

〔一一〕"信志改命",意为四能相信下卦革命之志向,所以下文说:"不失时愿。"

〔一二〕"宣命",意为宣示"改命"之志。

〔一三〕"文",斑文,释爻辞"豹变"之意。此处又借喻为"文明"之义。

〔一四〕"损",减少。

鼎

☲☴巽下离上鼎。元吉,亨。

革去故而鼎取新〔一〕。取新而当其人,易故而法制齐明。吉〔二〕,
然后乃亨,故先元吉而后亨也。鼎者,成变之卦也。革既变矣,则
制器立法以成之焉。变而无制,乱可待也;法制应时,然后乃吉。
贤愚有别,尊卑有序〔三〕,然后乃亨,故先元吉而后乃亨。

彖曰:鼎,象也。

法象也〔四〕。

以木巽火,亨饪也。

亨饪〔五〕,鼎之用也。

圣人亨,以享上帝,而大亨以养圣贤。

亨者,鼎之所为也。革去故而鼎成新,故为亨饪调和之器也。去
故取新,圣贤不可失也。饪,孰也〔六〕。天下莫不用之,而圣人用
之,乃上以享上帝,而下以大亨养圣贤也〔七〕。

巽而耳目聪明。

圣贤获养,则己不为而成矣,故巽〔八〕而耳目聪明也。

柔进而上行,得中而应乎刚,是以元亨。

谓五也。有斯二德〔九〕,故能成新而获大亨也。

象曰:木上有火,鼎。君子以正位凝命。

凝者,严整之貌也。鼎者,取新成变者也。革去故而鼎成新。正
位者,明尊卑之序也。凝命者,以成教命之严也。

初六,鼎颠趾,利出否,得妾以其子,无咎。

凡阳为实而阴为虚。鼎之为物,下实而上虚,而今阴在下,则是为
覆鼎也,鼎覆则趾倒矣[一○]。否,谓不善之物也。取妾以为室主,
亦颠趾之义也[一一]。处鼎之初,将在纳新,施颠以出秽,得妾以为
子,故"无咎"也。

象曰:鼎颠趾,未悖也。

倒以写否[一二],故未悖也。

利出否,以从贵也。

弃秽以纳新也。

九二,鼎有实,我仇有疾,不我能即,吉。

以阳之质,处鼎之中,有实者也。有实之物,不可复加,益之则溢,
反伤其实。我仇,谓(九)〔五〕也[一三]。困于乘刚之疾,不能就我,
则我不溢,得全其吉也。

象曰:鼎有实,慎所之也。

有实之鼎,不可复有所取;才任已极,不可复有所加。

我仇有疾,终无尤也。

九三,鼎耳革,其行塞,雉膏不食。方雨,亏悔,终吉。

鼎之为义,虚中以待物者也。而三处下体之上,以阳居阳,守实无
应,无所纳受,耳宜空以待铉[一四],而反全其实塞,故曰鼎耳革,其
行塞,虽有雉膏[一五],而终不能食也。雨者,阴阳交和,不偏亢者
也。虽(阴)〔体〕[一六]阳爻,而统属阴卦。若不全任刚亢,务在和
通,方雨则悔亏,终则吉也。

象曰:鼎耳革,失其义也。

九四,鼎折足,覆公𫗧,其形渥,凶。

处上体之下,而又应初,既承且施,非己所堪,故曰"鼎折足"也。

初已出否,至四所盛,则已洁矣,故曰"覆公𫗧"[一七]也。渥,沾濡之貌也。既覆公𫗧,体为渥沾,知小谋大,不堪其任,受其至辱,灾及其身,故曰"其形渥,凶"也。

象曰:覆公𫗧,信如何也!

不量其力,果致凶灾,信之如何[一八]!

六五,鼎黄耳金铉,利贞。

居中以柔,能以通理,纳乎刚正,故曰"黄耳金铉,利贞"也。耳黄,则能纳刚正以自举也。

象曰:鼎黄耳,中以为实也。

以中为实,所受不妄也。

上九,鼎玉铉。大吉,无不利。

处鼎之终,鼎道之成也。居鼎之成,体刚履柔,用劲施铉,以斯处上,高不诫亢[一九]。得夫刚柔之节[二〇],能举其任者也。应不在一,则靡所不举,故曰"大吉,无不利"也。

象曰:玉铉在上,刚柔节也。

【校释】

〔 一 〕语见杂卦:"革,去故也。鼎,取新也。"

〔 二 〕"吉",校勘记:"古本'吉'上有'元'字。"

〔 三 〕"贤愚有别,尊卑有序",校勘记:"释文无二'有'字。云本亦作'有别'、'有序'。"

〔 四 〕"法",效法。此句意为,鼎卦是效法于鼎之象。

〔 五 〕"亨饪",即烹饪。下同。校勘记:"古本'亨'作'烹'。"

〔 六 〕"孰",即"熟"。校勘记:"闽、监、毛本'孰'作'熟'。按,

‘孰’、‘熟’古今字。”

〔七〕“而下以大亨养圣贤”，郭京周易举正据定本无“大亨”二字，并说：“经文‘而’下‘大亨’二字亦误衍。”

〔八〕“巽”，谦顺。

〔九〕“有斯二德”，指象辞所谓“柔进而上行，得中而应乎刚”。

〔一○〕“鼎覆”，指倒置之鼎。“趾”，指鼎之足。“则是为覆鼎也”，校勘记：“释文出‘是覆’，则其本无‘为’字。”

〔一一〕“室主”，主妇。“颠”，倒。

〔一二〕“写”，玉篇：“画也，除也。”“写否”，意为倾除污秽之物。又，校勘记：“古本、足利本‘倒’下有一‘趾’字。”

〔一三〕“五”字，据四部丛刊影印宋本等校改。校勘记补：“按，‘九’当作‘五’，正义云‘六五我之仇匹’是也。毛本是‘五’字。”“仇”，匹配。

〔一四〕“铉”，说文：“所以举鼎也。”孔颖达疏：“铉，所以贯鼎而举之也。”

〔一五〕“雉”，鸟名，俗称野鸡。“膏”，说文：“肥也。”指脂膏一类之食物。“雉膏”为“八珍”之一，所以释文引郑云：“雉膏，食之美也。”

〔一六〕“体”字，据四部丛刊影印宋本等校改。校勘记补：“毛本‘阴’作‘体’。按，所改是也。”

〔一七〕“餗”，孔颖达疏：“餗，糁也，八珍之膳，鼎之实也。”“公”，汉易家均释为“三公”。如郑玄注：“餗，美馔。鼎三足，三公象。若三公倾覆王之美道，屋中刑之。”然观王弼注文之意，“公”作“众”义解，“覆公餗”，即鼎中所有之餗均倾倒出来。同此，“形”亦不作“刑”解，而是比喻鼎之体，即

"𫗧"覆倒出而沾濡了鼎。

〔一八〕"信之如何",校勘记:"岳本、宋本、古本、足利本'之如'作
　　　'如之'。"

〔一九〕此句意为,上九之体虽为阳刚,但履于阴柔之卦(巽为长
　　　女,属阴),不像乾卦上九,所以不必告诫以"亢"。

〔二〇〕"节",适中。

震

䷲ 震下震上震。亨。

惧以成,则是以亨〔一〕。

震来虩虩,笑言哑哑。

震之为义,威至而后乃惧也〔二〕,故曰"震来虩虩",恐惧之貌也。
震者,惊骇怠惰,以肃解慢者也〔三〕,故震来虩虩,恐致福也〔四〕;笑
言哑哑,后有则也〔五〕。

震惊百里,不丧匕鬯。

威震惊乎百里〔六〕,则是可以不丧匕鬯矣〔七〕。匕,所以载鼎实。
鬯,香酒。奉宗庙之盛也〔八〕。

**象曰:震,亨。震来虩虩,恐致福也;笑言哑哑,后有则
也;震惊百里,惊远而惧迩也。**

威震惊乎百里,则惰者惧于近也〔九〕。

出,可以守宗庙社稷,以为祭主也。

明所以堪长子之义也〔一〇〕。不丧匕鬯,则己出可以守宗庙〔一一〕。

象曰:洊雷,震。君子以恐惧修省。

初九,震来虩虩,后笑言哑哑,吉。

体夫刚德,为卦之先,能以恐惧修其德也[一二]。

象曰:震来虩虩,恐致福也;笑言哑哑,后有则也。

六二,震来厉,亿丧贝,跻于九陵。勿逐,七日得。

震之为义,威骇怠懈[一三],肃整惰慢者也。初干其任,而二乘之,震来则危,丧其资货,亡其所处矣[一四],故曰"震来厉,亿丧贝"[一五]。亿,辞也[一六]。贝,资货、粮用之属也[一七]。犯逆受戮,无应而行,行无所舍。威严大行,物莫之纳,无粮而走。虽复超越陵险,必困于穷匮,不过七日,故曰"勿逐,七日得"也。

象曰:震来厉,乘刚也。

六三,震苏苏,震行无眚。

不当其位,位非所处,故惧苏苏也[一八]。而无乘刚之逆,故可以惧行而无眚也[一九]。

象曰:震苏苏,位不当也。

九四,震遂泥。

处四阴之中,居恐惧之时[二〇],为众阴之主,宜勇其身以安于众。若其震也,遂困难矣。履夫不正,不能除恐,使物安己,德未光也。

象曰:震遂泥,未光也。

六五,震往来厉,亿无丧,有事。

往则无应,来则乘刚,恐而往来,不免于危。夫处震之时,而得尊位,斯乃有事之机也[二一]。而惧往来,将丧其事,故曰"亿无丧,有事"也。

象曰:震往来厉,危行也;其事在中,大无丧也。

大[二二]则无丧,往来乃危也。

上六,震索索,视矍矍,征凶。震不于其躬,于其邻,无咎。婚媾有言。

> 处震之极,极震者也。居震之极,求中未得,故惧而索索,视而矍矍[二三],无所安亲也。已处动极而复征焉,凶其宜也。若恐非己造,彼动故惧,惧邻而戒,合于备豫,故无咎也[二四]。极惧相疑,故虽婚媾而有言也。

象曰:震索索,中未得也;虽凶无咎,畏邻戒也。

【校释】

〔 一 〕此为释震卦所以亨通之理。“震”是震动之意。孔颖达疏:“此象雷之卦。天之威动,故以震为名。震既威动,莫不惊惧;惊惧以威,则物皆整齐,由惧而获通。”又,校勘记:“释文‘成’亦作‘盛’,古本下有‘也’字。”按,据孔疏及下节注说:“震之为义,威之而后乃惧也。”疑此注文中“惧以成”之“成”为“威”字之误。

〔 二 〕“威至而后乃惧也”,校勘记:“古本‘也’上有‘者’字。一本无‘乃’字。”

〔 三 〕“怠”,校勘记:“释文:‘怠’,本又作‘殆’。”“解”,借为“懈”。

〔 四 〕“恐致福也”,意为由于恐惧,不敢懈怠,因而得福。

〔 五 〕“哑哑”,笑语之声。“则”,常法。

〔 六 〕“百里”,殷时以百里为国,此处形容威震一国。

〔 七 〕“则是”之“是”,校勘记:“岳本、钱本、宋本、足利本‘是’作‘足’。”按,“是”、“足”于此义均可通。“匕”,棘匕,即木匙。<u>孔颖达</u>疏:"以棘木为之,长三尺,刊柄与末……用棘者,取其赤心之义。祭祀之礼,先烹牢于镬,既纳诸鼎而加幂焉。将荐,乃举幂而以匕出之,升于俎上。故曰匕所以载鼎实也。""不丧匕鬯",意为不丧失祭祀宗庙之权,亦即保持其政权之意。

〔 八 〕"奉宗庙之盛也",<u>校勘记</u>:"古本'也'上有一'者'字。"

〔 九 〕"则惰者惧于近也",<u>校勘记</u>:"古本'惰'下有'倦'字,'也'作'矣'。<u>岳</u>本、<u>宋</u>本、<u>足利</u>本并作'矣'。"

〔一○〕"堪",任用。此句意为,彖辞所谓"出,可以守宗庙社稷,以为祭主",是说明所以要任用长子的道理。

〔一一〕"己",君主自称。此句意为,即使自己(君主)外出,仍有长子守宗庙。"己出",<u>校勘记</u>:"古本下有'也'字,一本'则'作'即'。"又,<u>郭京周易举正</u>于"守宗庙"下复有"社稷也"三字。按,据彖辞之文,似当有此三字。

〔一二〕"能以恐惧修其德也",<u>校勘记</u>:"古本'也'上有一'者'字。"

〔一三〕"懈",<u>校勘记</u>:"<u>宋</u>本'懈'作'解'。"

〔一四〕"干",任。"资货",财物。"亡其所处矣",<u>校勘记</u>:"古本无'其'字。"

〔一五〕"亿丧贝",<u>校勘记</u>:"古本'贝'下有一'也'字。"

〔一六〕"亿,辞也",意为"亿"字是语气辞。今作"噫"。

〔一七〕"贝",贝壳。古代以贝为货币。"贝,资货、粮用之属也",即以"贝"为财物、粮食、用品之统称。

〔一八〕"苏苏",<u>释文</u>:"疑惧貌。<u>王肃</u>云:躁动貌。<u>郑</u>云:不安貌。<u>马</u>云:尸禄素餐貌。"

〔一九〕"眚",灾。

〔二〇〕"居恐惧之时",校勘记:"足利本'居'上有'以'字。"

〔二一〕"机",说文:"主发谓之机。""有事之机",意为六五处尊位,是将发动事功。

〔二二〕"大",指六五居尊位,当建大功。所以以"大"从事,则无丧而有功;若往来畏惧不定,则危而无功。

〔二三〕"索索",心不安定。"矍矍",视而不专。

〔二四〕"彼动故惧",校勘记:"'故',释文云:或作'而'。"此句意为,如果恐惧并非上六自造,而是由于邻居震动而引起的恐惧,并因此而戒备,这是合于预防之道的。因不是主动去攻击,所以无咎。

艮

☶ 艮下艮上 **艮其背,**

目无患也[一]。

不获其身;

所止在后,故不得其身也。

行其庭,不见其人。

相背故也。

无咎。

凡物对面而不相通,否之道也。艮者,止而不相交通之卦也。各止而不相与,何得无咎?唯不相见乃可也。施止于背,不隔物欲,得其所止也[二]。背者,无见之物。无见则自然静止,静止而无见,则不获其身矣。相背者,虽近而不相见,故"行其庭,不见其人"也。夫施止不于无见,令物自然而止,而强止之,则奸邪并兴。近而不相得,则凶。其得无咎[三],艮其背不获其身,行其庭不见其人故也。

象曰:艮,止也。时止则止,时行则行,动静不失其时,其道光明。

止道不可常用,必施于不可以行;适于其时,道乃光明也。

艮其止,止其所也。

易背曰止[四],以明背即止也。施止不可于面,施背乃可也。施止于止,不施止于行,得其所矣,故曰"艮其止,止其所"也。

上下敌应,不相与也,是以不获其身。行其庭不见其人,无咎也。

象曰:兼山,艮。君子以思不出其位。

各止其所,不侵官也。

初六,艮其趾,无咎,利永贞。

处止之初,行无所之,故止其趾乃得无咎。至静而定,故利永贞。

象曰:艮其趾,未失正也。

六二,艮其腓,不拯其随,其心不快。

随,谓趾也[五]。止其腓,故其趾不拯[六]也。腓体躁而处止,而不得拯其随,又不能退听安静[七],故其心不快也。

象曰:不拯其随,未退听也。

九三,艮其限。列其夤,厉薰心。

限,身之中也[八]。三当两象之中,故曰"艮其限"。夤,当中脊之肉也[九]。止加其身,中体而分,故列其夤而忧危薰心也[一〇]。艮之为义,各止于其所,上下不相与,至中则列矣[一]。列加其夤,危莫甚焉,危亡之忧,乃薰灼其心也。施止体中,其体分焉,体分两主,大器[一二]丧矣。

象曰:艮其限,危薰心也。

六四,艮其身,无咎。

中上称身,履得其位,止求诸身[一三],得其所处,故不陷于咎也。

象曰:艮其身,止诸躬也。

自止其躬,不分全体。

六五,艮其辅,言有序,悔亡。

施止于辅,以处于中,故口无择言[一四],能亡其悔也。

象曰:艮其辅,以中正也。

能用中正,故言有序也。

上九,敦艮,吉。

居止之极,极止者也。敦重在上,不陷非妄,宜其吉也。

象曰:敦艮之吉,以厚终也。

【校释】

〔一〕卦辞说:"艮其背。"意为抑止其背部。然而眼睛在正面,不妨碍其观视,所以注说:"目无患也。"

〔二〕"不隔物欲,得其所止也",郭京周易举正作:"不见其所欲,而得其所止也。"下文"背者,无见之物也"之"物"字作"处"。按,郭说以臆改也。观王弼注下文说"夫施止不于无见,令物自然而止"、"无见则自然静止"等意,则王弼所强调者并非"不见其所欲,而得其所止也",而在于"不隔物欲,得其所止也"。即不应当于物欲已生之后,再去制止,而应当在物欲未起之前就抑止它。正如孔颖达疏所说:"背者,无见之物也,夫无见则自然静止。夫欲防止之法,宜防其未兆,既兆而止,则伤物情。故施止于无见之所,则不隔物欲,得其所止也。若施止于面,则对面而不相通,强止其情,则奸邪并兴而有凶咎。"

〔三〕"其得无咎"下,郭京周易举正有一"者"字。

〔四〕"易背曰止"之"易"字,郭京周易举正说:当作"艮"。按,孔颖达疏亦作"易背曰止"。然观文义似当作"艮","艮背曰止",犹言"止背曰止",所以下文说"以明背即止也",亦即象辞"止其所也"与上节注所谓"得其所止"之意。

〔五〕"趾",足趾,此处指足。足随小腿(腓)之动止而动止,所以称足为腓之随。

〔六〕"拯",举。

〔七〕"退听安静",意为退而无为,任其自然。

〔八〕"限",束腰带处称"限",所以说"身之中也"。

〔九〕"夤",腰带,系在腰上,正在人身之中,所以说"夤,当中脊之肉也"。

〔一〇〕"止加其身",郭京周易举正作"止加其限"。"薰",烧灼。

〔一一〕"列",借为"裂",分裂、断裂。

〔一二〕"大器",孔颖达疏:"谓国与身也。"

〔一三〕"止求诸身",郭京周易举正作"止于诸身"。孔颖达疏作"求",并释为"责"。

〔一四〕"辅",面颊骨。"故",校勘记:"古本'故'作'曰'。""口无择言",意为口不能随便乱说。

渐

☶ 艮下巽上渐。女归吉,利贞。

　　渐者,渐进之卦也。止而巽,以斯适进,渐进者也。以止巽为进,
　　故"女归吉"也[一]。进而用正,故"利贞"也。

象曰:渐,之进也,

　　之于进也。

女归吉也。进得位,往有功也;进以正,可以正邦也。其
位,刚得中也。

　　以渐进得位也。

止而巽,动不穷也。

象曰:山上有木,渐。君子以居贤德善俗。

　　贤德以止巽则居,风俗以止巽乃善。

初六,鸿渐于干。小子厉,有言,无咎。

　　鸿,水鸟也。适进之义,始于下而升者也,故以鸿为喻。六爻皆以
　　进而履之为义焉。始进而位乎穷下,又无其应,若履于干[二],危
　　不可以安也。始进而未得其位,则困于小子[三],穷于谤言,故曰
　　"小子厉,有言"也。困于小子谗谀之言,未伤君子之义,故曰"无
　　咎"也。

象曰:小子之厉,义无咎也。

六二,鸿渐于磐。饮食衎衎,吉。

　　磐,山石之安者也[四]。进而得位,居中而应,本无禄养,进而得
　　之,其为欢乐,愿莫先焉。

象曰:饮食衎衎,不素饱也。

九三,鸿渐于陆。夫征不复,妇孕不育,凶。利御寇。

> 陆,高之顶也。进而之陆,与四相得,不能复反者也。夫征不复,乐于邪配,则妇亦不能执贞矣。非夫而孕,故不育也。三本艮体,而弃乎群丑[五],与四相得,遂乃不反,至使妇孕不育。见利忘义,贪进忘旧,凶之道也。异体合好,顺而相保,物莫能间,故利御寇也。

象曰:夫征不复,离群丑也;妇孕不育,失其道也;利用御寇,顺相保也。

六四,鸿渐于木。或得其桷,无咎。

> 鸟而之木,得其宜也。或得其桷[六],遇安栖也;虽乘于刚,志相得也[七]。

象曰:或得其桷,顺以巽也。

九五,鸿渐于陵。妇三岁不孕,终莫之胜,吉。

> 陵,次陆者也。进得中位,而隔乎三四,不得与其应合,故妇三岁不孕也。各履正而居中,三四不能久塞其涂者也。不过三岁,必得所愿矣。进以正邦,三年有成,成则道济,故不过三岁也。

象曰:终莫之胜,吉,得所愿也。

上九,鸿渐于陆。其羽可用为仪,吉。

> 进处高絜[八],不累于位,无物可以屈其心而乱其志。峨峨清远,仪可贵也[九],故曰“其羽可用为仪,吉”。

象曰:其羽可用为仪,吉,不可乱也。

【校释】

〔 一 〕“女归”,即嫁女。

〔 二 〕"干"，读如诗经魏风"坎坎伐檀兮，寘之河之干兮"之
　　　　"干"，涯岸。

〔 三 〕"小子"，指小人。"则困于小子"，校勘记："释文：本又作
　　　　'则困谗于小子'。"

〔 四 〕"磐"，王弼释为"山石之安者"。王引之经义述闻："渐之
　　　　为义，循次而进。三爻止渐于陆，而二爻遽在山石之上，非
　　　　其次也……今案，史记孝武纪、封禅书、汉书郊祀志并载
　　　　武帝诏曰：'鸿渐于般。'孟康注曰：'般，水涯堆也。'其义
　　　　为长。初爻渐于干，干，水涯也。二爻渐于般，般为水涯
　　　　堆，则高于水涯矣。三爻渐于陆，则又高于水涯堆矣，此其
　　　　次也。……般之言泮也、陂也。其状陂陀然，高出涯上，因
　　　　谓之般。"

〔 五 〕"丑"，类。校勘记："古本'丑'作'配'，下经文同。"

〔 六 〕"桷"，方椽。

〔 七 〕"志相得也"，校勘记："古本上有'与'字。"

〔 八 〕"絜"，通"洁"。"进处高絜"，困学纪闻引作"进取高洁"。

〔 九 〕"峨峨"，崇高貌。校勘记："岳本作'峩峩'。""仪"，
　　　　仪表。

归妹

兑下震上　**归妹。征凶，无攸利。**

妹者，少女之称也。兑为少阴，震为长阳，少阴而〔乘〕〔承〕[一]长
阳，说以动，嫁妹之象也。

**彖曰：归妹，天地之大义也。天地不交而万物不兴。归
妹，人之终始也。**

阴阳既合,长少又交,天地之大义,人伦之终始。

说以动,所归妹也。

少女而与长男交,少女所不乐也;而今说以动,所归必妹也。虽与长男交,嫁而系娣[二],是以说也。

征凶,位不当也。

履于不正[三],说动以进,妖邪之道也。

无攸利,柔乘刚也。

以征,则有不正之凶;以处,则有乘刚之逆[四]。

象曰:泽上有雷,归妹。君子以永终知敝。

归妹,相终始之道也,故以永终知敝[五]。

初九,归妹以娣,跛能履,征吉。

少女而与长男为耦,非敌[六]之谓,是娣从之义也。(娣)〔妹〕[七],少女之称也。少女之行,善莫若娣。夫承嗣以君之子,虽幼而不(妾)〔妄〕行[八]。少女以娣,虽跛能履,斯乃恒久之义,吉而相承之道也。以斯而进,吉其宜也。

象曰:归妹以娣,以恒也;跛能履吉,相承也。

九二,眇能视,利幽人之贞。

虽失其位,而居内处中,眇[九]犹能视,足以保常也。在内履中,而能守其常,故利幽人之贞也。

象曰:利幽人之贞,未变常也。

六三,归妹以须,反归以娣。

室主[一〇]犹存,而求进焉,进未值时,故有须也[一一]。不可以进,故反归待时,以娣乃行也。

象曰：归妹以须，未当也。

九四，归妹愆期，迟归有时。

> 夫以不正无应[一二]而适人也，必须彼道穷尽无所与交，然后乃可以往，故愆期[一三]迟归，以待时也。

象曰：愆期之志，有待而行也。

六五，帝乙归妹，其君之袂，不如其娣之袂良。月几望，吉。

> 归妹之中，独处贵位，故谓之"帝乙归妹"也[一四]。袂，衣袖，所以为礼容者也。其君之袂，谓帝乙所宠也，即五也。为帝乙所崇饰，故谓之"其君之袂"也。配在九二，兑少震长，以长从少，不若以少从长之为美也，故曰"不若其娣之袂良"也。位在乎中，以贵而行，极阴之盛；以斯适配，虽不若少，往亦必合，故曰"月几望[一五]，吉"也。

象曰：帝乙归妹，不如其娣之袂良也；其位在中，以贵行也。

上六，女承筐无实，士刲羊无血，无攸利。

> 羊，谓三也。处卦之穷，仰无所承，下又无应，为女而承命，则筐虚而莫之与。为士而下命，则刲[一六]羊而无血。刲羊而无血，不应所命也。进退莫与，故曰"无攸利"也。

象曰：上六无实，承虚筐也。

【校释】

〔 一 〕"承"字，据四部丛刊影印宋本等校改。校勘记："宋本、古本、足利本'乘'作'承'，岳本作'求'，盖亦'承'之误。"

按,当作"承"字。归妹卦兑下震上,兑为少阴,震为长阳,以下对上,当言"承"。

〔二〕"娣",女弟(妹)。古代嫁女以姪、娣相从,姪、娣相当于媵妾的地位。校勘记:"古本'娣'作'姊'。"

〔三〕归妹卦之二、三、四、五爻都不当位,所以注文说"履于不正"。

〔四〕二、四为柔位,而今均为阳爻;三、五为刚位,而今均为阴爻,所以说"以征,则有不正之凶;以处,则有乘刚之逆"。

〔五〕"敝",毁坏。"故以永终知敝",孔颖达疏:"故君子象此以永长其终,知应有不终之敝故也。"

〔六〕"敌",匹敌。"非敌",指不是正配,所以下文说"娣从之义也"。

〔七〕"妹"字,据四部丛刊影印宋本和岳本等校改。校勘记:"岳本、宋本、古本、足利本'娣'作'妹',是也。"按,当作"妹"字。卦辞注:"妹者,少女之称也。"正与此同。

〔八〕"妄"字,据四部丛刊影印宋本等校改。校勘记补:"案,'妾'当作'妄',形近之讹,下正文可证,毛本正作'妄'。"

〔九〕"眇",释文:"字书云:盲也。说文云:小目。"

〔一○〕"室主",主妇,指正配。

〔一一〕"须",待,等待。

〔一二〕"无应",校勘记:"释文出'不应',云:本亦作'无应'。"

〔一三〕"愆",说文:"过也。""愆期",过了日期。

〔一四〕"帝乙归妹",参见泰卦校释〔二三〕。

〔一五〕"几",近。"望",朔望之"望",即满月。

〔一六〕"刲",割。

丰

☲ 离下震上丰。亨,王假之。

> 大而亨者,王之所至。

勿忧,宜日中。

> 丰之为义,阐弘微细,通夫隐滞者也〔一〕。为天下之主,而令微隐
> 者不亨,忧未已也,故至丰亨,乃得勿忧也。用夫丰亨不忧之德,
> 宜处天中以遍照者也,故曰"宜日中"也。

象曰:丰,大也。

> 音阐大之大也。

明以动,故丰。王假之,尚大也。

> 大者,王之所尚,故至之也。

勿忧,宜日中,宜照天下也。

> 以勿忧之德,故宜照天下也。

日中则昃,月盈则食,天地盈虚,与时消息,而况于人乎?况于鬼神乎?

> 丰之为用,困于昃食者也〔二〕。施于未足则尚丰,施于已盈则方
> 溢〔三〕,不可以为常,故具陈消息之道者也。

象曰:雷电皆至,丰。君子以折狱致刑。

> 文明以动〔四〕,不失情理也。

初九,遇其配主,虽旬,无咎,往有尚。

> 处丰之初,其配在四,以阳适阳,以明之动,能相光大者也。旬,均
> 也。虽均无咎,往有尚也。初、四俱阳爻,故曰均也〔五〕。

象曰:虽旬无咎,过旬灾也。

> 过均则争,交斯叛也〔六〕。

六二,丰其蔀,日中见斗。往得疑疾,有孚发若,吉。

> 蔀,覆暧,鄣光明之物也〔七〕。处明动之时,不能自丰,以光大之德,既处乎内,而又以阴居阴,所丰在蔀,幽而无睹者也,故曰"丰其蔀,日中见斗"也〔八〕。日中者,明之盛也。斗见者,暗之极也。处盛明而丰其蔀,故曰"日中见斗"。不能自发,故往得疑疾。然履中当位,处暗不邪,有孚者也。若,辞也。有孚可以发其志,不困于暗,故获吉也。

象曰:有孚发若,信以发志也。

九三,丰其沛,日中见沫。折其右肱,无咎。

> 沛,幡幔〔九〕,所以御盛光也。沫,微昧之明也。应在上六,志在乎阴,虽愈乎以阴处阴,亦未足以免于暗也。所丰在沛,日中(则)〔一○〕见沫之谓也。施明,则见沫而已;施用,则折其右肱〔一一〕。故可以自守而已,未足用也。

象曰:丰其沛,不可大事也;

> 明不足也。

折其右肱,终不可用也。

> 虽有左在,不足用也。

九四,丰其蔀,日中见斗。遇其夷主,吉。

> 以阳居阴,丰其蔀也;得初以发,夷主吉也〔一二〕。

象曰:丰其蔀,位不当也;日中见斗,幽不明也;遇其夷主,吉行也。

六五,来章,有庆誉,吉。

以阴之质,来适尊阳之位,能自光大,章显其德,获庆誉也。

象曰:六五之吉,有庆也。

上六,丰其屋,蔀其家,窥其户,阒其无人,三岁不觌,凶。

屋,藏荫之物。以阴处极,而最在外,不履于位,深自幽隐,绝迹深藏者也。既丰其屋,又蔀其家〔一三〕,屋厚家覆,暗之甚也。虽窥其户,阒〔一四〕其无人,弃其所处而自深藏也。处于明动尚大之时,而深自幽隐以高其行,大道既济而犹不见〔一五〕,隐不为贤,更为反道〔一六〕,凶其宜也。三年,丰道之成〔一七〕,治道未济,隐犹可也;既济而隐,是以治为乱者也。

象曰:丰其屋,天际翔也;

翳〔一八〕光最盛者也。

窥其户,阒其无人,自藏也。

可以出而不出,自藏之谓也。非有为而藏,不出户庭,失时致凶,况自藏乎?凶其宜也。

【校释】

〔一〕"阐",发扬。"弘",广大。此句之意,说明丰卦之意义为使细小者发扬光大,使隐而不通者通达。孔颖达疏:"凡物之大,共有二种:一者自然之大,一者由人之阐弘使大。丰之为义,既阐弘微细,则丰之称大,乃阐大之大,非自然之大。"

〔二〕"昃"(或写作"昊"),日偏。"食",月消蚀。此句为释彖辞"日中则昃,月盈则食",说明盛极则必有衰之理。

〔 三 〕"则方溢",校勘记:"释文作'则溢',云:本或作'则方溢'者,非。"按,当作"则方溢"。"方"为"将"之意。"施于已盈则方溢",正与上文"施于未足则尚丰"相承应。

〔 四 〕丰卦上震下离,离为电,象文明;震为雷,象动。所以象辞说:"雷电皆至。"而注说:"文明以动。"

〔 五 〕"旬,均也。虽均无咎,往有尚也。初、四俱阳爻,故曰均也"句,郭京周易举正据定本改为:"旬,均之也。初、四俱阳爻,故曰均也。是以虽旬无咎,往有尚也。"

〔 六 〕"过均",失均,即不均等。"交",相交。"叛",背离。

〔 七 〕"覆",遮盖。"暧",昏暗。"鄣",同"障",遮蔽。

〔 八 〕"斗",指北斗星。"日中见斗",指日食时之情景。

〔 九 〕"幡幔",帐子一类之物。

〔一〇〕"则"字,据岳本等校删。校勘记:"岳本、宋本、古本、足利本无'则'字。"按,"日中见沫之谓也",是重爻辞,故不当增一"则"字。疑涉下文"施明则见昧"而误衍。

〔一一〕"右肱",右臂。

〔一二〕"发",显发。"得初以发",孔颖达疏:"四应在初,而同是阳爻,能相显发而得吉。""夷",平,喻均平之意。"夷主吉也",孔颖达疏:"四之与初,交相为主者……若据初适四,则以四为主,故曰'遇其配主'。自四之初,则以初为主,故曰'遇其夷主'也。"

〔一三〕"又蔀其家",文选左思魏都赋李善注引作"又覆其家"。

〔一四〕"阒",释文:"字林云:静也。姚作'阅',孟作'窒',并通。"孔颖达疏释作"寂也"。

〔一五〕"济",成。"见",现。"不见",未显现出来。

〔一六〕“隐不为贤”,意为隐退而不出仕为世之贤能。“更”,转。“更为反道”,意为转而为违反常道的行为。

〔一七〕“成”,校勘记:“古本‘成’作‘盛’,下有‘也’字。宋本亦作‘盛’。”按,据孔颖达疏“三年,丰道已成”之意,当作“成”。

〔一八〕“翳”,障蔽。

旅

☷☲ 艮下离上旅。小亨,旅贞吉。

　　不足全夫贞吉之道,唯足以为旅〔一〕之贞吉,故特重曰“旅贞吉”也。

彖曰:旅,小亨,柔得中乎外而顺乎刚,止而丽乎明,是以小亨,旅贞吉也。

　　夫物失其主则散,柔乘于刚则乖,既乖且散,物皆羁旅,何由得小亨而贞吉乎? 夫阳为物长,而阴皆顺阳,唯六五乘刚而复得中乎外,以承于上。阴各顺阳,不为乖逆,止而丽明〔二〕,动不履妄,虽不及刚得尊位,恢弘大通,是以小亨〔三〕。令附旅者不失其正〔四〕,得其所安也。

旅之时义大矣哉!

　　旅者,大散。物皆失其所居之时也。咸失其居,物愿所附,岂非知者有为之时〔五〕?

象曰:山上有火,旅。君子以明慎用刑而不留狱。

　　止以明之,刑戮详也〔六〕。

初六,旅琐琐,斯其所取灾。

最处下极,寄旅不得所安,而为斯贱之役〔七〕,所取致灾,志穷且困。

象曰:旅琐琐,志穷灾也。

六二,旅即次,怀其资,得童仆贞。

次者〔八〕,可以安行旅之地也。怀,来也。得位居中,体柔奉上,以此寄旅,必获次舍。怀来资货,得童仆之所正也。旅不可以处盛,故其美尽于童仆之正也,过斯以往,则见害矣!童仆之正,义足而已。

象曰:得童仆贞,终无尤也。

九三,旅焚其次,丧其童仆,贞厉。

居下体之上,与二相得。以寄旅之身,而为施下之道,与萌侵权,主之所疑也〔九〕,故次焚、仆丧而身危也。

象曰:旅焚其次,亦以伤矣;以旅与下,其义丧也。

九四,旅于处,得其资斧,我心不快。

斧,所以斫除荆棘,以安其舍者也。虽处上体之下,不先于物,然而不得其位,不获平坦之地〔一〇〕,客于所处〔一一〕,不得其次,而得其资斧之地,故其心不快也〔一二〕。

象曰:旅于处,未得位也;得其资斧,心未快也。

六五,射雉一矢,亡。终以誉命。

射雉〔一三〕以一矢,而复亡之,明虽有雉,终不可得矣。寄旅而进〔一四〕,虽处于文明之中,居于贵位,此位终不可有也。以其能知祸福之萌,不安其处以乘其下〔一五〕,而上承于上,故终以誉而见命也〔一六〕。

象曰:终以誉命,上逮也。

上九,鸟焚其巢,旅人先笑后号咷。丧牛于易,凶。

> 居高危而以为宅,巢之谓也。客旅得上位〔一七〕,故"先笑"也。以旅而处于上极,众之所嫉也〔一八〕,以不亲之身,而当嫉害之地,必凶之道也,故曰"后号咷"。牛者,稼穑之资。以旅处上,众所同嫉,故丧牛于易〔一九〕。不在于难,物莫之与,危而不扶,丧牛于易,终莫之闻〔二〇〕。莫之闻,则伤之者至矣!

象曰:以旅在上,其义焚也;丧牛于易,终莫之闻也。

【校释】

〔一〕"旅",客居。孔颖达疏:"旅者,客寄之名,羁旅之称。失其本居而寄他方谓之为旅。"

〔二〕旅卦离上艮下,离为明,艮为止,所以说:"止而丽明。""丽",附著。

〔三〕"是以小亨",卢文弨说:"宋本、钱本'是'作'足'。"

〔四〕"令附旅者"之"附"字,郭京周易举正作"羁"字。

〔五〕"咸失其居,物愿所附",校勘记:"足利本'其'作'所',集解作'物失所居,则咸愿有附'。"按,此节注文集解本多有不同,其作:"旅者,物失其所居之时也。物失所居,则咸愿有附,岂非智者有为之时? 故曰旅之时义大矣哉。"

〔六〕"止以明之"之"以",校勘记:"岳本'以'作'而'。""详",明察。

〔七〕"而为斯贱之役"之"斯"字,孔颖达疏释为"此"。郭京周易举正作"厮",并说:"厮,贱之义。"焦循周易补疏说:"王氏读'斯'为'厮'。厮,贱也,故云'斯贱之役'。"按,郭、焦说是。“斯”，借为“厮”。

〔八〕“次”，房舍、旅舍。

〔九〕此句意为，九三“以寄旅之身，而为施下之道”，是为萌动侵夺大权的行为，所以遭到君主的怀疑。

〔一〇〕“不获平坦之地”下，集解本有“者也”二字。

〔一一〕“客于所处”，校勘记：“集解作‘客子所处’。”四部丛刊影印宋本作“客乎所处”。按，此为释爻辞“旅于处”，故当作“客于所处”。作“子”、“乎”者，形近而讹。

〔一二〕“资斧之地”，意为要用斧去斫除之地，亦即长满荆棘之地。所以下文说：“其心不快也。”又，“故其心不快也”，校勘记：“古本无‘故其’二字。”

〔一三〕“雉”，鸟名，俗称野鸡。

〔一四〕“寄旅”之“寄”，校勘记：“古本‘寄’作‘羁’。”

〔一五〕“以乘其下”之“乘”字，郭京周易举正作“弃”，并说：“形近之讹。”

〔一六〕“见”，被。“见命”，意为得到爵命。

〔一七〕“客旅得上位”，校勘记：“岳本、钱本、宋本、古本、足利本‘旅’作‘而’。”按，作“旅”、“而”于此义均可通。

〔一八〕“嫉”，校勘记：“释文：‘嫉’，本亦作‘疾’。”

〔一九〕“丧牛于易”，参看大壮卦校释〔七〕。

〔二〇〕“终莫之闻”，意为始终没有听到别的警告。校勘记：“钱本、宋本、古本‘终’作‘故’，古本下有‘也’字。”

巽

☴ 巽下巽上巽。小亨。

全以巽〔一〕为德,是以小亨也。上下皆巽,不违其令,命乃行也。
故申命行事之时,上下不可以不巽也。

利有攸往,

巽悌〔二〕以行,物无距也。

利见大人。

大人用之,道愈隆也。

彖曰:重巽以申命。

命乃行也〔三〕。未有不巽而命行也。

刚巽乎中正而志行,

以刚而能用巽,处乎中正,物所与也。

柔皆顺乎刚。

明无违逆,故得小亨。

是以小亨,利有攸往,利见大人。

象曰:随风,巽。君子以申命行事。

初六,进退,利武人之贞。

处令之初,未能服令者也,故“进退”也。成命齐邪〔四〕,莫善武人,
故“利武人之贞”以整之。

象曰:进退,志疑也;

巽顺之志,进退疑惧。

利武人之贞,志治也。

九二,巽在床下,用史巫纷若,吉,无咎。

处巽之中,既在下位,而复以阳居阴,卑巽之甚,故曰“巽在床下”
也。卑甚失正,则入于咎过矣。能以居中而施至卑于神祇〔五〕,而

不用之于威势,则乃至于纷若之吉,而亡其过矣[六]。故曰"用史巫[七]纷若,吉,无咎"也。

象曰:纷若之吉,得中也。

九三,频巽,吝。

频,频蹙[八],不乐而穷,不得已之谓也。以其刚正而为四所乘,志穷而巽,是以吝也。

象曰:频巽之吝,志穷也。

六四,悔亡,田获三品。

乘刚,悔也。然得位承五,卑得所奉,虽以柔御刚,而依尊履正,以斯行命,必能获强暴,远不仁者也。获而有益,莫善三品[九],故曰"悔亡,田获三品"[一〇]。一曰乾豆,二曰宾客,三曰充君之庖[一一]。

象曰:田获三品,有功也。

九五,贞吉,悔亡,无不利。无初有终。先庚三日,后庚三日,吉。

以阳居阳,损于谦巽,然秉乎中正以宣其令,物莫之违,故曰"贞吉,悔亡,无不利"也。化不以渐,卒以刚直用加于物,故初皆不说也[一二]。终于中正,邪道以消,故有终也。申命令谓之庚。夫以正齐物,不可卒也[一三]。民迷固久,直不可肆也。故先申三日[一四],令著之后,复申三日(日)[一五],然后诛而无咎怨矣。甲、庚,皆申命之谓也[一六]。

象曰:九五之吉,位正中也。

上九,巽在床下,丧其资斧,贞凶。

处巽之极,极巽过甚,故曰"巽在床下"也。斧,所以断者也。过巽失正,丧所以断[一七],故曰"丧其资斧,贞凶"也。

象曰:巽在床下,上穷也;丧其资斧,正乎凶也。

【校释】

〔一〕"巽",顺。孔颖达疏:"巽者,卑顺之名……若施之于人事,能自卑巽者,亦无所不容。"

〔二〕"悌",弟善事兄谓"悌"。校勘记:"释文:'弟',本亦作'悌'。"

〔三〕"命乃行也"四字,郭京周易举正说为象辞误窜入注文者。

〔四〕"成命齐邪",意为完成君主之命令,使邪恶之人改邪归正。

〔五〕"神祇",天神地祇。说文:"天神,引出万物者也。""地祇,提出万物者也。"

〔六〕"纷若",茂盛众多貌。此句意为,若能对鬼神卑顺,而不是使用威势,则可获得众多的吉祥,而无咎过。

〔七〕"史",祝史。"巫",巫觋。"史巫",均为古代"接事鬼神者"。

〔八〕"频蹙",忧戚貌。校勘记:"释文出'频颇'。"

〔九〕"莫善三品",集解本作:"莫若三品。"

〔一〇〕"田",田猎。"故曰悔亡,田获三品",集解本作:"故曰有功也。"

〔一一〕语出礼记王制:"天子、诸侯无事则岁三田,一为乾豆,二为宾客,三为充君之庖。"郑玄注:"乾豆,谓腊之以为祭祀豆实也;庖,今之厨也。"此意谓,以田猎所得之物,一则晒成干肉,作为祭祀时之供品("豆"是放供物的祭器);二则为宴享宾客时之食品;三则为充作君主庖厨中之菜肴。又,校勘记:"宋本'庖'作'包',古本同,下有'也'字。"集解本"庖"下复有"故曰有功也"五字。

〔一二〕"说",悦。"故初皆不说也",校勘记:"古本'初'作'物'。"

〔一三〕"夫以正齐物"之"正",校勘记:"古本'正'作'令'。""卒",借为"猝",仓猝、急速之意。

〔一四〕"民迷固久",校勘记:"古本、足利本'固'作'故'。""直",正直。"肆",速疾之意。"直不可肆",与上文"以正齐物,不可卒也"意同。"故先申三日",校勘记:"释文:'申,音身,或作甲字。'"

〔一五〕"日"字,据四部丛刊影印宋本等校删。校勘记补:"毛本'日'字不重。案,此误衍。"

〔一六〕"甲、庚,皆申命之谓也","庚"为申命之谓,见本注文。"甲"为申命之谓,参见蛊卦卦辞及彖辞"先甲三日,后甲三日",王弼注:"甲者,创制之令也。"

〔一七〕"断",决断。此句意为,上九顺之过分,以至丧失决断能力。

兑

☱ 兑下兑上 **兑。亨,利贞。**

彖曰:兑,说也。刚中而柔外,说以利贞。

说〔一〕而违刚则谄,刚而违说则暴,刚中而柔外,所以说以利贞也。

刚中,故利贞;柔外,故说亨。

是以顺乎天而应乎人。

天,刚而不失说者也。

说以先民,民忘其劳;说以犯难,民忘其死;说之大,民劝
矣哉!

象曰:丽泽,兑。君子以朋友讲习。

> 丽,犹连也。施说之盛[二],莫盛于此。

初九,和兑,吉。

> 居兑之初,应不在一,无所党係[三],和兑之谓也。说不在谄,履斯
> 而行,未见有疑之者,吉其宜矣。

象曰:和兑之吉,行未疑也。

九二,孚兑,吉,悔亡。

> 说不失中,有孚者也。失位而说,孚吉乃悔亡也。

象曰:孚兑之吉,信志也。

> 其志信也。

六三,来兑,凶。

> 以阴柔之质,履非其位,来求说者也。非正而求说,邪佞者也。

象曰:来兑之凶,位不当也。

九四,商兑未宁,介疾有喜。

> 商,商量裁制之谓也。介,隔也。三为佞说,将近至尊,故四以刚
> 德裁而隔之,匡[四]内制外,是以未宁也。处于几近,闲邪介
> 疾[五],宜其有喜也。

象曰:九四之喜,有庆也。

九五,孚于剥,有厉。

> 比于上六,而与相得,处尊正之位,不说信乎阳,而说信乎阴,孚于
> 剥[六]之义也。剥之为义,小人道长之谓。

象曰:孚于剥,位正当也。

以正当之位,信于小人而疏君子,故曰"位正当"也〔七〕。

上六,引兑。

以夫阴质,最处说后,静退者也。故必见引〔八〕,然后乃说也。

象曰:上六引兑,未光也。

【校释】

〔一〕"说",悦。"说"为释兑卦之含义。说卦:"兑,正秋也,万物之所说也。故曰说言乎兑……说万物者,莫说乎泽(兑)。"

〔二〕"施说之盛",校勘记:"钱本、监、毛本'盛'作'道'。"

〔三〕"党係",朋党、私属。校勘记:"释文出'党繫',云:本亦作'係'。"

〔四〕"匡",正、助。

〔五〕"几",借为"畿"。"处于几近",意为九四所居之处与九五(王)相近。"闲",防。"疾",病害。"闲邪介疾",意为防止邪恶,间隔病害。此处"邪"和"疾",均指六三之"佞说"。

〔六〕"剥",剥落。参见剥卦彖辞:"剥,剥也。柔变刚也,不利有攸往,小人长也。"

〔七〕"疏",远。"位正当也",孔颖达疏:"以当位责之也。"

〔八〕"见引",被引导。

涣

☵ 坎下巽上 涣。亨。王假有庙,利涉大川,利贞。

彖曰:涣亨,刚来而不穷,柔得位乎外而上同。

> 二以刚来居内,而不穷于险;四以柔得位乎外,而与上同。内刚而
> 无险困之难,外顺而无违逆之乖,是以亨,利涉大川,利贞也。凡
> 刚得畅而无忌回之累〔一〕,柔履正而同志乎刚,则皆亨,利涉大川,
> 利贞也。

王假有庙,王乃在中也。

> 王乃在乎涣然〔二〕之中,故至有庙也〔三〕。

利涉大川,乘木有功也。

> 乘木〔四〕,即涉难也。木者,专所以涉川也〔五〕。涉难而常用涣
> 道〔六〕,必有功也。

象曰:风行水上,涣。先王以享于帝,立庙。

初六,用拯马壮,吉。

> 涣,散也。处散之初,乖散未甚,故可以游行〔七〕,得其志而违于难
> 也。不在危剧〔八〕而后乃逃窜,故曰"用拯马壮,吉"〔九〕。

象曰:初六之吉,顺也。

> 观难而行,不与险争,故曰"顺也"。

九二,涣奔其机,悔亡。

> 机〔一〇〕,承物者也,谓初也。二俱无应,与初相得,而初得散道,离
> 散而奔,得其所安,故悔亡也。

象曰:涣奔其机,得愿也。

六三,涣其躬,无悔。

> 涣之为义,内险而外安者也〔一一〕。散躬志外,不固所守,与刚合
> 志,故得无悔也〔一二〕。

象曰:涣其躬,志在外也。

六四,涣其群,元吉。涣有丘,匪夷所思。

逾乎险难,得位体巽,与五合志。内掌机密,外宣化命者也,故能散群之险,以光其道。然处于卑顺,不可自专,而为散之任,犹有丘虚匪夷之虑[一三],虽得元吉,所思不可忘也。

象曰:涣其群,元吉,光大也。

九五,涣汗其大号,涣王居,无咎。

处尊履正,居巽之中,散汗大号,以荡险厄者也[一四]。为涣之主,唯王居之,乃得无咎也。

象曰:王居无咎,正位也。

正位不可以假人。

上九,涣其血,去逖出,无咎。

逖,远也。最远于害,不近侵克,散其忧伤,远出者也。散患于远害之地,谁将咎之哉?

象曰:涣其血,远害也。

【校释】

〔 一 〕"忌",畏。"回",邪曲。"无忌回之累",孔颖达疏:"无复畏忌、回邪之累也。"

〔 二 〕"涣然",离散貌。涣卦有离散之意。序卦:"兑者,说也。说而后散之,故受之以涣。涣者,离也。"

〔 三 〕"有庙",建立宗庙,指有政权。

〔 四 〕涣卦坎下巽上,坎为水,巽为木,是为水上有木,所以说"乘木"。

〔 五 〕"木者,专所以涉川也",郭京周易举正据定本,无"专"字,

并说:"'专'字训'独'、不二之义。木之为用广矣、大矣,
而云专涉川,岂不大乖乎?"

〔 六 〕"常用涣道",郭京周易举正作:"常用正道。"并说:"蹇爻
注:'正道未否,难由正济。遇难失正,吉可得乎?'（按,此
为蹇卦卦辞注。)此'涉难'与'蹇难'何殊? 足明合用'正
道',不合用'涣',离散之义。"

〔 七 〕"游行",指在地上移动。校勘记:"释文出'逝',云:又
作'游'。"

〔 八 〕"不在危剧",校勘记:"释文出'厄剧',云:本又作'危处',
又作'厄处'。"

〔 九 〕"拯",举。"拯马",犹言策马而进。参看明夷卦校
释〔八〕。

〔一〇〕"机",通"几",几案,今茶几一类东西,所以说是"承物
者也"。

〔一一〕涣卦内卦为坎,喻险;外卦为巽,喻安,所以说"内险而
外安"。

〔一二〕"与刚合志",指与上九相应。"无悔",集解本作"无咎"。

〔一三〕"丘虚",高地、土堆。"匪夷",即"非夷",不平。校勘记:
"岳本、宋本、古本'虚'作'墟',正义同。释文出'丘墟'。
按,'虚''墟'正俗字。"

〔一四〕"散汗",出汗。孔颖达疏:"人遇险厄,惊怖而劳,则汗从
体出,故以汗喻险厄也。""大号",大声惊呼。"荡",涤除。
"厄",困塞、险厄。"以荡险厄",孔颖达疏:"以散险厄
者也。"

节

☱ 兑下坎上 节。亨。苦节不可贞。

彖曰：节亨，刚柔分而刚得中。

> 坎阳而兑阴也。阳上而阴下，刚柔分也。刚柔分而不乱，刚得中
> 而为制，主节之义也〔一〕。节之大者，莫若刚柔分、男女别也。

苦节不可贞，其道穷也。

> 为节过苦，则物所不能堪也〔二〕；物不能堪，则不可复正也。

说以行险，当位以节，中正以通。

> 然后及亨也〔三〕。无说而行险，过中而为节，则道穷也。

天地节而四时成，节以制度，不伤财，不害民。

象曰：泽上有水，节。君子以制数度，议德行。

初九，不出户庭，无咎。

> 为节之初，将整离散而立制度者也。故明于通塞，虑于险（为）
> 〔伪〕〔四〕，不出户庭，慎密不失，然后事济而无咎也。

象曰：不出户庭，知通塞也。

九二，不出门庭，凶。

> 初已造之，至二宜宣其制矣〔五〕，而故匿之，失时之极，则遂废矣，
> 故不出门庭则凶也〔六〕。

象曰：不出门庭凶，失时极也。

六三，不节若，则嗟若，无咎。

> 若，辞也。以阴处阳，以柔乘刚，违节之道〔七〕，以至哀嗟。自己所
> 致，无所怨咎，故曰"无咎"也〔八〕。

象曰：不节之嗟，又谁咎也。

六四，安节，亨。

得位而顺，不改其节而能亨者也。承上以斯，得其道也。

象曰：安节之亨，承上道也。

九五，甘节，吉。往有尚。

当位居中，为节之主，不失其中，不伤财、不害民之谓也。为节之不苦，非甘而何〔九〕？术斯以往〔一〇〕，往有尚也。

象曰：甘节之吉，居位中也。

上六，苦节，贞凶，悔亡。

过节之中，以至亢极，苦节者也。以斯施（正）〔人〕〔一一〕，物所不堪，正之凶也。以斯修身，行在无妄，故得悔亡。

象曰：苦节贞凶，其道穷也。

【校释】

〔 一 〕节卦之义，孔颖达疏："节者，制度之名，节止之义。"所以注说："主节之义也。"

〔 二 〕"堪"，胜任、承受。"则物所不能堪也"之"所"字，校勘记："十行本'所'字墨丁（空缺），岳本、钱本、宋本、古本、足利本无'所'字。"四部丛刊影印宋本亦无"所"字。

〔 三 〕此句意为，只有如彖辞所说"说以行险"、"当位以节"，然后才能中正而亨通。"然后及亨也"之"及"字，校勘记："岳本、古本'及'作'乃'。"四部丛刊影印宋本同。又，郭京周易举正说："然后乃亨也"五字，为彖辞文误窜入注者。

〔四〕"伪"字,据四部丛刊影印宋本等校改。校勘记补:"案下
　　　正义,'为'当作'伪',毛本是'伪'字。"

〔五〕此句意为,初已建立制度,二即应宣布这些制度了。

〔六〕"故不出门庭则凶也",校勘记:"古本'故'下有'曰'字。"

〔七〕彖辞注说:"节之大者,莫若刚柔分、男女别也。"六三则
　　　"以阴处阳","以柔乘刚",所以说:"违节之道。"

〔八〕"致",招致。"自己所致"之"致",集解本作"至"。"故曰
　　　无咎也",集解本作:"故曰又谁咎也。"

〔九〕"为节之不苦,非甘而何",校勘记:"岳本'之'作'而',古
　　　本同,'而'作'如'。"四部丛刊影印宋本"之"亦作"而"。

〔一〇〕"术",法。"术斯以往",意为以此为法而去行动。

〔一一〕"人"字,据闽、监、毛本等校改。校勘记:"闽、监、毛本
　　　'正'作'人',依正义当作'人'。"按,孔颖达疏:"若以苦
　　　节使人,则是正道之凶。"

中孚

䷼ 兑下巽上中孚。豚鱼吉,利涉大川,利贞。

彖曰:中孚,柔在内而刚得中,说而巽。孚,
　　有上四德,然后乃孚〔一〕。

乃化邦也。
　　信立而后邦乃化也。柔在内而刚得中〔二〕,各当其所也。刚得中,
　　则直而正;柔在内,则静而顺。说而以巽〔三〕,则乖争不作。如此,
　　则物无巧竞。敦实之行著,而笃信发乎其中矣。

豚鱼吉,信及豚鱼也。

鱼者,虫之隐者也〔四〕。豚者,兽之微贱者也〔五〕。争竞之道不兴,中信之德淳著,则虽微隐之物,信皆及之。

利涉大川,乘木舟虚也。

乘木于用舟之虚〔六〕,则终已无溺也。用中孚以涉难,若乘木舟虚也〔七〕。

中孚以利贞,乃应乎天也。

盛之至也。

象曰:泽上有风,中孚。君子以议狱缓死。

信发于中,虽过可亮〔八〕。

初九,虞吉,有它不燕。

虞,犹专也。为信之始,而应在四〔九〕,得乎专吉者也。志未能变,系心于一,故"有它不燕"也〔一〇〕。

象曰:初九虞吉,志未变也。

九二,鸣鹤在阴,其子和之。我有好爵,吾与尔靡之。

处内而居重阴之下,而履不失中,不徇于外,任其真者也〔一一〕。立诚笃至〔一二〕,虽在暗昧,物亦应焉。故曰"鸣鹤在阴,其子和之"也。不私权利,唯德是与,诚之至也。故曰我有好爵〔一三〕,与物散之。

象曰:其子和之,中心愿也。

六三,得敌,或鼓或罢,或泣或歌。

三居少阴之上,四居长阴之下〔一四〕,对而不相比,敌之谓也。以阴居阳,欲进者也,欲进而阂敌,故"或鼓"也〔一五〕。四履正而承五,非己所克,故"或罢"也〔一六〕。不胜而退,惧见侵陵,故"或泣"也。四履乎顺,不与物校〔一七〕,退而不见害,故"或歌"也。不量其力,进退无恒,悫可知也[一八]。

象曰:或鼓或罢,位不当也。

六四,月几望,马匹亡,无咎。

居中孚之时,处巽之始,应说之初,居正履顺,以承于五,内毗元首[一九],外宣德化者也。充乎阴德之盛,故曰"月几望"[二〇]。马匹亡者,弃群类也。若夫居盛德之位,而与物校其竞争,则失其所盛矣,故曰绝类而上。履正承尊,不与三争,乃得无咎也。

象曰:马匹亡,绝类上也。

类,谓三。俱阴爻,故曰类也。

九五,有孚挛如,无咎。

挛如者[二一],系其信之辞也。处中诚以相交之时,居尊位以为群物之主,信何可舍?故有孚挛如,乃得无咎也。

象曰:有孚挛如,位正当也。

上九,翰音登于天,贞凶。

翰,高飞也。飞音者,音飞而实不从之谓也。居卦之上,处信之终,信终则衰,忠笃内丧[二二],华美外扬,故曰"翰音登于天"也。翰音登天,正亦灭矣。

象曰:翰音登于天,何可长也。

【校释】

〔 一 〕"孚",信。中孚卦之义,孔颖达疏:"信发于中,谓之中孚。""中"有两种含义,一为内心,一为中正。"四德",指"柔内"、"刚中","说"(悦)、"巽"(顺)。

〔 二 〕"柔在内",指六三、六四;"刚得中",指九二、九五。

〔三〕“说而以巽”,指中孚卦之上下卦而言,上卦巽为顺,下卦兑为悦。

〔四〕“鱼者,虫之隐者也”,鱼潜于水中,所以说是“隐者”。校勘记:“古本、足利本‘隐’作‘潜’。”

〔五〕“豚”,猪。“兽之微贱者也”,校勘记:“释文出‘畜之’,云:本或作‘兽’。”

〔六〕“乘木于用舟之虚”,此即老子十一章所谓“三十辐共一毂,当其无,有车之用。埏埴以为器,当其无,有器之用。凿户牖以为室,当其无,有室之用”之意。

〔七〕“若乘木舟虚也”,校勘记:“古本作‘若乘木于舟虚者也’。”

〔八〕“过”,过失。“亮”,同“谅”,亦是信之意。

〔九〕“而应在四”,校勘记:“古本‘在’下有‘乎’字。”

〔一〇〕“系心于一”,校勘记:“古本‘于’作‘专’。”“燕”,安逸。“有它不燕”,意为若心有它属而不专一,则不得安宁。

〔一一〕“徇”,营求。“真”,即老子所谓“朴”。老子二十八章王弼注:“朴,真也。”

〔一二〕“立诚笃至”,校勘记:“岳本、监、毛本‘至’作‘志’。”

〔一三〕“爵”,爵位、权利。郭京周易举正说:“我有好爵”下,脱“与尔靡之,言”五字。按,据注文惯例,“故曰”下重言爻辞文,则此处“我有好爵”下似当有“吾与尔靡之,言”等字。

〔一四〕“少阴”,指兑;“长阴”,指巽。说卦:“巽为长女。”“兑为少女。”

〔一五〕“阂”,隔。“或鼓”,意为进攻。

〔一六〕"罢",疲、败。

〔一七〕"校",读如论语泰伯"犯而不校"之"校",计较之意。监、
　　　毛本"校"作"较",下同。

〔一八〕"愆",疲。按,此节注文集解本多有不同,其作:"三、四俱
　　　阴,金、水异性,敌之谓也。以阴居阳,自强而进,进而阂
　　　敌,故或鼓也。四履正位,非己敌所克,故或罢也。不胜而
　　　退,惧见侵陵,故曰或泣也。四履谦巽,不报雠敌,故或歌
　　　也。歌泣无恒,位不当也。"

〔一九〕"毗",辅助。"元首",指九五。

〔二〇〕"几",近。"望",朔望之望。"月几望",即近于月圆之日。

〔二一〕"挛如",牵连不绝貌。

〔二二〕"内丧",校勘记:"古本'内'作'日'。"

小过

䷽ 艮下震上 **小过。亨,利贞。可小事,不可大事。飞鸟遗之音,不宜上,宜下。大吉。**

飞鸟遗其音〔一〕,声哀以求处,上愈无所适,下则得安。愈上则愈穷,莫若飞鸟也。

彖曰:小过,小者过而亨也。

小者,谓凡诸小事也。过于小事而通者也。

过以利贞,与时行也。

过而得以利贞,应时宜也。施过于恭俭,利贞者也。

柔得中,是以小事吉也;刚失位而不中,是以不可大事也。

成大事者,必在刚也。柔而浸大〔二〕,剥之道也。

有飞鸟之象焉。

不宜上,宜下,即飞鸟之象。

飞鸟遗之音,不宜上,宜下,大吉,上逆而下顺也。

上则乘刚,逆也;下则承阳,顺也〔三〕。施过于不顺,凶莫大焉;施过于顺,过更变而为吉也。

象曰:山上有雷,小过。君子以行过乎恭,丧过乎哀,用过乎俭。

初六,飞鸟以凶。

小过,上逆下顺,而应在上卦〔四〕。进而之逆,无所错足,飞鸟之凶也〔五〕。

象曰:飞鸟以凶,不可如何也。

六二,过其祖,遇其妣;不及其君,遇其臣,无咎。

过而得之谓之遇。在小过而当位,过而得之之谓也。祖,始也,谓初也。妣者〔六〕,居内履中而正者也。过初而履二位,故曰“过其祖而遇其妣”。过而不至于僭〔七〕,尽于臣位而已,故曰“不及其君,遇其臣,无咎”。

象曰:不及其君,臣不可过也。

九三,弗过防之,从或戕之,凶。

小过之世〔八〕,大者不立,故令小者得过也。居下体之上,以阳当位,而不能先过防之,至令小者(或)〔咸〕过而复应而从焉〔九〕。其从之也,则戕之〔一〇〕,凶至矣。故曰“弗过防之,从或戕之,凶”也。

象曰:从或戕之,凶如何也。

九四,无咎,弗过遇之,往厉必戒,勿用永贞。

虽体阳爻而不居其位,不为责主〔一〕,故得无咎也。失位在下,不能过者也。以其不能过,故得合于免咎之宜,故曰"弗过遇之"。夫宴安酖毒,不可怀也〔一二〕。处于小过不宁之时,而以阳居阴,不能有所为者也。以此自守,免咎可也;以斯攸往〔一三〕,危之道也。不交于物,物亦弗与,无援之助,故危则必戒而已〔一四〕,无所告救也。沉没怯弱,自守而已,以斯而处于群小之中,未足任者也,故曰"勿用永贞",言不足用之于永贞。

象曰:弗过遇之,位不当也;往厉必戒,终不可长也。

六五,密云不雨,自我西郊,公弋取彼在穴。

小过〔一五〕,小者过于大也。六得五位,阴之盛也,故密云不雨,至于西郊也。夫雨者,阴在于上,而阳薄之而不得通,则烝而为雨〔一六〕,今艮止于下而不交焉,故不雨也。是故小畜尚往而亨,则不雨也〔一七〕。小过阳不上交,亦不雨也。虽阴盛于上,未能行其施也〔一八〕。公者〔一九〕,臣之极也,五极阴盛〔二〇〕,故称公也。弋,射也〔二一〕。在穴者,隐伏之物也。小过者,过小而难未大作,犹在隐伏者也。以阴质治小过,能获小过者也,故曰"公弋取彼在穴"也。除过之道,不在取之,是乃密云,未能雨也〔二二〕。

象曰:密云不雨,已上也。

阳已上,故止也〔二三〕。

上六,弗遇过之,飞鸟离之,凶。是谓灾眚。

小人之过,遂至上极;过而不知限,至於亢也〔二四〕。过至于亢〔二五〕,将何所遇? 飞而不已,将何所托? 灾自己致,复何言哉!

象曰:弗遇过之,已亢也。

【校释】

〔 一 〕"遗",失。孔颖达疏:"鸟之失声,必是穷迫未得安处。论语曰:'鸟之将死,其鸣也哀。'故知遗音即哀声也。"

〔 二 〕"柔而浸大",卢文弨说:"古本、足利本'浸'作'侵'。"

〔 三 〕"上则乘刚,逆也",指六五乘九四。"下则承阳,顺也",指六二承九三。

〔 四 〕"应在上卦",指初六与九四相应。

〔 五 〕"错",同"措",置。"无所错足,飞鸟之凶也",校勘记:"释文:'错',本又作'措',又作'厝'。古本作:无所错手足,飞鸟凶也。"

〔 六 〕"妣",此处与"祖"对称,为祖母之称。

〔 七 〕"僭",越,专指非分之越。"过而不至于僭",校勘记:"释文出'于僭'。古本'过'作'遇'。"

〔 八 〕"世",校勘记:"岳本、闽、监、毛本'世'作'时'。"

〔 九 〕"咸"字,据岳本等校改。校勘记:"岳本、宋本、古本、足利本'或'作'咸'。疏中钱本亦作'咸'。"按,据文义当作"咸"。此句意为,九三防之不严,使小者(初、二)皆得越过而至于五、上,且己又复与上相从。作"或"者,形近而讹。

〔一〇〕"戕",杀害。孔颖达疏:"春秋传曰:在内曰弑,在外曰戕,然则戕弑皆杀害之谓也。"

〔一一〕"责",责任。"不为责主",校勘记:"岳本、宋本、足利本'责'作'贵'。"按,据孔颖达疏"不居其位,不防之责,责不在己,故得无咎",则当作"责"字。

〔一二〕"宴安酖毒,不可怀也",校勘记:"释文出'酖',本亦作

‘酖’。按，‘鸩’正字，‘酖’假借字。”此句意为，安逸享乐，如同毒酒，不可留恋。语出左传闵公元年：“狄人伐邢，管敬仲言于齐侯曰：戎狄豺狼，不可厌也；诸夏亲暱，不可弃也；宴安酖毒，不可怀也。”

〔一三〕“以斯攸往”，校勘记：“古本作：‘以斯有攸往。’”

〔一四〕“危则必戒而已”，意为遇到危险，只能自己戒慎而已，无处可求救。

〔一五〕“小过”，校勘记：“岳本作‘小过者’。”四部丛刊影印宋本同。

〔一六〕“阴在于上，而阳薄之而不得通，则烝而为雨”，校勘记：“岳本、足利本‘在’作‘布’，‘烝’作‘蒸’。宋本亦作‘布’。古本同，‘阳’下有‘上’字。钱本亦作‘蒸’，释文出‘则蒸’。”此句文义参看小畜卦校释〔四〕、〔五〕。

〔一七〕语见小畜卦象辞：“密云不雨，尚往也。”又，“小畜”，校勘记：“释文：‘畜’，本又作‘蓄’。”

〔一八〕“虽阴盛于上，未能行其施也”，校勘记：“古本‘阴’下有‘复’字，‘也’上有‘者’字。”

〔一九〕“公”，指三公，所以说“臣之极也”。

〔二〇〕“五极阴盛”，校勘记：“古本无‘极’字。”

〔二一〕“弋，射也”之“射”，校勘记：“古本作‘獥’。”

〔二二〕“是乃密云，未能雨也”，校勘记：“宋本、足利本‘是乃’作‘足及’。古本同，‘也’上有‘者’字。”

〔二三〕“阳已上，故止也”，校勘记：“释文：本又作‘阳已上，故少阴止’。”郭京周易举正作“阳已止下故也”，并说：象辞“已上”，亦当作“已止”。

〔二四〕“至於亢也”,校勘记:“岳本‘於’作‘于’。古本‘也’上有
　　‘者’字。”

〔二五〕“过至于亢”,校勘记:“岳本‘于’作‘於’,古本同。”

既济

䷾离下坎上**既济。亨,小利贞。初吉终乱。**

象曰:既济亨,小者亨也。

既济者,以皆济为义者也[一]。小者不遗,乃为皆济,故举小者以
明既济也。

利贞,刚柔正故位当也。

刚柔正而位当,则邪不可以行矣,故唯正乃利贞也[二]。

初吉,柔得中也;终止则乱,其道穷也。

柔得中,则小者亨也;柔不得中,则小者未亨;小者未亨,虽刚得
正,则为未既济也。故既济之要,在柔得中也。以既济为安
者[三],道极无进,终唯有乱,故曰“初吉,终乱”。终乱不为自乱,
由止故乱[四],故曰“终止则乱”也。

象曰:水在火上,既济。君子以思患而豫防之。

存不忘亡,既济不忘未济也。

初九,曳其轮,濡其尾,无咎。

最处既济之初,始济者也。始济未涉于燥,故轮曳而尾濡也[五]。
虽未造易[六],心无顾恋,志弃难者也。其于义也,无所咎也。

象曰:曳其轮,义无咎也。

六二,妇丧其茀,勿逐,七日得。

居中履正,处文明之盛,而应乎五,阴之光盛者也。然居初、三之

间,而近不相得,上不承三,下不比初。夫以光盛之阴,处于二阳之间,近而不相得,能无见侵乎? 故曰"丧其茀"也。称妇者,以明自有夫而它人侵之也。茀,首饰也。夫以中道执乎贞正,而见侵者,众之所助也。处既济之时,不容邪道者也。时既明峻,众又助之,窃之者逃窜而莫之归矣。量斯势也[七],不过七日,不须己逐,而自得也。

象曰:七日得,以中道也。

九三,高宗伐鬼方,三年克之,小人勿用。

处既济之时,居文明之终,履得其位,是居衰末而能济者[八]。高宗伐鬼方,三年乃克也[九]。君子处之,故能兴也,小人居之,遂丧邦也。

象曰:三年克之,惫也。

六四,繻有衣袽,终日戒。

繻,宜曰濡[一〇]。衣袽[一一],所以塞舟漏也。履得其正,而近不与三五相得。夫有隙[一二]之弃舟,而得济者,有衣袽也。邻于不亲而得全者,终日戒也。

象曰:终日戒,有所疑也。

九五,东邻杀牛,不如西邻之禴祭,实受其福。

牛,祭之盛者也。禴,祭之薄者也[一三]。居既济之时,而处尊位,物皆济矣。将何为焉? 其所务者,祭祀而已。祭祀之盛,莫盛修德,故沼沚之毛,蘋蘩之菜,可羞于鬼神[一四]。故"黍稷非馨,明德惟馨"[一五]。是以"东邻杀牛,不如西邻之禴祭[一六],实受其福"也。

象曰:东邻杀牛,不如西邻之时也。

在于合时,不在于丰也。

实受其福,吉大来也。

上六,濡其首,厉。

处既济之极,既济道穷,则之于<u>未济</u>,之于<u>未济</u>,则首先犯焉。过(惟)〔进〕不已〔一七〕,则遇于难,故"濡其首"也。将没不久,危莫先焉。

象曰:濡其首厉,何可久也。

【校释】

〔 一 〕"既济",<u>孔颖达</u>疏:"济者,济渡之名;既者,皆尽之称。万事皆济,故以既济为名。"

〔 二 〕"乃利贞也",<u>校勘记</u>:"钱本无'贞也'二字。"

〔 三 〕"以既济为安者",<u>校勘记</u>:"钱本、古本、足利本'安'作'象',宋本作'家'。案,'家'即'象'之误。"按,据<u>王弼</u>注文之意及<u>孔颖达</u>疏,当作"安"。注下文说"道极无进,终唯有乱",正释"以既济为安者"所产生之结果。<u>孔疏</u>:"但人皆不能居安思危,慎终如始,故戒以今日既济之初,虽皆获吉,若不进德修业,至于终极,则危乱及之。"

〔 四 〕"故曰初吉终乱;终乱不为自乱",<u>校勘记</u>:"岳本、足利本不重'终乱'二字。古本同,'初吉终乱'下有'也'字。""由止故乱",意为若以"既济"为安,则将终止而不再前进,由于终止不进,导致祸乱。

〔 五 〕"燥",动。"曳",拖牵。"濡",浸滞。"轮曳"、"尾濡",均比喻尚未行动。

〔 六 〕"造易",达于平地。

〔 七 〕"量斯势也",意为估计这种形势。校勘记:"古本'斯'作'其'。"

〔 八 〕"是居衰末而能济者",四部丛刊影印宋本作:"是居衰而未能济者也。"按,据文义当作:"是居衰末而能济者。"上文说"居文明之终",即为"衰末"之象,"履得其位",正所以为"能济者"。影印宋本误"末"为"未",而又颠倒"末而"二字,以致文义不合。

〔 九 〕"高宗伐鬼方,三年乃克也",指殷高宗武丁征伐西北部族鬼方之故事。事已不可详考。竹书纪年载:"高宗三十二年伐鬼方,次于荆,三十四年王师克鬼方,氐羌来宾。"据清人及近人考证,以为竹书纪年所载乃合诗经商颂殷武与易经此爻辞而杜撰者。又,校勘记:"古本'高宗'二字作'也故',一本多'也故'二字。"四部丛刊影印宋本同一本。

〔一〇〕"繻",丝繻。王注说"宜曰濡",则谓"繻"借为"濡",浸湿之意。

〔一一〕"袽",破絮、破衣。

〔一二〕"有隙",校勘记:"释文出'有郤'。"按,"郤"、"隙"古通。

〔一三〕"禴",萃卦六二注:"禴,殷春祭名也,四时祭之省者也。"参看萃卦校释〔一六〕。

〔一四〕"沼沚",小池沟。"毛",草。"蘋",浮萍。"蘩",白蒿草。"沼沚之毛,蘋蘩之菜",均表示祭品之省薄。"羞",进献。按,"羞"字于此义可通,然似当作"荐",萃卦六二爻辞注作:"故可以省薄荐于鬼神也。"又,此段注文为简述左传之文。左传隐公三年:"信不由中,质无益也。明恕而行,要

之以礼,虽无有质,谁能间之?苟有明信,涧谿沼沚之毛,
蘋蘩蕰藻之菜,筐筥锜釜之器,潢污行潦之水,可荐于鬼
神,可羞于王公。"亦为"可荐于鬼神"。

〔一五〕"黍",黄米。"稷",谷子。"馨",香气。"黍稷非馨,明德
惟馨",语出书经君陈:"至治馨香,感于神明,黍稷非馨,
明德惟馨。"

〔一六〕"东邻"、"西邻",据礼记坊记引此爻辞文郑玄注:"东邻谓
纣国中也,西邻谓文王国中也。"

〔一七〕"进"字,据岳本等校改。校勘记:"岳本、钱本、宋本、足利
本'惟'作'进'。古本同。一本作'过进惟不已'。闽、监、
毛本'惟'作'而'。"按,据注文之意当作"进",形近而讹。
孔颖达疏"若进而不已,必遇于难",正与注文义同,可为
佐证。

未济

☲ 坎下离上　**未济。亨。小狐汔济,濡其尾,无攸利。**

彖曰:未济亨,柔得中也。

以柔处中,不违刚也;能纳刚健,故得亨也。

小狐汔济,未出中也。

小狐不能涉大川,须汔[一]然后乃能济。处未济之时,必刚健拔
难,然后乃能济。汔乃能济,未能出险之中。

濡其尾,无攸利,不续终也。

小狐虽能渡[二],而无余力,将济而濡其尾,力竭于斯,不能续终,
险难犹未足以济也。济未济者,必有余力也。

虽不当位,刚柔应也。

> 位不当,故未济;刚柔应,故可济[三]。

象曰:火在水上,未济。君子以慎辨物居方。

> 辨物居方,令物各当其所也[四]。

初六,濡其尾,吝。

> 处未济之初,最居险下,不可以济者也。而欲之其应,进则溺身。未济之始,始于既济之上六也,濡其首犹不反[五],至于濡其尾,不知纪极[六]者也。然以阴处下,非为进亢,遂其志者也。困则能反,故不曰凶。事在已量,而必困乃反,顽亦甚矣[七],故曰"吝"也。

象曰:濡其尾,亦不知极也。

九二,曳其轮,贞吉。

> 体刚履中,而应于五,五体阴柔,应与[八]而不自任者也。居未济之时,处险难之中,体刚中之质,而见任与,拯救危难,经纶屯蹇者也[九]。用健拯难,靖难在正,而不违中[一〇],故"曳其轮,贞吉"也。

象曰:九二贞吉,中以行正也。

> 位虽不正,中以行正也。

六三,未济,征凶。利涉大川。

> 以阴之质,失位居险,不能自济者也。以不正之身,力不能自济,而求进焉,丧其身也,故曰"征凶"也。二能拯难,而己比之,弃己委二,载二而行,溺可得乎?何忧未济?故曰"利涉大川"。

象曰:未济征凶,位不当也。

九四,贞吉,悔亡。震用伐鬼方,三年有赏于大国。

处未济之时,而出险难之上,居文明之初。体乎刚质,以近至尊,虽履非其位,志在乎正,则吉而悔亡矣。其志得行,靡禁其威,故曰"震用伐鬼方"也。伐鬼方者,兴衰之征也,故每至兴衰而取义焉。处文明之初,始出于难,其德未盛,故曰"三年"也。五居尊以柔,体乎文明之盛,不夺物功者也,故以大国赏之也。

象曰:贞吉悔亡,志行也。

六五,贞吉,无悔。君子之光,有孚,吉。

以柔居尊,处文明之盛,为未济之主,故必正然后乃吉,吉乃得无悔也。夫以柔顺文明之质,居于尊位,付与于能,而不自役,使武以文,御刚以柔,斯诚君子之光也。付物以能,而不疑也,物则竭力,功斯克矣,故曰"有孚,吉"。

象曰:君子之光,其晖吉也。

上九,有孚于饮酒,无咎。濡其首,有孚,失是。

未济之极,则反于既济。既济之道,所任者当也。所任者当,则可信之无疑,而己逸焉。故曰"有孚于饮酒,无咎"也。以其能信于物,故得逸豫〔一〕而不忧于事之废。苟不忧于事之废,而耽〔二〕于乐之甚,则至于失节矣。由于有孚,失于是矣,故曰"濡其首,有孚,失是"也。

象曰:饮酒濡首,亦不知节也。

【校释】

〔　一　〕"汔",说文:"水涸也。"

〔　二　〕"小狐虽能渡",校勘记:"古本'渡'下有'济'字。"

〔　三　〕未济卦中二、三、四、五皆不当位,但初与四、二与五、三与上均阴阳(刚柔)相应。

〔 四 〕"辨",别。"方",正。"所",处所、地位。"各当其所",校
勘记:"释文出'各得其所',云:一本'得'作'当'。古
本同。"

〔 五 〕"濡其首犹不反",校勘记:"古本'首'下有'而'字。"

〔 六 〕"不知纪极",意为没有休止。孔颖达疏:"春秋传曰:聚敛
积实,不知纪极,谓之饕餮。言无休已也。"

〔 七 〕"量",限度。"事在已量",意为事在已定之限度内。
"顽",愚痴。

〔 八 〕"与",党与。"应与",指五与二相应,以二为己之党与。
下"任与"、六五注"付与"之"与",义同此。

〔 九 〕"经",经纬。"纶",纲纪。"经纶",规画治理之意。"屯
蹇",闭塞不通。又,校勘记:"释文:'纶',本又作'论'。"

〔一〇〕"用健拯难,靖难在正,而不违中",校勘记:"宋本、足利本
'拯'作'施','靖'作'循'。古本同。一本'靖'作'修'。
钱本亦作'循'。释文出'循难'。"按,"拯"与"施"均为救
济之义,"靖"与"循"皆是治理之意,并可通。

〔一一〕"逸豫",安乐。

〔一二〕"耽",沉湎。

附

系辞上 韩康伯注

天尊地卑,乾坤定矣。

乾坤,其易之门户,先明天尊地卑,以定乾坤之体。

卑高以陈,贵贱位矣。

天尊地卑之义既列,则涉乎万物,贵贱之位明矣。

动静有常,刚柔断矣。

刚动而柔止也。动止得其常体,则刚柔之分著矣。

方以类聚,物以群分,吉凶生矣。

方有类,物有群,则有同有异,有聚有分也。顺其所同则吉,乖其所趣则凶,故"吉凶生矣"。

在天成象,在地成形,变化见矣。

象,况日月星辰;形,况山川草木也。悬象运转以成昏明,山泽通气而云行雨施,故"变化见矣"。

是故,刚柔相摩,

相切摩也,言阴阳之交感也。

八卦相荡,

相推荡也,言运化之推移。

鼓之以雷霆,润之以风雨。日月运行,一寒一暑。乾道成男,坤道成女。乾知大始,坤作成物。乾以易知,坤以简能。

天地之道,不为而善始,不劳而善成,故曰易简。

易则易知,简则易从。易知则有亲,易从则有功;

顺万物之情,故曰"有亲";通天下之志,故曰"有功"。

有亲则可久,有功则可大;

有易简之德,则能成可久、可大之功。

可久则贤人之德,可大则贤人之业。

天地易简,万物各载其形;圣人不为,群方各遂其业;德业既成,则入于形器,故以贤人目其德业。

易简而天下之理得矣。

天下之理,莫不由于易简,而各得顺其分位也。

天下之理得,而成位乎其中矣。

成位况立象也。极易简,则能通天下之理;通天下之理,故能成象并乎天地。言其中,则明并天地也。

圣人设卦观象。

此总言也。

系辞焉而明吉凶,刚柔相推而生变化。

系辞所以明吉凶,刚柔相推所以明变化也。吉凶者,存乎人事也;变化者,存乎运行也。

是故吉凶者,失得之象也;

由有失得,故吉凶生。

悔吝者,忧虞之象也;

失得之微者,足以致忧虞而已,故曰"悔吝"。

变化者,进退之象也;

往复相推,迭进退也。

刚柔者,昼夜之象也。

昼则阳刚,夜则阴柔。始总言吉凶变化,而下别明悔吝、昼夜者,
悔吝则吉凶之类,昼夜亦变化之道。吉凶之类则同因系辞而明,
变化之道则俱由刚柔而著。故始总言之,下则明失得之轻重,辩
变化之小大,故别序其义也。

六爻之动,三极之道也。

三极,三材也。兼三材之道,故能见吉凶,成变化也。

是故,君子所居而安者,易之序也;

序,易象之次序。

所乐而玩者,爻之辞也。是故君子居则观其象而玩其辞,动则观其变而玩其占,是以自天祐之,吉,无不利。

彖者,言乎象者也。

彖,总一卦之义也。

爻者,言乎变者也。

爻,各言其变也。

吉凶者,言乎其失得也。悔吝者,言乎其小疵也。无咎者,善补过也。是故列贵贱者存乎位,

爻之所处曰"位",六位有贵贱也。

齐小大者存乎卦,

卦有小大也。齐,犹言辩也,即彖者言乎象也。

辩吉凶者存乎辞。

辞,爻辞也,即爻者言乎变也。言象所以明小大,言变所以明吉凶。故小大之义存乎卦,吉凶之状见乎爻,至于悔吝无咎,其例一也。吉凶、悔吝、小疵、无咎,皆生乎变。事有小大,故下历言五者之差也。

忧悔吝者存乎介,

介,纤介也。王弼曰:忧悔吝之时,其介不可慢也。即悔吝者,言乎小疵也。

震无咎者存乎悔。

无咎者,善补过也。震,动也。故动而无咎,存乎悔过也。

是故,卦有小大,辞有险易。

其道光明曰大,君子道消曰小。之泰则其辞易,之否则其辞险。

辞也者,各指其所之。易与天地准,

作易以准天地。

故能弥纶天地之道。仰以观于天文,俯以察于地理,是故知幽明之故。原始反终,故知死生之说。

幽明者,有形无形之象;死生者,始终之数也。

精气为物,游魂为变,

精气细缊,聚而成物;聚极则散,而游魂为变也。游魂,言其游散也。

是故知鬼神之情状。

尽聚散之理,则能知变化之道,无幽而不通也。

与天地相似,故不违;

德合天地,故曰"相似"。

知周乎万物而道济天下,故不过;

> 知周万物,则能以道济天下也。

旁行而不流,

> 应变旁通而不流淫也。

乐天知命,故不忧;

> 顺天之化,故曰"乐"也。

安土敦乎仁,故能爱。

> 安土敦仁者,万物之情也;物顺其情,则仁功赡矣。

范围天地之化而不过,

> 范围者,拟范天地而周备其理也。

曲成万物而不遗,

> 曲成者,乘变以应物,不系一方者也,则物宜得矣。

通乎昼夜之道而知。

> 通幽明之故,则无不知也。

故神无方而易无体。

> 自此以上,皆言神之所为也。方、体者,皆系于形器者也;神则阴阳不测,易则唯变所适,不可以一方、一体明。

一阴一阳之谓道。

> 道者何? 无之称也,无不通也,无不由也。况之曰道,寂然无体,不可为象。必有之用极,而无之功显,故至乎神无方而易无体,而道可见矣。故穷变以尽神,因神以明道,阴阳虽殊,无一以待之。在阴为无阴,阴以之生;在阳为无阳,阳以之成,故曰"一阴一阳"也。

继之者善也,成之者性也。仁者见之谓之仁,知者见之

谓之知，

仁者资道以见其仁，知者资道以见其知，各尽其分。

百姓日用而不知，故君子之道鲜矣。

君子体道以为用也，仁知则滞于所见，百姓则日用而不知，体斯道者，不亦鲜矣。故"常无欲，以观其妙"，始可以语至而言极也。

显诸仁，藏诸用，

衣被万物，故曰"显诸仁"；日用而不知，故曰"藏诸用"。

鼓万物而不与圣人同忧，

万物由之以化，故曰"鼓万物"也。圣人虽体道以为用，未能全无以为体，故顺通天下，则有经营之迹也。

盛德大业，至矣哉！

夫物之所以通，事之所以理，莫不由乎道也。圣人，功用之母，体同乎道，盛德大业，所以能至。

富有之谓大业，

广大悉备，故曰"富有"。

日新之谓盛德，

体化合变，故曰"日新"。

生生之谓易。

阴阳转易，以成化生。

成象之谓乾，

拟乾之象。

效法之谓坤，

效坤之法。

极数知来之谓占，通变之谓事，

物穷则变，变而通之，事之所由生也。

阴阳不测之谓神。

神也者，变化之极，妙万物而为言，不可以形诘者也，故曰"阴阳不测"。尝试论之曰：原夫两仪之运，万物之动，岂有使之然哉？莫不独化于大虚，歘尔而自造矣。造之非我，理自玄应，化之无主，数自冥运，故不知所以然而况之神。是以明两仪以太极为始，言变化而称极乎神也。夫唯知天之所为者，穷理体化，坐忘遗照。至虚而善应，则以道为称；不思而玄览，则以神为名。盖资道而同乎道，由神而冥于神者也。

夫易，广矣，大矣。以言乎远，则不御；

穷幽极深，无所止也。

以言乎迩，则静而正；

则近而当。

以言乎天地之间，则备矣。夫乾，其静也专，其动也直，是以大生焉。

专，专一也；直，刚正也。

夫坤，其静也翕，其动也辟，是以广生焉。

翕，敛也。止则翕敛其气，动则辟开以生物也。乾统天首物，为变化之元，通乎形外者也。坤则顺以承阳，功尽于己，用止乎形者也。故乾以专直，言乎其材；坤以翕辟，言乎其形。

广大配天地，变通配四时，阴阳之义配日月，易简之善配至德。

易之所载，配此四义。

子曰:易其至矣乎! 夫易,圣人所以崇德而广业也。

> 穷理入神,其德崇也;兼济万物,其业广也。

知崇礼卑。

> 知以崇为贵,礼以卑为用。

崇效天,卑法地。

> 极知之崇,象天高而统物;备礼之用,象地广而载物也。

天地设位,而易行乎其中矣。

> 天地者,易之门户,而易之为义,兼周万物,故曰"行乎其中矣"。

成性存存,道义之门。

> 物之存成,由乎道义也。

圣人有以见天下之赜,而拟诸其形容,象其物宜,

> 乾刚坤柔,各有其体,故曰拟诸形容。

是故谓之象。

圣人有以见天下之动,而观其会通,以行其典礼。

> 典礼,适时之所用。

系辞焉以断其吉凶,是故谓之爻。言天下之至赜而不可恶也,言天下之至动而不可乱也。

> 易之为书,不可远也。恶之则逆于顺,错之则乖于理。

拟之而后言,议之而后动,拟议以成其变化。

> 拟议以动,则尽变化之道。

"鸣鹤在阴,其子和之。我有好爵,吾与尔靡之。"

> 鹤鸣则子和,修诚则物应;我有好爵,与物散之,物亦以善应也。

明拟议之道,继以斯义者,诚以吉凶失得存乎所动。同乎道者,道亦得之;同乎失者,失亦违之。莫不以同相顺,以类相应。动之斯来,绥之斯至,鹤鸣于阴,气同则和。出言户庭,千里或应。出言犹然,况其大者乎？千里或应,况其迩者乎？故夫忧悔吝者,存乎纤介;定失得者,慎于枢机。是以君子拟议以动,慎其微也。

子曰:君子居其室,出其言善,则千里之外应之,况其迩者乎？居其室,出其言不善,则千里之外违之,况其迩者乎？言出乎身,加乎民;行发乎迩,见乎远。言行,君子之枢机。

　　枢机,制动之主。

枢机之发,荣辱之主也。言行,君子之所以动天地也,可不慎乎！同人:"先号咷而后笑。"子曰:君子之道,或出或处,或默或语。二人同心,其利断金;

　　同人终获后笑者,以有同心之应也。夫所况同者,岂系乎一方哉？
　　君子出处默语,不违其中,则其迹虽异,道同则应。

同心之言,其臭如兰。

初六:"藉用白茅,无咎。"子曰:苟错诸地而可矣。藉之用茅,何咎之有？慎之至也。夫茅之为物,薄而用可重也。慎斯术也,以往,其无所失矣。"劳谦君子,有终吉。"子曰:劳而不伐,有功而不德,厚之至也。语以其功下人者也。德言盛,礼言恭。谦也者,致恭以存其位者也。"亢龙有悔。"子曰:贵而无位,高而无民,贤人在下位而无辅,是以动而有悔也。"不出户庭,无咎。"子曰:乱之所生也,则言语以为阶。君不密,则失臣;臣不密,则失身;几事不密,则害成。是以君子慎密而不出也。子曰:作易者,其知盗乎?

> 言盗亦乘衅而至也。

易曰:"负且乘,致寇至。"负也者,小人之事也;乘也者,君子之器也。小人而乘君子之器,盗思夺之矣。上慢下暴,盗思伐之矣。慢藏诲盗,冶容诲淫。易曰"负且乘,致寇至",盗之招也。

大衍之数五十,其用四十有九。

> 王弼曰:演天地之数,所赖者五十也。其用四十有九,则其一不用也。不用而用以之通,非数而数以之成,斯易之太极也。四十有九,数之极也。夫无不可以无明,必因于有,故常于有物之极,而必明其所由之宗也。

分而为二以象两,挂一以象三。揲之以四,以象四时;归奇于扐,以象闰。五岁再闰,故再扐而后挂。

> 奇,况四揲之余,不足复揲者也。分而为二,既揲之余,合挂于一,故曰"再扐而后挂"。凡闰,十九年七闰为一章,五岁再闰者二,故略举其凡也。

天数五,

> 五奇也。

地数五,

五耦也。

五位相得,而各有合。

天地之数各五,五数相配,以合成金木水火土。

天数二十有五,

五奇合为二十五。

地数三十。

五耦合为三十。

凡天地之数五十有五,此所以成变化而行鬼神也。

变化以此成,鬼神以此行。

乾之策,二百一十有六;

阳爻六,一爻三十六策,六爻二百一十六策。

坤之策,百四十有四。

阴爻六,一爻二十四策,六爻百四十四策。

凡三百有六十,当期之日。二篇之策,万有一千五百二十,当万物之数也。

二篇三百八十四爻,阴阳各半,合万一千五百二十策。

是故四营而成易,

分而为二以象两,一营也;挂一以象三,二营也;揲之以四,三营也;归奇于扐,四营也。

十有八变而成卦。八卦而小成,引而伸之,

伸之六十四卦。

触类而长之,天下之能事毕矣。显道,

显,明也。

神德行，

> 由神以成其用。

是故可与酬酢，可与祐神矣。

> 可以应对万物之求，助成神化之功也。酬酢，犹应对也。

子曰：知变化之道者，其知神之所为乎？

> 夫变化之道，不为而自然，故知变化者，则知神之所为。

易有圣人之道四焉，以言者尚其辞，以动者尚其变，以制器者尚其象，以卜筮者尚其占。

> 此四者，存乎器象，可得而用也。

是以君子将有为也，将有行也。问焉而以言，其受命也如向。无有远近幽深，遂知来物。非天下之至精，其孰能与于此？参伍以变，错综其数。通其变，遂成天地之文；极其数，遂定天下之象。非天下之至变，其孰能与于此？易无思也，无为也，寂然不动，感而遂通天下之故。非天下之至神，其孰能与于此？

> 夫非忘象者，则无以制象；非遗数者，无以极数。至精者，无筹策而不可乱；至变者，体一而无不周；至神者，寂然而无不应。斯盖功用之母，象数所由立，故曰非至精、至变、至神，则不得与于斯也。

夫易，圣人之所以极深而研几也。唯深也，故能通天下之志；唯几也，故能成天下之务；

> 极未形之理则曰深，适动微之会则曰几。

唯神也,故不疾而速,不行而至。子曰:易有圣人之道四焉者,此之谓也。

四者,由圣道以成,故曰"圣人之道"。

天一,地二;天三,地四;天五,地六;天七,地八;天九,地十。

易以极数通神明之德,故明易之道,先举天地之数也。

子曰:夫易,何为者也? 夫易,开物成务,冒天下之道,如斯而已者也。

冒,覆也。言易通万物之志,成天下之务,其道可以覆冒天下也。

是故圣人以通天下之志,以定天下之业,以断天下之疑。

是故蓍之德,圆而神;卦之德,方以知;

圆者,运而不穷;方者,止而有分。言蓍以圆象神,卦以方象知也。

唯变所适,无数不周,故曰"圆"。卦列爻分,各有其体,故曰"方"也。

六爻之义,易以贡。

贡,告也。六爻变易,以告吉凶。

圣人以此洗心,

洗濯万物之心。

退藏于密,

言其道深微,万物日用而不能知其原,故曰"退藏于密",犹藏诸用也。

吉凶与民同患。

表吉凶之象,以同民所忧患之事,故曰"吉凶与民同患"也。

神以知来,知以藏往。

明蓍、卦之用同神知也。蓍定数于始,于卦为来;卦成象于终,于蓍为往。往来之用相成,犹神知也。

其孰能与此哉? 古之聪明睿知神武而不杀者夫?

服万物而不以威刑也。

是以明于天之道,而察于民之故,是兴神物,以前民用。

定吉凶于始也。

圣人以此齐戒,

洗心曰齐,防患曰戒。

以神明其德夫。是故阖户谓之坤,

坤道包物。

辟户谓之乾;

乾道施生。

一阖一辟谓之变,往来不穷谓之通。见乃谓之象,

兆见曰"象"。

形乃谓之器,

成形曰"器"。

制而用之谓之法,利用出入,民咸用之谓之神。

是故易有太极,是生两仪,

夫有必始于无,故太极生两仪也。太极者,无称之称,不可得而名,取有之所极,况之太极者也。

两仪生四象,四象生八卦,

> 卦以象之。

八卦定吉凶,

> 八卦既立,则吉凶可定。

吉凶生大业。

> 既定吉凶,则广大悉备。

是故法象莫大乎天地,变通莫大乎四时,县象著明莫大乎日月,崇高莫大乎富贵。

> 位所以一天下之动而济万物。

备物致用,立成器以为天下利,莫大乎圣人;探赜索隐,钩深致远,以定天下之吉凶,成天下之亹亹者,莫大乎蓍龟。是故天生神物,圣人则之;天地变化,圣人效之。天垂象,见吉凶,圣人象之;河出图,洛出书,圣人则之。易有四象,所以示也。系辞焉,所以告也。定之以吉凶,所以断也。易曰:自天祐之,吉,无不利。子曰:祐者,助也。天之所助者,顺也;人之所助者,信也。履信思乎顺,又以尚贤也。是以自天祐之,吉,无不利也。

子曰:书不尽言,言不尽意。然则圣人之意,其不可见乎?子曰:圣人立象以尽意,设卦以尽情伪。系辞焉以尽其言。变而通之以尽利,

> 极变通之数,则尽利也。故曰易穷则变,变则通,通则久。

鼓之舞之以尽神。乾坤,其易之缊邪?

缊,渊奥也。

乾坤成列,而易立乎其中矣。乾坤毁,则无以见易。易不可见,则乾坤或几乎息矣。是故形而上者谓之道,形而下者谓之器,化而裁之谓之变,

因而制其会通,适变之道也。

推而行之谓之通,

乘变而往者,无不通也。

举而错之天下之民谓之事业。

事业所以济物,故举而错之于民。

是故,夫象,圣人有以见天下之赜,而拟诸其形容。象其物宜,是故谓之象。圣人有以见天下之动,而观其会通,以行其典礼。系辞焉以断其吉凶,是故谓之爻。极天下之赜者存乎卦,鼓天下之动者存乎辞,

辞,爻辞也。爻以鼓动,效天下之动也。

化而裁之存乎变,推而行之存乎通,神而明之存乎其人。

体神而明之,不假于象,故存乎其人。

默而成之,不言而信,存乎德行。

德行,贤人之德行也。顺足于内,故默而成之也。体与理会,故不言而信也。

系辞下 韩康伯注

八卦成列,象在其中矣。

备天下之象也。

因而重之,爻在其中矣。

夫八卦,备天下之理而未极其变,故因而重之以象其动。用拟诸
形容,以明治乱之宜,观其所应,以著适时之功,则爻卦之义所存
各异,故"爻在其中矣"。

刚柔相推,变在其中矣。

系辞焉而命之,动在其中矣。

刚柔相推,况八卦相荡,或否或泰。系辞焉而断其吉凶,况之六爻
动以适时者也。立卦之义,则见于彖、象;适时之功,见存之爻辞,
王氏之例详矣。

吉凶悔吝者,生乎动者也。

有变动而后有吉凶。

刚柔者,立本者也;变通者,趣时者也;

立本况卦,趣时况爻。

吉凶者,贞胜者也。

贞者,正也,一也。夫有动则未免乎累,殉吉则未离乎凶。尽会通
之变而不累于吉凶者,其唯贞者乎? 老子曰"王侯得一以为天下
贞"。万变虽殊,可以执一御也。

天地之道,贞观者也;

明夫天地万物,莫不保其贞,以全其用也。

日月之道,贞明者也;天下之动,贞夫一者也。夫乾,确

然示人易矣;夫坤,隤然示人简矣。

确,刚貌也。隤,柔貌也。乾坤皆恒一其德,物由以成,故简
易也。

爻也者，效此者也；象也者，像此者也。爻象动乎内，

> 兆数见于卦也。

吉凶见乎外，

> 失得验于事也。

功业见乎变，

> 功业由变以兴，故见乎变也。

圣人之情见乎辞。

> 辞也者，各指其所之，故曰"情"也。

天地之大德曰生，

> 施生而不为，故能常生，故曰"大德"也。

圣人之大宝曰位。

> 夫无用则无所宝，有用则有所宝也。无用而常足者，莫妙乎道；有
> 用而弘道者，莫大乎位，故曰"圣人之大宝曰位"。

何以守位？曰仁。何以聚人？曰财。

> 财所以资物生也。

理财正辞，禁民为非，曰义。

古者包牺氏之王天下也，仰则观象于天，俯则观法于地，
观鸟兽之文，与地之宜；

> 圣人之作易，无大不极，无微不究。大则取象天地，细则观鸟兽之
> 文，与地之宜也。

近取诸身，远取诸物，于是始作八卦，以通神明之德，以
类万物之情。作结绳而为罔罟，以佃以渔，盖取诸离。

离,丽也。罔罟之用,必审物之所丽也,鱼丽于水,兽丽于山也。

包牺氏没,神农氏作。斫木为耜,揉木为耒,耒耨之利,以教天下,盖取诸益。

制器致丰,以益万物。

日中为市,致天下之民,聚天下之货,交易而退,各得其所,盖取诸噬嗑。

噬嗑,合也。市人之所聚,异方之所合,设法以合物,噬嗑之义也。

神农氏没,黄帝、尧、舜氏作。通其变,使民不倦;

通物之变,故乐其器用,不解倦也。

神而化之,使民宜之。易穷则变,变则通,通则久。

通变则无穷,故可久也。

是以自天祐之,吉,无不利。黄帝、尧、舜,垂衣裳而天下治,盖取诸乾坤。

垂衣裳以辨贵贱,乾尊坤卑之义也。

刳木为舟,剡木为楫,舟楫之利,以济不通,致远以利天下,盖取诸涣。

涣者,乘理以散通也。

服牛乘马,引重致远,以利天下,盖取诸随。

随,随宜也。服牛乘马,随物所之,各得其宜也。

重门击柝,以待暴客,盖取诸豫。

取其豫备。

断木为杵,掘地为臼,臼杵之利,万民以济,盖取诸

小过。

> 以小用而济物也。

弦木为弧，剡木为矢，弧矢之利，以威天下，盖取诸睽。

> 睽，乖也。物乖则争兴，弧矢之用，所以威乖争也。

上古穴居而野处，后世圣人易之以宫室，上栋下宇，以待风雨，盖取诸大壮。

> 宫室壮大于穴居，故制为宫室，取诸大壮也。

古之葬者，厚衣之以薪，葬之中野，不封不树，丧期无数，后世圣人易之以棺椁，盖取诸大过。

> 取其过厚。

上古结绳而治，后世圣人易之以书契，百官以治，万民以察，盖取诸夬。

> 夬，决也。书契所以决断万事也。

是故，易者，象也。象也者，像也。彖者，材也。

> 材，才德也。彖，言成卦之材，以统卦义也。

爻也者，效天下之动者也。是故吉凶生而悔吝著也。阳卦多阴，阴卦多阳，其故何也？阳卦奇，阴卦耦。

> 夫少者多之所宗，一者众之所归。阳卦二阴，故奇为之君；阴卦二阳，故耦为之主。

其德行何也？

> 辨阴阳二卦之德行也。

阳一君而二民，君子之道也；阴二君而一民，小人之道也。

阳,君道也;阴,臣道也。君以无为统众,无为则一也。臣以有事代终,有事则二也。故阳爻画奇,以明君道必一。阴爻画两,以明臣体必二。斯则阴阳之数,君臣之辨也。以一为君,君之德也;二居君位,非其道也。故阳卦曰君子之道,阴卦曰小人之道也。

易曰:"憧憧往来,朋从尔思。"

天下之动,必归乎一。思以求朋,未能一也。一以感物,不思而至。

子曰:天下何思何虑? 天下同归而殊涂,一致而百虑,天下何思何虑?

夫少则得,多则惑。涂虽殊,其归则同;虑虽百,其致不二。苟识其要,不在博求,一以贯之,不虑而尽矣。

日往则月来,月往则日来,日月相推而明生焉。寒往则暑来,暑往则寒来,寒暑相推而岁成焉。往者,屈也;来者,信也,屈信相感而利生焉。尺蠖之屈,以求信也;龙蛇之蛰,以存身也;精义入神,以致用也;

精义,物理之微者也。神寂然不动,感而遂通,故能乘天下之微,会而通其用也。

利用安身,以崇德也。

利用之道,由安其身而后动也。精义由于入神以致其用,利用由于安身以崇其德。理必由乎其宗,事各本乎其根,归根则宁,天下之理得也。若役其思虑以求动用,忘其安身以殉功美,则伪弥多而理愈失,名弥美而累愈彰矣。

过此以往,未之或知也。穷神知化,德之盛也。

易曰："困于石，据于蒺藜，入于其宫，不见其妻，凶。"子曰：非所困而困焉，名必辱；非所据而据焉，身必危。既辱且危，死期将至，妻其可得见邪？易曰："公用射隼于高墉之上，获之，无不利。"子曰：隼者，禽也；弓矢者，器也；射之者，人也。君子藏器于身，待时而动，何不利之有！动而不括，是以出而有获，语成器而动者也。

> 括，结也。君子待时而动，则无结阂之患也。

子曰：小人不耻不仁，不畏不义；不见利不劝，不威不惩，小惩而大诫，此小人之福也。易曰："履校灭趾，无咎。"此之谓也。善不积，不足以成名；恶不积，不足以灭身。小人以小善为无益而弗为也，以小恶为无伤而弗去也，故恶积而不可掩，罪大而不可解。易曰："何校灭耳，凶。"子曰：危者，安其位者也；亡者，保其存者也；乱者，有其治者也。是故君子安而不忘危，存而不忘亡，治而不忘乱，是以身安而国家可保也。易曰："其亡其亡，系于苞桑。"子曰：德薄而位尊，知小而谋大，力小而任重，鲜不及矣。易曰："鼎折足，覆公𫂆，其形渥，凶。"言不胜其任也。子曰：知几其神乎！君子上交不谄，下交不渎，其知几乎！

> 形而上者况之道，形而下者况之器。于道不冥，而有求焉，未离乎谄也；于器不绝，而有交焉，未免乎渎也。能无谄渎，穷理者乎？

几者，动之微，吉之先见者也。

> 几者，去无入有。理而无形，不可以名寻，不可以形睹者也。唯神

也不疾而速,感而遂通,故能朗然玄昭,鉴于未形也。合抱之木,
起于毫末,吉凶之彰,始于微兆,故为吉之先见也。

君子见几而作,不俟终日。易曰:"介于石,不终日,贞
吉。"介如石焉,宁用终日,断可识矣。

定之于始,故不待终日也。

君子知微知彰,知柔知刚,万夫之望。

此知几其神乎?

子曰:<u>颜</u>氏之子,其殆庶几乎! 有不善,未尝不知,知之
未尝复行也。

在理则昧,造形而悟。<u>颜子</u>之分也,失之于几,故有不善。得之于
二,不远而复,故知之未尝复行也。

易曰:"不远复,无祗悔,元吉。"

吉凶者,失得之象也。得一者,于理不尽,未至成形,故得不远而
复。舍凶之吉,免夫祗悔,而终获元吉。祗,大也。

天地絪缊,万物化醇;男女构精,万物化生。易曰:"三
人行,则损一人;一人行,则得其友。"言致一也。

致一而后化成也。

子曰:君子安其身而后动,易其心而后语,定其交而后
求。君子修此三者,故全也。危以动,则民不与也;惧以
语,则民不应也。无交而求,则民不与也。莫之与,则伤
之者至矣。易曰:"莫益之,或击之,立心勿恒,凶。"

夫虚己存诚,则众之所不迕也;躁以有求,则物之所不欲也。

子曰：乾坤，其易之门邪？乾，阳物也；坤，阴物也。阴阳合德，而刚柔有体，以体天地之撰，

> 撰，数也。

以通神明之德。其称名也，杂而不越，

> 备物极变，故其名杂也。各得其序，不相逾越，况爻繇之辞也。

于稽其类，其衰世之意邪？

> 有忧患而后作易，世衰则失得弥彰，爻繇之辞所以明失得，故知衰世之意邪？稽，犹考也。

夫易，彰往而察来，而微显阐幽。

> 易无往不彰，无来不察，而微以之显，幽以之阐。阐，明也。

开而当名辨物，正言断辞，则备矣。

> 开释爻卦，使各当其名也。理类辨明，故曰"断辞"也。

其称名也小，其取类也大。

> 托象以明义，因小以喻大。

其旨远，其辞文，其言曲而中，

> 变化无恒，不可为典要，故"其言曲而中"也。

其事肆而隐。

> 事显而理微也。

因贰以济民行，以明失得之报。

> 贰则失得也，因失得以通济民行，故明失得之报也。失得之报者，得其会则吉，乖其理则凶。

易之兴也，其于中古乎？作易者，其有忧患乎？

无忧患,则不为而足也。

是故,履,德之基也。

基,所蹈也。

谦,德之柄也。复,德之本也。

夫动本于静,语始于默。复者,各反其所始,故为德之本也。

恒,德之固也。

固,不倾移也。

损,德之修也。益,德之裕也。

能益物者,其德宽大也。

困,德之辨也。

困而益明。

井,德之地也。

所处不移,象居得其所也。

巽,德之制也。

巽所以申命,明制也。

履,和而至。

和而不至,从物者也;和而能至,故可履也。

谦,尊而光。复,小而辨于物。

微而辨之,不远复也。

恒,杂而不厌。

杂而不厌,是以能恒。

损,先难而后易。

刻损以修身,故先难也;身修而无患,故后易也。

益,长裕而不设。

有所兴为,以益于物,故曰"长裕"。因物兴务,不虚设也。

困,穷而通。

处穷而不屈其道也。

井,居其所而迁。

改邑不改井,井所居不移,而能迁其施也。

巽,称而隐。

称扬命令,而百姓不知其由也。

履,以和行。谦,以制礼。复,以自知。

求诸己也。

恒,以一德。

以一为德也。

损,以远害。

止于修身,故可以远害而已。

益,以兴利。困,以寡怨。

困而不滥,无怨于物。

井,以辨义。

施而无私,义之方也。

巽,以行权。

权,反经而合道,必合乎巽顺,而后可以行权也。

易之为书也不可远,

拟议而动,不可远也。

为道也屡迁。变动不居,周流六虚。

> 六虚,六位也。

上下无常,刚柔相易,不可为典要,

> 不可立定准也。

唯变所适。

> 变动贵于适时,趣舍存乎会也。

其出入以度,外内使知惧,

> 明出入之度,使物知外内之戒也。出入犹行藏,外内犹隐显。遁
> 以远时为吉,丰以幽隐致凶,渐以高显为美,明夷以处昧利贞,此
> 外内之戒也。

又明于忧患与故。

> 故,事故也。

无有师保,如临父母。

> 安而不忘危,存而不忘亡,终日乾乾,不可以怠也。

初率其辞,而揆其方,既有典常,

> 能循其辞以度其义,原其初以要其终,则唯变所适,是其常典也。
> 明其变者,存其要也,故曰:"苟非其人,道不虚行。"

苟非其人,道不虚行。易之为书也,原始要终以为
质也。

> 质,体也。卦兼终始之义也。

六爻相杂,唯其时物也。

> 爻各存乎其时。物,事也。

其初难知,其上易知,本末也;初辞拟之,卒成之终。

> 夫事始于微而后至于著。初者,数之始,拟议其端,故难知也。上

者,卦之终,事皆成著,故易知也。

若夫杂物撰德,辨是与非,则非其中爻不备。噫！亦要存亡吉凶,则居可知矣。知者观其彖辞,则思过半矣。

> 夫彖者,举立象之统,论中爻之义。约以存博,简以兼众,杂物撰德,而一以贯之。形之所宗者道,众之所归者一。其事弥繁,则愈滞乎形;其理弥约,则转近乎道。彖之为义,存乎一也;一之为用,同乎道矣。形而上者可以观道,过半之益,不亦宜乎!

二与四,同功

> 同阴功也。

而异位。

> 有内外也。

其善不同,二多誉,

> 二处中和,故多誉也。

四多惧,近也。

> 位逼于君,故多惧也。

柔之为道,不利远者;其要无咎,其用柔中也。

> 四之多惧,以近君也。柔之为道,须援而济,故有不利远者。二之能无咎,柔而处中也。

三与五,同功

> 同阳功也。

而异位。

> 有贵贱也。

三多凶,五多功,贵贱之等也。其柔危,其刚胜邪。

三五阳位,柔非其位,处之则危,居以刚健,胜其任也。夫所贵刚者,闲邪存诚,动而不违其节者也。所贵柔者,含弘居中,顺而不失其贞者也。若刚以犯物,则非刚之道;柔以卑佞,则非柔之义也。

易之为书也,广大悉备。有天道焉,有人道焉,有地道焉。兼三才而两之,故六。六者非它也,三才之道也。

说卦备矣。

道有变动,故曰爻;爻有等,故曰物;

等,类也。乾,阳物也;坤,阴物也。爻有阴阳之类,而后有刚柔之用,故曰"爻有等,故曰物"。

物相杂,故曰文;

刚柔交错,玄黄错杂。

文不当,故吉凶生焉。

易之兴也,其当殷之末世,周之盛德邪?当文王与纣之事邪?

文王以盛德蒙难,而能亨其道,故称文王之德,以明易之道也。

是故其辞危。

文王与纣之事,危其辞也。

危者使平,易者使倾。

易,慢易也。

其道甚大,百物不废,惧以终始,其要无咎,此之谓易之道也。

夫文不当而吉凶生,则保其存者亡,不忘亡者存;有其治者乱,不忘危者安。惧以终始,归于无咎,安危之所由,爻象之大体也。

夫乾,天下之至健也,德行恒易,以知险。夫坤,天下之
至顺也,德行恒简,以知阻。能说诸心,能研诸侯之虑,

> 诸侯,物主有为者也。能说万物之心,能精为者之务。

定天下之吉凶,成天下之亹亹者。是故变化云为,吉事
有祥;象事知器,占事知来。

> 夫变化云为者,行其吉事,则获嘉祥之应;观其象事,则知制器之
> 方;玩其占事,则睹方来之验也。

天地设位,圣人成能;

> 圣人乘天地之正,万物各成其能。

人谋鬼谋,百姓与能。

> 人谋,况议于众以定得失也。鬼谋,况寄卜筮以考吉凶也。不役
> 思虑,而失得自明;不劳探讨,而吉凶自著。类万物之情,通幽深
> 之故,故百姓与能,乐推而不厌也。

八卦以象告,

> 以象告人。

爻彖以情言,

> 情有险易,而各得其情也。

刚柔杂居,而吉凶可见矣。变动以利言,

> 变而通之以尽利也。

吉凶以情迁。

> 吉凶无定,唯人所动,情顺乘理以之吉,情逆违道以陷凶,故曰"吉
> 凶以情迁"也。

是故爱恶相攻而吉凶生,

> 泯然同顺,何吉何凶?爱恶相攻,然后逆顺者殊,故"吉凶生"。

远近相取而悔吝生，

相取，犹相资也。远近之爻，互相资取，而后有悔吝也。

情伪相感而利害生。

情以感物，则得利；伪以感物，则致害也。

凡易之情，近而不相得，则凶。

近况比爻也。易之情，刚柔相摩，变动相适者也。近而不相得，必有乖违之患。或有相违而无患者，得其应也。相顺而皆凶者，乖于时也。存事以考之，则义可见矣。

或害之，悔且吝。

夫无对于物，而后尽全顺之道，岂可有欲害之者乎？虽能免济，必有悔吝也。或，欲害之辞也。

将叛者其辞惭，中心疑者其辞枝，吉人之辞寡，躁人之辞多，诬善之人其辞游，失其守者其辞屈。

说卦韩康伯注

昔者圣人之作易也，幽赞于神明而生蓍，

幽，深也。赞，明也。蓍受命如向，不知所以然而然也。

参天两地而倚数，

参，奇也。两，耦也。七九阳数，六八阴数。

观变于阴阳而立卦，

卦，象也。蓍，数也。卦则雷风相薄，山泽通气，拟象阴阳变化之体。蓍则错综天地，参两之数。蓍极数以定象，卦备象以尽数，故蓍曰"参天两地而倚数"，卦曰"观变于阴阳"也。

发挥于刚柔而生爻。

刚柔发散,变动相和。

和顺于道德而理于义,穷理尽性以至于命。

命者,生之极;穷理则尽其极也。

昔者圣人之作易也,将以顺性命之理。是以立天之道曰阴与阳,立地之道曰柔与刚,

在天成象,在地成形。阴阳者言其气,刚柔者言其形。变化始于气象,而后成形。万物资始乎天,成形乎地,故天曰阴阳、地曰柔刚也。或有在形而言阴阳者,本其始也;在气而言柔刚者,要其终也。

立人之道曰仁与义。兼三才而两之,故易六画而成卦。分阴分阳,迭用柔刚,故易六位而成章。

设六爻以效三才之动,故六画而成卦也。六位,爻所处之位也。二四为阴,三五为阳,故曰"分阴分阳"。六爻升降,或柔或刚,故曰"迭用柔刚"也。

天地定位,山泽通气,雷风相薄,水火不相射。八卦相错,数往者顺,知来者逆,

易八卦相错,变化理备。于往则顺而知之,于来则逆而数之。

是故易逆数也。

作易以逆睹来事,以前民用。

雷以动之,风以散之,雨以润之,日以烜之。艮以止之,兑以说之,乾以君之,坤以藏之。帝出乎震,齐乎巽,相

见乎离,致役乎坤,说言乎兑,战乎乾,劳乎坎,成言乎
艮。万物出乎震,震,东方也。齐乎巽,巽,东南也。齐
也者,言万物之絜齐也。离也者,明也,万物皆相见,南
方之卦也。圣人南面而听天下,向明而治,盖取诸此也。
坤也者,地也,万物皆致养焉,故曰致役乎坤。兑,正秋
也,万物之所说也,故曰说言乎兑。战乎乾,乾,西北之
卦也,言阴阳相薄也。坎者,水也,正北方之卦也,劳卦
也,万物之所归也,故曰劳乎坎。艮,东北之卦也,万物
之所成终而所成始也,故曰成言乎艮。

神也者,妙万物而为言者也。

> 于此言神者,明八卦运动、变化、推移,莫有使之然者。神则无物,
> 妙万物而为言也。则雷疾风行,火炎水润,莫不自然相与为变化,
> 故能万物既成也。

动万物者莫疾乎雷,挠万物者莫疾乎风,燥万物者莫熯
乎火,说万物者莫说乎泽,润万物者莫润乎水,终万物始
万物者莫盛乎艮。故水火相逮,雷风不相悖。山泽通
气,然后能变化,既成万物也。

乾,健也。坤,顺也。震,动也。巽,入也。坎,陷也。
离,丽也。艮,止也。兑,说也。

乾为马,坤为牛,震为龙,巽为鸡,坎为豕,离为雉,艮为

狗,兑为羊。

乾为首,坤为腹,震为足,巽为股,坎为耳,离为目,艮为手,兑为口。

乾,天也,故称乎父。坤,地也,故称乎母。震一索而得男,故谓之长男;巽一索而得女,故谓之长女;坎再索而得男,故谓之中男;离再索而得女,故谓之中女;艮三索而得男,故谓之少男;兑三索而得女,故谓之少女。

乾为天,为圜,为君,为父,为玉,为金,为寒,为冰,为大赤,为良马,为老马,为瘠马,为驳马,为木果。

坤为地,为母,为布,为釜,为吝啬,为均,为子母牛,为大舆,为文,为众,为柄,其于地也为黑。

震为雷,为龙,为玄黄,为旉,为大涂,为长子,为决躁,为苍筤竹,为萑苇。其于马也,为善鸣,为馵足,为作足,为的颡。其于稼也,为反生。其究为健,为蕃鲜。

巽为木,为风,为长女,为绳直,为工,为白,为长,为高,为进退,为不果,为臭。其于人也,为寡发,为广颡,为多白眼,为近利市三倍。其究为躁卦。

坎为水,为沟渎,为隐伏,为矫輮,为弓轮。其于人也,为加忧,为心病,为耳痛,为血卦,为赤。其于马也,为美脊,为亟心,为下首,为薄蹄,为曳。其于舆也,为多眚,为通,为月,为盗。其于木也,为坚多心。

离为火,为日,为电,为中女,为甲胄,为戈兵。其于人也,为大腹,为乾卦。为鳖,为蟹,为蠃,为蚌,为龟。其于木也,为科上槁。

艮为山,为径路,为小石,为门阙,为果蓏,为阍寺,为指,为狗,为鼠,为黔喙之属。其于木也,为坚多节。

兑为泽,为少女,为巫,为口舌,为毁折,为附决。其于地也,为刚卤,为妾,为羊。

序卦韩康伯注

有天地,然后万物生焉,盈天地之间者唯万物,故受之以屯。屯者,盈也。屯者,物之始生也。

屯,刚柔始交,故为物之始生也。

物生必蒙,故受之以蒙。蒙者,蒙也,物之稚也。物稚不可不养也,故受之以需。需者,饮食之道也。饮食必有讼,故受之以讼。

> 夫有生则有资,有资则争兴也。

讼必有众起,故受之以师。师者,众也。众必有所比,故受之以比。

> 众起而不比,则争无由息,必相亲比而后得宁也。

比者,比也。比必有所畜,故受之以小畜。

> 比非大通之道,则各有所畜以相济也。由比而畜,故曰小畜而不能大也。

物畜然后有礼,故受之以履。

> 履者,礼也。礼所以适用也,故既畜则宜用,有用则须礼也。

履而泰,然后安,故受之以泰。泰者,通也。物不可以终通,故受之以否。物不可以终否,故受之以同人。

> 否则思通,人人同志,故可出门同人,不谋而合。

与人同者,物必归焉,故受之以大有。有大者,不可以盈,故受之以谦。有大而能谦必豫,故受之以豫。豫必有随,

> 顺以动者,众之所随。

故受之以随。以喜随人者必有事,故受之以蛊。蛊者,事也。有事而后可大,

> 可大之业,由事而生。

故受之以临。临者,大也。物大然后可观,故受之以观。可观而后有所合,故受之以噬嗑。

可观则异,方合会也。

嗑者,合也。物不可以苟合而已,故受之以贲。贲者,饰也。

物相合则须饰以修外也。

致饰然后亨则尽矣,故受之以剥。

极饰则实丧也。

剥者,剥也。物不可以终尽剥,穷上反下,故受之以复。复则不妄矣,故受之以无妄。有无妄然后可畜,故受之以大畜。物畜然后可养,故受之以颐。颐者,养也。不养则不可动,故受之以大过。

不养则不可动,养过则厚。

物不可以终过,故受之以坎。坎者,陷也。

过而不已,则陷没也。

陷必有所丽,故受之以离。离者,丽也。

物穷则变,极陷则反所丽也。

有天地,然后有万物;有万物,然后有男女;有男女,然后有夫妇;有夫妇,然后有父子;有父子,然后有君臣;有君臣,然后有上下;有上下,然后礼义有所错。

言咸卦之义也。凡序卦所明,非易之缊也,盖因卦之次,托以明义。咸柔上而刚下,感应以相与,夫妇之象莫美乎斯。人伦之道,莫大乎夫妇,故夫子殷勤深述其义以崇人伦之始,而不系之于离也。先儒以乾至离为上经,天道也;咸至未济为下经,人事也。夫易六画成卦,三材必备,错综天人以效变化,岂有天道人事偏于上下哉?斯盖守文而不求义,失之远矣!

夫妇之道,不可以不久也,故受之以恒。恒者,久也。物不可以久居其所,故受之以遁。遁者,退也。

夫妇之道,以恒为贵,而物之所居,不可以恒,宜与世升降,有时而遁也。

物不可以终遁,

遁,君子以远小人;遁而后亨,何可终邪?则小人遂陵,君子日消也。

故受之以大壮。

阳盛阴消,君子道胜。

物不可以终壮,故受之以晋。

晋,以柔而进也。

晋者,进也。

虽以柔而进,要是进也。

进必有所伤,故受之以明夷。

日中则昃,日盈则食。

夷者,伤也。伤于外者,必反其家,故受之以家人。

伤于外,必反修诸内。

家道穷必乖,

室家至亲,过在失节,故家人之义,唯严与敬。乐胜则流,礼胜则离,家人尚严,其敝必乖也。

故受之以睽。睽者,乖也。乖必有难,故受之以蹇。蹇者,难也。物不可以终难,故受之以解。解者,缓也。缓必有所失,故受之以损。损而不已必益,故受之以益。
益而不已必决,

> 益而不已则盈,故必决也。

故受之以夬。夬者,决也。决必有遇,

> 以正决邪,必有喜遇也。

故受之以姤。姤者,遇也。物相遇而后聚,故受之以萃。
萃者,聚也。聚而上者谓之升,故受之以升。升而不已
必困,故受之以困。困乎上者必反下,故受之以井。井
道不可不革,

> 井久则浊秽,宜革易其故。

故受之以革。革物者莫若鼎,故受之以鼎。

> 革,去故;鼎,取新。既以去故,则宜制器立法以治新也。鼎所以
> 和齐生物,成新之器也,故取象焉。

主器者莫若长子,故受之以震。震者,动也。物不可以
终动,止之,故受之以艮。艮者,止也。物不可以终止,
故受之以渐。渐者,进也。进必有所归,故受之以归妹。
得其所归者必大,故受之以丰。丰者,大也。穷大者必
失其居,故受之以旅。旅而无所容,故受之以巽。

> 旅而无所容,以巽则得出入也。

巽者,入也。入而后说之,故受之以兑。兑者,说也。说
而后散之,故受之以涣。

> 说不可偏系,故宜散也。

涣者,离也。

涣者，发畅而无所壅滞，则殊越各肆而不反，则遂乖离也。

物不可以终离，故受之以节。

夫事有其节，则物之所同守而不散越也。

节而信之，故受之以中孚。

孚，信也。既已有节，则宜信以守之。

有其信者必行之，故受之以小过。

守其信者，则失贞而不谅之道，而以信为过，故曰"小过"也。

有过物者必济，

行过乎恭，礼过乎俭，可以矫世厉俗，有所济也。

故受之以既济。物不可穷也，故受之以未济终焉。

有为而能济者，以已穷物者也。物穷则乖，功极则乱，其可济乎？
故受之以未济也。

杂卦韩康伯注

杂卦者，杂糅众卦，错综其义，或以同相类，或以异相明也。

乾刚坤柔，比乐师忧。

亲比则乐，动众则忧。

临、观之义，或与或求。

以我临物，故曰"与"；物来观我，故曰"求"。

屯，见而不失其居。

屯，利建侯，君子经纶之时。虽见而磐桓，利贞，不失其居也。

蒙，杂而著。

杂而未知所定也，求发其蒙，则终得所定。著，定也。

震，起也。艮，止也。损、益，盛衰之始也。

极损则益,极益则损。

大畜,时也。

因时而畜,故能大也。

无妄,灾也。

无妄之世,妄则灾也。

萃聚而升不来也。

来,还也。方在上升,故不还也。

谦轻而豫怠也。

谦者不自重大。

噬嗑,食也。贲,无色也。

饰贵合众,无定色也。

兑见而巽伏也。

兑贵显说,巽贵卑退。

随,无故也。蛊则饬也。

随时之宜,不系于故也。随则有事,受之以蛊。饬,整治也。蛊所
以整治其事也。

剥,烂也。

物熟则剥落也。

复,反也。晋,昼也。明夷,诛也。

诛,伤也。

井通而困相遇也。

井,物所通用而不吝也;困,安于所遇而不滥也。

咸,速也。

物之相应,莫速乎咸。

恒,久也。涣,离也。节,止也。解,缓也。蹇,难也。睽,外也。

相疏外也。

家人,内也。否、泰,反其类也。大壮则止。遁则退也。

大正则小人止,小人亨则君子退也。

大有,众也。同人,亲也。革,去故也。鼎,取新也。小过,过也。中孚,信也。丰,多故也。

高者惧危,满者戒盈,丰大者多忧故也。

亲寡,旅也。

亲寡,故寄旅也。

离上而坎下也。

火炎上,水润下。

小畜,寡也。

不足以兼济也。

履,不处也。

王弼云:履卦阳爻皆以不处其位为吉也。

需,不进也。

畏险而止也。

讼,不亲也。大过,颠也。

本末弱也。

姤,遇也,柔遇刚也。渐,女归待男行也。

女从男也。

颐,养正也。既济,定也。归妹,女之终也。

女终于出嫁也。

未济,男之穷也。

刚柔失位,其道未济,故曰穷也。

夬,决也,刚决柔也;君子道长,小人道忧也。

君子以决小人,长其道。小人见决去,为深忧也。

周易略例

明象

夫彖者,何也〔一〕?统论一卦之体,明其所由之主者也〔二〕。

夫众不能治众,治众者,至寡者也〔三〕。夫动不能制动,制天下之动者,贞夫一者也〔四〕。故众之所以得咸存者,主必致一也〔五〕;动之所以得咸运者,原必无二也〔六〕。

物无妄然,必由其理〔七〕。统之有宗,会之有元〔八〕,故繁而不乱,众而不惑〔九〕。故六爻相错,可举一以明也;刚柔相乘,可立主以定也〔一〇〕。是故杂物撰德,辩是与非,则非其中爻,莫之备矣〔一一〕!故自统而寻之,物虽众,则知可以执一御也;由本以观之,义虽博,则知可以一名举也〔一二〕。故处璇玑以观大运〔一三〕,则天地之动未足怪也;据会要以观方来,则六合辐辏未足多也〔一四〕。故举卦之名,义有主矣;观其彖辞,则思过半矣〔一五〕!夫古今虽殊,军国异容,中之为用,故未可远也〔一六〕。品制万变,宗主存焉;象之所尚,斯为盛矣〔一七〕。

夫少者,多之所贵也;寡者,众之所宗也〔一八〕。一卦五阳而一阴,则一阴为之主矣;五阴而一阳,则一阳为之主矣〔一九〕!夫

阴之所求者阳也，阳之所求者阴也〔二〇〕。阳苟一焉〔二一〕，五阴
何得不同而归之？阴苟只焉，五阳何得不同而从之？故阴爻
虽贱，而为一卦之主者，处其至少之地也〔二二〕。或有遗爻而举
二体者，卦体不由乎爻也〔二三〕。繁而不忧乱，变而不忧惑，约以
存博，简以济众，其唯象乎〔二四〕！乱而不能惑，变而不能渝，非
天下之至赜，其孰能与于此乎〔二五〕！故观象以斯，义可见
矣〔二六〕。

【校释】

〔一〕"象"，指象辞。此章为论述象辞之作用、意义等。邢璹
　　注："将释其义，故假设问端，故曰'何'。"

〔二〕"统论"，总论。"体"，指卦体。"主"，主导，指一卦中为主
　　的一爻。王弼认为，一卦虽有众多之爻，但其中只有一爻
　　起主导作用，是这一卦的中心主旨所在，即下文所谓"六爻
　　相错，可举一以明也"。象辞正是总论一卦，通过对一卦中
　　起主导作用的一爻的分析，辨明这一卦的主旨所在。邢璹
　　注："统论一卦功用之体，明辩卦体所由之主。立主之义，
　　义在一爻。明，辩也。"

〔三〕"众"，就卦象而言，指六爻；泛言之，则指万事万物、百姓
　　庶民。"至寡"，就卦象而言，指起主导作用那一爻；泛言
　　之，则指万事万物之总根、最高统治者。邢璹注："万物是
　　众，一是寡。众不能理（治）众，理（治）众者，至少以理
　　（治）之也。"

〔四〕"制"，统御。"贞"，正。"一"，就卦而言，指其中起主导作

用之一爻;泛言之,则指绝对静止之本体。易系辞下说:
"天下之动,贞夫一者也。"王弼以老子思想释易,老子三
十九章王弼注:"一,数之始,而物之极也。"二十六章"静
为躁君",王弼注:"不动者制动……静必为躁君。"又,恒
卦上六注:"静为躁君,安为动主。"所以王弼认为静是绝
对的,是用以止动的。邢璹注:"天下之动,动则不能自制,
制其动者,贞正之一者也。老子曰:'王侯得一以为天下
贞。'然则一为君体。君体合道动,是众由一制也。制众归
一,故静为躁君,安为动主。"

〔五〕"咸",皆。"主",宗、根本。"致一",归于"一"。邢璹注:
"致,犹归也。众皆所以得其存者,必归于一也。"

〔六〕"原",本原。"无二",即所谓"一"。邢璹注:"动所以运运
不已者,谓无二动。故无心于动,而动不息。"

〔七〕"妄",虚妄,盲目。"理",条理,指秩序。此句意为,万事
万物之运动变化不是盲目的,而是遵循必然之理的。乾卦
文言王弼注:"夫识物之动,则其所以然之理皆可知也。"
邢璹注:"物,众也。妄,虚妄也。天下之众皆无妄,无妄之
理,必由君主统之也。"

〔八〕"会",合,亦即统制之意。"元",通"原",亦即"宗"、"主"
之意。老子四十七章王弼注:"事有宗,而物有主;途虽殊,
而其归同也;虑虽百,而其致一也。"邢璹注:"统领之以宗
主,会合之以元首。"

〔九〕"惑",亦是"乱"之意。邢璹注:"统之以宗主,虽繁而不
乱;会之以元首,虽众而不惑。"

〔一〇〕"错",杂然相陈。卦中爻象有阴阳刚柔,如 ▬ 为阳、为刚,

▬▬ 为阴、为柔。又，卦中爻位亦有阴阳刚柔，据略例辩位所述，初上为始终而无阴阳之位，此外二、四为阴位、柔位，三、五为阳位、刚位。"六爻相错"、"刚柔相乘"，意为爻象与爻位之阴阳刚柔互相杂然相陈，互相乘据。"可举一以明也"、"可立主以定也"，意为可以举出其中起主导作用之一爻或"中爻"来阐明和确定这一卦之意义。如下文所说："是故杂物撰德，辩是与非，则非其中爻（指二与五），莫之备矣。""一卦五阳而一阴，则一阴为之主矣；五阴而一阳，则一阳为之主矣。"邢璹注："错，杂也。六爻或阴或阳，错杂交乱，举贞一之主以明其用。""六爻有刚有柔，或乘或据，有逆有顺，可立主以定之。"

〔一一〕语见系辞下："若夫杂物撰德，辩是与非，则非其中爻不备……知者观其彖辞，则思过半矣。""杂"，错杂。"撰"，选。焦循易章句："于众爻杂错之中，而选其德，以辩是非。中爻谓二、五也。"韩康伯注："夫彖者，举立象之统，论中爻之义。约以存博，简以兼众，杂物撰德，而一以贯之。形之所宗者道，众之所归者一。其事弥繁，则愈滞乎形；其理弥约，则转近乎道。彖之为义，存乎一也；一之为用，同乎道矣。"邢璹注："撰，数也。杂，聚也。聚其物体，数其德行。""辩，明也。得位而承之，是也；失位而据之，非也。""然则非是中之一爻，莫之能备，讼彖云'讼有孚窒惕。中吉，刚来而得中也'、困彖云'贞大人吉，以刚中也'之例是也。"

〔一二〕"统"、"本"，均为根本之意。"一"，老子三十九章王弼注："万物万形，其归一也。""一，数之始，而物之极也。"八十一章王弼注:"极在一也。"所以"一"即"道"、"无"、"静"之义。"御",统制。"举",统括。邢璹注:"统而推寻,万物虽殊,一之以神道;百姓虽众,御之以君主也。""博,广也。本,谓君也、道也。义虽广,举之在一也。"

〔一三〕"璇玑",古代观测天象运行之仪器。"大运",指天体之运行。

〔一四〕"会要",纲领、枢纽。"方来",指即将到来的变化。"六合",上、下、四方(东、南、西、北)称六合,意指整个宇宙。"辐辏",向中心聚集。邢璹注:"天地虽大,睹之以璇玑;六合虽广,据之以要会。天地之运,不足怪其大;六合辐辏,不足称其多。"

〔一五〕语出系辞下。此句意为,只要举出卦之名,此卦之意义就有统属了;看其彖辞,则能了解它的大半意义,即掌握它的纲领。邢璹注:"彖总卦义,义主中爻。简易者,道也、君也。道能代物,君能御民。智者观之,思过其半矣。"

〔一六〕"中",中正。此句意为,古今虽然变化不同,治理军事与治理政事也不相同,但是都不能离开中正之道。邢璹注:"古今革变,军国殊别,中正之用,终无疏远。"

〔一七〕"品",族,指种类。"制",指制度。此句意为,不论物类、制度如何千变万化,但其根本(宗、主)是不变的(亦即所谓"主必致一也")。彖辞正是重视每卦的"宗"、"主",此可谓抓住了根本。邢璹注:"品变积万,存之在一。"

〔一八〕邢璹注:"自此已(以)下,明至少者多之所主,岂直指其中爻而已。"

〔一九〕"五阳而一阴"之卦,如☰同人、☰大有、☱履、☴小畜、☷

夬、☰☴姤等，以一阴为主。履卦象辞王弼注：“凡彖者，言
乎一卦之所以为主也。成卦之体，在六三也……三为履
主。”“五阴而一阳”之卦，如☶☷剥、☷☳复、☷☵师、☷☵比、☷☶谦、
☷☳豫等，以一阳为主。师卦九二王弼注：“在师而得其中者
也。承上之宠，为师之主。”邢璹注：“同人、履、小畜、大有
之例是也。”“师、比、谦、豫、复、剥之例是也。”

〔二〇〕邢璹注：“王弼曰：夫阴阳相求之物，以所求者贵也。”

〔二一〕“阳苟一焉”之“焉”，四部丛刊影印宋本作“也”字。

〔二二〕邢璹注：“王曰（津逮秘书本作“王弼曰”）：‘阳贵而阴贱
（见屯卦初九象辞注）’，以至少处至多之地，爻虽贱，众亦
从之，小畜彖云‘柔得位，而上下应之’是也”。按，小畜卦
六四为阴爻而又据阴位，所以说得位，而上下应之。

〔二三〕“遗”，弃。“二体”，指卦的上、下（或称内、外）卦。此句意
为，有些卦所体现的意义，不在某一爻，这就需要举出它的
上下卦来说明其包含的意义。如☳☲丰，是离下震上，离为
火，喻明；震为雷，喻动，所以丰卦象辞说：“丰，大也。明以
动，故丰。”又如，☳☱归妹，是兑下震上，兑为少女，为悦；震
为长男，为动，所以归妹象辞说：“归妹，天地之大义也。天
地不交而万物不兴。归妹，人之始终也，悦以动，所以归妹
也。”邢璹注：“遗，弃也。弃此中之一爻，而举二体以明其
义，卦体之义不在一爻，丰、归妹之类是也。”

〔二四〕“约”、“简”，均为少之义，亦即指“宗”、“主”、“一”。邢璹
注：“简易者，道也、君也。万物是众，道能生物，君能养民。
物虽繁，不忧错乱；爻虽变，不忧迷惑。”

〔二五〕“渝”，变污。“赜”，幽深。“至赜”，即指“宗”、“主”、

"一"、"道"、"无"等。<u>邢璹</u>注:"万物虽杂,不能惑其君;六爻虽变,不能渝其主。非天下之至赜,其谁能与于此! 言不能也。"

〔二六〕<u>邢璹</u>注:"观象以斯,其义可见。"

明爻通变

夫爻者何也? 言乎变者也〔一〕。变者何也? 情伪之所为也〔二〕。夫情伪之动,非数之所求也,故合散屈伸,与体相乖〔三〕。形躁好静,质柔爱刚,体与情反,质与愿违〔四〕。巧历不能定其算数,圣明不能为之典要;法制所不能齐,度量所不能均也〔五〕。为之乎岂在夫大哉〔六〕! 陵三军者,或惧于朝廷之仪;暴威武者,或困于酒色之娱〔七〕。

近不必比,远不必乖〔八〕。同声相应,高下不必均也;同气相求,体质不必齐也〔九〕。召云者龙,命吕者律〔一○〕。故二女相违,而刚柔合体〔一一〕。隆墀永叹,远壑必盈〔一二〕。投戈散地,则六亲不能相保〔一三〕;同舟而济,则<u>吴越</u>何患乎异心〔一四〕。故苟识其情,不忧乖远;苟明其趣,不烦强武〔一五〕。能说诸心,能研诸虑〔一六〕,睽而知其类,异而知其通〔一七〕,其唯明爻者乎? 故有善迩而远至,命宫而商应;修下而高者降,与彼而取此者服矣〔一八〕!

是故情伪相感,远近相追;爱恶相攻,屈伸相推;见情者获,直往则违〔一九〕。故拟议以成其变化〔二○〕,语成器而后有格〔二一〕。不知其所以为主,鼓舞而天下从,见乎其情者也〔二二〕。

是故范围天地之化而不过,曲成万物而不遗,通乎昼夜之

道而无体，一阴一阳而无穷。非天下之至变，其孰能与于此
哉〔二三〕！是故卦以存时，爻以示变〔二四〕。

【校释】

〔 一 〕"爻"，指卦之阴阳六爻。此章阐明爻之意义为言变化（包
　　　括爻象和爻位的阴阳、刚柔的变化）。系辞上："爻者，言
　　　乎变者也。"邢璹注："将释其义，假设问辞。""爻者，效也。
　　　物刚效刚，物柔效柔，遇物而变，动有所之，故云：'言乎变
　　　者也。'"

〔 二 〕"情伪"，指情欲、智慧巧诈等。老子十八章王弼注："故智
　　　慧出则大伪生也。"邢璹注："变之所生，生于情伪；情伪所
　　　适，巧诈多端，故云：'情伪之所为也。'"

〔 三 〕"数"，历数，此处指万物之自然状态，即如老子二十章王
　　　弼注所谓："燕雀有匹，鸠鸽有仇；寒乡之民，必知旃裘。"
　　　"乖"，背离。此句意为，由于情欲巧伪而产生变动，这不
　　　是万物自然本性的要求。所以事物之变化运动，与其本体
　　　是相违背的。即如老子二十章王弼注所谓："自然已足，益
　　　之则忧。故续凫之足，何异截鹤之胫。"邢璹注："情欲伪
　　　动，数莫能求。""物之为体，或性同行乖，情貌相违，同归
　　　殊涂，一致百虑。故萃卦六二：'引吉，无咎。'萃之为体，
　　　贵相从就。六三志在静退，不欲相就。人之多僻，己独处
　　　正，其体虽合，志则不同，故曰'合散'。乾之初九：'潜龙，勿
　　　用。'初九身虽潜屈，情无忧闷，其志则申，故曰'屈伸'。"

〔 四 〕此句意为，表现出来是好动，而其本体是好静的；本性虽然
　　　柔顺，而其愿望却是刚健。这是本体和情欲、本性和愿望

相违反。邢璹注：“至于风虎、云龙，啸吟相感，物之体性，形愿相从。此则情体乖违，质愿相反。故归妹九四：‘归妹愆期，迟归有时。’四体是震，是形躁也；愆期待时，是好静也。履卦六三：‘武人为于大君。’志刚也。兑体是阴，是质柔也；志怀刚武，为于大君，是爱刚也。”

〔五〕此句意为，这种由情伪而产生的躁动变化、体形相反、质愿相违的情况，即使是最精密的历法，也不可能为它定出某种度量的；即使是最聪明的人，也不可能为它建立起何种法制的。所以，法制、度量是无法使其齐一、均和的。邢璹注：“万物之情，动变多端，虽复巧历圣明，不能定其算数，制典法、立要会也。”“虽复法制度量，不能均齐诈伪长短也。”

〔六〕“为”，指制定法制、度量。此句意为，并不在于制订多严厉的法制、度量。邢璹注：“情有巧伪，变动相乖，不在于大，而圣明巧历，尚测不知，岂在乎大哉？”

〔七〕“陵”、“暴”，均指敢于搏斗之意。邢璹注：“陵三军，暴威武，视死如归，若献酬、揖让，汗成霡霂。此皆体质刚猛，惧在微小。故大畜初九：‘有厉，利已。’九二：‘舆说辐。’虽复刚健，怯于柔弱也。”

〔八〕“比”，亲。“乖”，离。邢璹注：“近爻不必亲比，远爻不必乖离。屯六二、初九爻虽相近，守贞不从；九五虽远，十年乃字，此例是也。”

〔九〕“同声相应”、“同气相求”，语出乾卦文言。王弼认为，相应者，不必在同一高低之地位；相求者，阴阳刚柔之体质也不必相同。如初与四、二与五、三与上，位置高低不同而相

应。邢璹注:"初四、二五、三上。同声相应,不必限高下;
同气相求,不必齐形质。"

〔一○〕"召云者龙",乾卦文言:"云从龙,风从虎。"孔颖达疏:"龙
是水畜,云是水气,故龙吟则景云出,是云从龙。"此为喻
"同气相求"。"吕"是阴声,"律"是阳声,阳唱而阴和,所
以说:"命吕者律。"此为喻"同声相应"。邢璹注:"云,水
气也。龙,水畜也。召水气者水畜,此明有识感无识。命
阴吕者阳律,此明无识感有识。"

〔一一〕邢璹注:"二女俱是阴类而相违,刚柔虽异而合体,此明异
类相应。"

〔一二〕邢璹注:"隆,高也。堭,水中堭也(小岛)。永,长也。处
高堭而长叹,远壑(沟谷)之中,盈响而应。九五尊高,喻
于隆堭;六二卑下,同于远壑,唱和相应也。"

〔一三〕"投",置。"散地",孙子九地篇:"诸侯自战其地,为散
地。"李筌注:"卒恃土,怀妻子,急则散,是为散地也。"邢
璹注:"投,置也。散,逃也。置兵戈于逃散之地,虽是至
亲,不能相保守也。遁卦九四:'好遁,君子吉。'处身于
外,难在于内。处外则超然远遁。初六至亲,不能相保
守也。"

〔一四〕孙子九地篇:"夫吴人与越人相恶也,当其同舟而济,遇风,
其相救也如左右手。"梅尧臣注:"势使之然。"邢璹注:"同
在一舟而俱济彼岸,胡(吴)越虽殊,其心皆同。若渐卦
三、四,异体和好,物莫能间;顺而相保,似若同在一舟;上
下殊体,犹若胡(吴)越。利用御寇,何患乎异心。"

〔一五〕邢璹注:"苟识同志之情,何忧胡(吴)越也;苟知逃散之

趣,不劳用其威武也。"

〔一六〕"说",悦。"研",精思。语出系辞下:"夫乾,天下之至健
也,德行恒易,以知险。夫坤,天下之至顺也,德行恒简,以
知阻。能说诸心,能研诸侯之虑。"韩康伯注:"诸侯、物
主,有为者也,能说(悦)万物之心,能精为者之务。"此句
意为,爻之变化能预告险阻,所以能使万事万物畅通愉悦,
使诸侯治万物之思虑更其精慎。邢璹注:"诸物之心,忧其
凶患,爻变示之,则物心皆说。诸侯之虑,在于育物,爻变
告之,其虑益精。"

〔一七〕"睽",乖异之意。睽卦彖辞:"天地睽而其事同也,男女睽
而其志通也,万物睽而其事类也。"此谓,虽然万物互相乖
异而不同类,然而它们是互相感应相通的。以上均为说明
了解爻变之重要。邢璹注:"睽彖曰:万物睽而其事类也,
男女睽而其志通也。""知趋舍,察安危,辩吉凶,知变化,
其唯明爻者乎。"

〔一八〕"善",修治。卢文弨说:"古本作'缮'。""善迩而远至",
意为只要整治好自身,则远方之人均会来归附。亦即系辞
上所谓:"君子居其室,出其言善,则千里之外应之,况其迩
者乎?"邢璹注:"善,修治也。迩,近也。近修治言语,千
里远应。若中孚之九二:'鸣鹤在阴,其子和之。'鸣于此,
和于彼,声同则应,有若宫商也。""处下修正,高必命之,
否之初六'拔茅,贞吉'、九四'有命,畴离祉'也。与,谓上
也。取,谓下也。君上福禄不独有之,下人服者,感君之
德,大有六五'厥孚交如、威如,吉'之例是也。"大有六五
爻辞王弼注:"君尊以柔,处大以中,无私于物,上下应之。

信以发志,故其孚交如也。夫不私于物,物亦公焉;不疑于物,物亦诚焉。既公且信,何难何备?"

〔一九〕此三句为概述爻与爻之间交互变化、感应排斥之各种情况,以表示吉凶、悔吝、利害。语出系辞下:"八卦以象告,爻象以情言。刚柔杂居,而吉凶可见矣。变动以利害,凶吉以情迁。是故爱恶相攻而吉凶生,(韩康伯注:"泯然同顺,何吉何凶? 爱恶相攻,然后逆顺者殊,故吉凶生。")远近相取而悔吝生,(韩康伯注:"相取,犹相资也。远近之爻,互相资取,而后有悔吝也。")情伪相感而利害生。(韩康伯注:"情以感物,则得利;伪以感物,则得害。")邢璹注:"正应相感是实情,塞之二、五之例。(塞卦二、五均履当其位,居不失中,所以说是"正应"。)不正相感是伪情,颐之三、上之例。(颐卦三不当位,王弼注:"履夫不正,以养于上,纳上以谄者也。")有应虽远而相追,睽之三、上之例。(睽卦六三王弼注:"应在上九,执志不回,初虽受困,终获刚助。")无应近则相取,贲之二、三之例是也。"(贲卦六二王弼注:"得其位而无应,三亦无应,俱无应而比焉,近而相得者也。")"同人三、四有爱有恶,迭相攻伐。(指同人卦三与四同争二。参看同人卦注。)否、泰二卦一屈一伸,更相推谢。"(泰是阴去阳来,否是阳去阴来,互相推移。)"获,得也。见彼之情,往必得志,屯之六四'求婚媾,往吉,无不利'之例。不揆则往,彼必相违,六三'即鹿无虞,惟入于林中,君子几不如舍,往吝'之例是也。"

〔二〇〕"拟",比拟。"议",借为"仪",范式。两者均为模仿、效法之意。此句意为,爻之变化是效法于外物之运动、变化而形成的。系辞上说："圣人有以见天下之赜,而拟诸其形容……圣人有以见天下之动,而观其会能,以行其典礼……言天下之至赜而不可恶也,言天下之至动而不可乱也。拟之而后言,议之而后动,拟议以成其变化。"韩康伯注:"拟议以动,则尽变化之道。"

〔二一〕"格",邢璹注:"'格',作'括'。'括',结也。语成器而后无结阂之患也。"语本系辞下:"君子藏器于身,待时而动,何不利之有! 动而不括,是以出而有获,语成器而动者也。"韩康伯注:"括,结也。君子待时而动,则无结阂之患也。"

〔二二〕此句意为,易道生成、变化万物,但万物不知其所以为主。易道变化,则天下万物随之而变化,此即体现了易道之实际情况。邢璹注:"鼓舞,犹变化也。易道变化,应人如响,退藏于密,不知为主也。其为变化,万物莫不从之而变,是显见其情。系辞曰:'圣人之情见乎辞。'又曰:'鼓之舞之以尽神。'"

〔二三〕以上各句均为赞美易道、爻变之神通广大,能包尽天地万物、通贯阴阳昼夜之变化。语出系辞上:"范围天地之化而不过,曲成万物而不遗,通乎昼夜之道而知。故神无方而易无体。一阴一阳之谓道……参伍以变,错综其数。通其变,遂成天地之文;极其数,遂定天下之象。非天下之至变,其孰能与于此?"邢璹注:"范,法也。围,周围也。模范周围天地变化之道而无过差,委曲成就万物而不有遗失。""阳通昼,阴通夜。昼夜,犹变化也。极神妙之道而无体可明。一者,道也。道者,虚也。在阴之时,不以生长而为功;在阳之时,不以生长而为力,是以生长无穷。若以生长为功,各尽于有物之功,极岂得无穷乎!""非六爻至极通变以应万物,则不能与于此也。"

〔二四〕邢璹注:"卦以存时,爻以应变。"下章明卦适变通爻说:"夫卦者,时也;爻者,适时之变者也。"

明卦适变通爻

夫卦者,时也;爻者,适时之变者也[一]。

夫时有否泰,故用有行藏[二];卦有小大,故辞有险易[三]。一时之制,可反而用也;一时之吉,可反而凶也[四]。故卦以反对,而爻亦皆变[五]。是故用无常道,事无轨度,动静屈伸,唯变所适[六]。故名其卦,则吉凶从其类;存其时,则动静应其用[七]。寻名以观其吉凶,举时以观其动静,则一体之变,由斯见矣。夫应者,同志之象也;位者,爻所处之象也[八]。承乘者,逆顺之象也;远近者,险易之象也[九]。内外者,出处之象也;初上者,终始之象也[一〇]。是故虽远而可以动者,得其应也;虽险而可以处者,得其时也[一一]。弱而不惧于敌者,得所据也;忧而不惧于乱者,得所附也[一二]。柔而不忧于断者,得所御也。虽后而敢为之先者,应其始也[一三];物竞而独安静者,要其终也[一四]。故观变动者,存乎应;察安危者,存乎位[一五];辩逆顺者,存乎承乘;明出处者,存乎外内[一六]。

远近终始,各存其会;辟险尚远,趣时贵近[一七]。比复好先,乾壮恶首;明夷务暗,丰尚光大[一八]。吉凶有时,不可犯也;动静有适,不可过也[一九]。犯时之忌,罪不在大;失其所适,过不在深〔二〇〕。动天下,灭君主,而不可危也;侮妻子,用颜色,而不可易也〔二一〕。故当其列贵贱之时,其位不可犯也〔二二〕;遇其忧悔吝之时,其介不可慢也〔二三〕。观爻思变,变斯尽矣。

【校释】

〔一〕邢璹注:"卦者,统一时之大义;爻者,适时中之通变。"此章为说明卦与爻之间相互变化的关系。

〔二〕否卦彖辞:"否⋯⋯是天地不交而万物不通也。"所以说否时为用藏。泰卦彖辞:"泰⋯⋯是天地交而万物通也。"所以说泰时为用行。邢璹注:"泰时则行,否时则藏。"

〔三〕语出系辞上:"齐小大者存乎卦,辩吉凶者存乎辞⋯⋯是故卦有小大,辞有险易。"韩康伯注:"其道光明曰大,君子道消曰小。之泰则其辞易,之否则其辞险。"邢璹注:"阴长则小,阳生则大。否卦辞险,泰卦辞易。"

〔四〕"制",止。此句意为,"制"与"用","吉"与"凶",发展到一定时候会互相转化。如䷙大畜,从整个卦讲是大止(制)之时,然而发展到上六,则变为"天之衢",大通。王弼大畜上六注:"畜极则通,大畜之至于大亨之时。"又如䷶丰,王弼注说:"大而亨者,王之所至。"可是发展到它的反面䷷旅,则有羁旅之凶。邢璹注:"一时有大畜之制,反有天衢之用。一时有丰亨之用,反有羁旅之凶也。"

〔五〕此句意为,卦是相反者为对,如䷀乾与䷁坤、䷊泰与䷋否等;而爻则随卦体之变化而变化。按,"卦以反对"之"以"字,汉魏丛书本作"有"。邢璹注:"诸卦之体两相反,正其爻随卦而变。泰之初九:'拔茅,汇征。'否初六:'拔茅,汇贞。'卦既随时,爻变亦准也。"

〔六〕邢璹注:"卦既推移,道用无常;爻逐时变,故事无轨度。动出静入,屈往伸来,唯变所适也。"

〔七〕此句意为,就卦之名来讲,可分为吉、凶两大类;就卦之时来讲,可分为动、静两用。邢璹注:"名其谦、比,则吉从其类;名其蹇、剥,则凶从其类。震时则动应其用,艮时则静应其用。"

〔八〕"应",相应。如初与四、二与五、三与上互相相应。"位",指二、三、四、五之阴阳爻位。邢璹注:"寻谦、比、蹇、剥,则观知吉凶也。举艮、震,则观知动静也。""得应则志同相和。阴位,小人所处;阳位,君子所处。"

〔九〕"承",载,以下对上称"承"。"乘",驾,以上对下称"乘"。阴承阳是顺,阳承阴是逆;阴乘阳是逆,阳乘阴是顺。远难则易(平),近难则险。邢璹注:"阴承阳则顺,阳承阴则逆。故小过六五乘刚,逆也。六二承阳,顺也。远难则易,近难则险。需卦九三近难,险也。初九远险,易矣。"

〔一○〕"内",即下卦,是"处"(居)。"外",即上卦,是"出"。"初",指最下之一爻,是始。"上",指最上之一爻,是终。初、上称始、终,而无阴阳之位。邢璹注:"内卦是处,外卦为出。初为始,上为终也。"

〔一一〕邢璹注:"上下虽远,而动者有其应,革六二去五虽远,阴阳相应,往者无咎也。(革卦六二注:"二与五虽有水火殊体之异,同处其中,阴阳相应,往必合志,不忧咎也。")虽险可以处者,得其时也,需上六居险之上,不忧入穴,(按,此句四部丛刊影印宋本作"不忧出穴之凶",误。)得其时也。"(需卦上六注:"至于上六,处卦之终,非塞路者也;与三为应,三来之己,乃为己援,故无畏害之辟,而乃有入穴之固也。")

〔一二〕"据",位。"得所据",指得其位。"附",依附。"得所附",指所依附者得当。邢璹注:"师之六五,为师之主体,是阴柔,禽来犯田,执言往讨,处得尊位,所以不惧也。遁九五:'嘉遁,贞吉。'处遁之时,小人侵长,君子道消,逃遁于外,附著尊位,率正小人,不敢为乱也。"

〔一三〕邢璹注:"体虽柔弱,不忧断制,良由柔御于阳,终得刚胜,则噬嗑六五'噬干肉,得黄金'之例。初爻处下,有应于四者,即是体后而敢为之先,则泰之初九'拔茅茹以其汇,征吉'之例是也。"

〔一四〕邢璹注:"物甚争竞,己独安静,会其终也。大有上九:'自天祐之,吉,无不利。'余并乘刚,竞其丰富,己独安静,不处于位,由居上极,要其终也。"

〔一五〕此句意为,观察变动,在于爻之相应,互相相应,则生变动。观察安危,在于爻之位置,得位则安,失位则危。邢璹注:"爻有变动,在乎应,有应而动,动则不失,若谦之九三'劳谦君子,有终吉'之例。爻之安危在乎位,得位则安,节之六四'安节,亨'之例也。失位则危,若晋之九四'晋如鼫鼠,贞厉'之类是也。"

〔一六〕邢璹注:"阴乘于阳,逆也。师之六三:'师或舆尸,凶。'阴承于阳,顺也。噬嗑六三:'小吝,无咎。'承于九四,虽失其正,小吝无咎也。""遁,君子处外;临,君子处内。"

〔一七〕邢璹注:"适得其时,则吉;失其要会,则凶。""遁之上九:

'肥遁，无不利。'此尚远也。观之六四：'观国之光，利用宾于王。'此贵近也。"

〔一八〕"好先"，意为有利于始。如比卦初六"有孚，无咎"，而上六则"比之无首，凶"。又如复卦初九"不远复，无祗悔，元吉"，而上六则"迷复，凶"。"恶首"，意为不利于终。如乾卦上九："亢龙，有悔。"大壮卦上六："羝羊触藩，不能退，不能遂，无攸利。""明夷务暗"，见明夷卦彖辞："利艰贞，晦其明也。""丰尚光大"，见丰卦彖辞："尚大也，勿忧，宜日中。"邢璹注："比初六：'有孚，无咎。'上六：'比之无首，凶。'复初九：'不远复，无祗悔，元吉。'上六：'迷复，凶。'乾上九：'亢龙，有悔。'大壮上六：'羝羊触藩，不能退，不能遂，无攸利。'是也。""明夷彖云：'利艰贞，悔其明也。'丰彖云：'勿忧，宜日中。'"

〔一九〕邢璹注："时有吉凶，不可越分轻犯也。""动静适时，不可过越而动。"

〔二〇〕此句意为，只要犯时、失宜，就要遭到凶咎，而并不在于罪过之深、大。邢璹注："若夬之九三：'壮于頄，有凶。'得位有应，时方阳长，同决小人，三独应之，犯时之忌，凶其宜也。大过九四：'栋隆吉，有它吝。'大过之时，阳处阴位为美，九四阳处阴位，能隆其栋，良由应初，则有它吝，此所适违时也。"

〔二一〕此句意为，遇到像"动天下、灭君主"这样的大事，绝不可跟着去做危害之事，而要严守君臣之道，否则将遭到彻底毁灭。即使遇到像"侮妻子、用颜色"这样的小事，也不可怠慢，而要严格要求，否则也要遭到悔吝。邢璹注："事之大者,震动宇宙,弑灭君主。违于臣道,不可倾危,若离之九四'突如其来如,焚如,死如,弃如'之例是也。""事之小者,侮慢妻子,用颜色。若家人尚严,不可慢易,家人九三'家人嗃嗃,悔厉吉。妇子嘻嘻,终吝'是也。"

〔二二〕此句意为,位之贵贱、尊卑既已确定,则绝不可触犯、更改。邢璹注:"位有贵贱,爻有尊卑,职分既定,不可触犯。"

〔二三〕"介",纤介、细小。此句意为,遇到悔吝之时,即使极细小之事,也不可简慢,而要谨慎从事。邢璹注:"吉凶之始彰也,存乎微兆。悔吝纤介虽细,不可慢易而不慎也。"

明象

夫象者,出意者也〔一〕。言者,明象者也〔二〕。尽意莫若象,尽象莫若言〔三〕。言生于象,故可寻言以观象;象生于意,故可寻象以观意〔四〕。意以象尽,象以言著〔五〕。故言者所以明象,得象而忘言;象者所以存意,得意而忘象〔六〕。犹蹄者所以在兔,得兔而忘蹄;筌者所以在鱼,得鱼而忘筌也〔七〕。然则言者,象之蹄也;象者,意之筌也〔八〕。是故,存言者,非得象者也;存象者,非得意者也〔九〕。象生于意而存象焉,则所存者乃非其象也〔一〇〕;言生于象而存言焉,则所存者乃非其言也〔一一〕。然则忘象者,乃得意者也;忘言者,乃得象者也〔一二〕。得意在忘象,得象在忘言〔一三〕。故立象以尽意,而象可忘也;重画以尽情,而画可忘也〔一四〕。

是故触类可为其象,合义可为其征〔一五〕。义苟在健,何必马乎?类苟在顺,何必牛乎〔一六〕?爻苟合顺,何必坤乃为牛?

义苟应健,何必乾乃为马[一七]?而或者定马于乾[一八],案文责卦,有马无乾,则伪说滋漫,难可纪矣[一九]。互体不足,遂及卦变[二〇];变又不足,推致五行[二一]。一失其原,巧愈弥甚[二二]。纵复或值,而义无所取[二三]。盖存象忘意之由也[二四]。忘象以求其意,义斯见矣[二五]。

【校释】

〔一〕"象",释文:"象,拟象也。"以卦而言,指卦象,如☰、☷等;泛言之,则为指一切可见之征兆,如系辞上:"见乃谓之象。"卦象,据系辞上说:"夫象,圣人有以见天下之赜,而拟诸其形容,象其物宜,是故谓之象。""意",意义,指卦象或事物所包含之意义,如乾卦所含意义为刚健,坤卦所含意义为柔顺等。同一类意义之物事,可用同一象来表示,此即所谓:"象者,出意者也。"王弼明象重在其所含之意义,反对汉易家之象数学。

〔二〕"言",语言、文字,如卦辞、爻辞等。卦、爻辞均为说明卦象或物象的,所以说:"言者,明象者也。"邢璹注:"立象所以表出其意。作其言者,显明其象。若乾能变化,龙是变物,欲明乾象,假龙以明乾;欲明龙者,假言以象龙。龙则象意者也。"

〔三〕邢璹注:"象以表意,言以明象。"

〔四〕邢璹注:"若言能生龙,寻言可以观龙。""乾能明意,寻乾以观其意也。"

〔五〕系辞上:"子曰:书不尽言,言不尽意……子曰:圣人立象以尽意,设卦以尽情伪,系辞焉以尽其言。"邢璹注:"意之尽也,象以尽之;象之著也,言以著之。"

〔 六 〕邢璹注:"既得龙象,其言可忘;既得乾意,其龙可舍。"

〔 七 〕"蹄",捕兔之器具。"筌",取鱼之竹器,或说为一种饵鱼之香草。此语出庄子外物:"筌者,所以在鱼,得鱼而忘筌。蹄者,所以在兔,得兔而忘蹄。言者,所以在得意,得意而忘言。"此句意为,言与象只是得意之一种工具,旨在得意,所以得意后就可把言、象忘去。邢璹注:"蹄以喻言,兔以喻象。存蹄得兔,得兔忘蹄。""求鱼在筌,得鱼弃筌。"

〔 八 〕邢璹注:"蹄以喻言,筌以比象。"

〔 九 〕邢璹注:"未得象者存言,言则非象;未得意者存象,象则非意。"

〔一〇〕此句意为,象由意而生,象为表达意的工具,所以不应当停留于象本身。下句"言生于象……"同此。邢璹注:"所存者在意也。"

〔一一〕邢璹注:"所存者在象也。"

〔一二〕邢璹注:"忘象得意,忘言得象。"

〔一三〕邢璹注:"弃执而后得之。"

〔一四〕"重",叠。"重画",指画六十四卦。"情",真实。系辞上:"圣人立象以尽意,设卦以尽情伪。"邢璹注:"尽意可遗象,尽情可遗画。若尽和同之意,忘其天火之象。得同志之心,拔茅之画尽可弃也。"

〔一五〕"触类",合类。"征",验。此句意为,综合各类事物,则成各种象;集合各种意义,可以互相征验。邢璹注:"征,验也。触逢事类则为象,鱼、龙、牛、马、鹿、狐、鼠之类。大人、君子,义同为验也。"

〔一六〕此句意为,只要合于刚健含义的,不必拘泥于马这一具体的象征。只要合于柔顺含义的,也不必拘泥于牛这一具体的象征。如大壮九三有刚健之意义,但却说"羝羊"(羊之壮者)。坤卦没有刚健之意义,但象辞也说"牝马"(马之柔顺者)。又如遁卦六二也说"黄牛",明夷卦六二亦称"马"等。邢璹注:"大壮九三有乾,亦云'羝羊'。坤卦无乾,象亦云'牝马'。"

〔一七〕邢璹注:"遁无坤,六三亦称牛。明夷无乾,六二亦称马。"

〔一八〕"或",借为"惑"。邢璹注:"唯执乾为马,其象未弘也。"

〔一九〕"滋漫",漫延滋长。"纪",纲纪。此句意为,牵强附会之说繁琐已极,无法抓住其要领。此为对汉易家的批评。

〔二〇〕"互体",汉易家解卦之法。王应麟郑氏周易序:"郑康成学费氏易,为注九卷,多论互体。以互体求易,左氏(指春秋左传)以来有之。凡卦爻,二至四、三至五,两体互交,各成一卦,是谓一卦含四卦……坎(☵)之六画,其互体含艮(☶,三至五)、震(☳,二至四)。而艮(☶)、震(☳)之互体亦含坎(☵,艮之二至四,震之三至五)。"彼此互相包含,故称互体。王弼反对讲互体。"卦变",是用卦中上下卦位置的变化,或某一爻的变化,而使卦变为另一卦,从而解释卦、爻之意义。

〔二一〕"推致五行",用卦象分别代表五行,然后又用五行相生相克等理论来解释卦的意义,带有神秘主义色彩。邢璹注:"广推金、木、水、火、土为象也。"

〔二二〕邢璹注:"一失圣人之原旨,广为譬喻,失之甚也。"

〔二三〕"纵复或值",意为即使偶然有说对之处。

〔二四〕此句意为，上述种种错误，都是由于"存象忘意"所造成
　　　的。邢璹注："失鱼兔，则空守筌蹄也。遗健顺，则空说龙
　　　马也。"

〔二五〕"忘象以求其意，义斯见矣"，四部丛刊影印宋本脱
　　　"忘"字。

辩位〔一〕

案，象无初上得位失位之文〔二〕。又，系辞但论三五、二四
同功异位，亦不及初上，何乎〔三〕？唯乾上九文言云贵而无位，
需上六云虽不当位〔四〕。若以上为阴位邪？则需上六不得云不
当位也。若以上为阳位邪？则乾上九不得云贵而无位也。阴
阳处之，皆云非位，而初亦不说当位失位也〔五〕。然则，初上者
是事之终始，无阴阳定位也〔六〕。故乾初谓之潜，过五谓之无
位。未有处其位而云潜、上有位而云无者也。历观众卦，尽亦
如之，初上无阴阳定位，亦以明矣。

夫位者，列贵贱之地，待才用之宅也〔七〕。爻者，守位分之
任，应贵贱之序者也〔八〕。位有尊卑，爻有阴阳。尊者，阳之所
处；卑者，阴之所履也。故以尊为阳位，卑为阴位。去初上而
论位分，则三五各在一卦之上，亦何得不谓之阳位？二四各在
一卦之下，亦何得不谓之阴位？初上者，体之终始，事之先后
也，故位无常分，事无常所，非可以阴阳定也。尊卑有常序，终
始无常主〔九〕。故系辞但论四爻功位之通例，而不及初上之定
位也。然事不可无终始，卦不可无六爻，初上虽无阴阳本位，
是终始之地也。统而论之，爻之所处则谓之位；卦以六爻为

成,则不得不谓之六位时成也[一○]。

【校释】

〔一〕此章阐明卦象中各爻之阴阳地位。

〔二〕此句意为,"初"与"上"两爻,没有阴阳得失之位。邢璹注:"阴阳居之,不云得失。"

〔三〕语出系辞下:"二与四,同功而异位。其善不同,二多誉,四多惧,近也……三与五,同功而异位。三多凶,五多功,贵贱之等也。"邢璹注:"同其意也。"

〔四〕"无位",即"失位"。凡阴爻处阳位,阳爻居阴位,都是"失位"、"不当位"。若阳爻居阳位,阴爻居阴位,则为"当位"。"乾上九文言云贵而无位",邢璹注:"阳居之也。""需上六云虽不当位",邢璹注:"阴居之也。"

〔五〕邢璹注:"不论当位、失位、吉凶之由。"

〔六〕邢璹注:"初为始,上为终。施之于人为终始,非禄位之地也。"

〔七〕"夫位者,列贵贱之地",语本系辞上:"是故列贵贱者,存乎位。"韩康伯注:"爻之所处曰位,六位有贵贱也。""才",才智。"待才用之宅也",邢璹注:"宅,居也。二、四阴贱,小人居之;三、五阳贵,君子居之。"

〔八〕邢璹注:"各守其位,应之以序。"

〔九〕此句意为,二、三、四、五四爻尊卑地位之次序是固定不变的,而初、上则没有固定的阴阳爻位。邢璹注:"四爻有尊卑之序,终始无阴阳之恒主也。"

〔一○〕乾卦彖辞:"云行雨施,品物流形,大明终始,六位时成,时

乘六龙以御天。"又,说卦:"故易六画而成卦,分阴分阳,
迭用柔刚,故易六位而成章。"

略例下

凡体具四德者[一],则转以胜者为先,故曰"元亨,利贞"
也。其有先贞而后亨者,亨由于贞也[二]。

凡阴阳者,相求之物也,近而不相得者,志各有所存也[三]。
故凡阴阳二爻,率相比而无应,则近而不相得[四];有应,则虽远
而相得[五]。

然时有险易,卦有小大[六]。同救以相亲,同辟以相疏[七]。
故或有违斯例者也,然存时以考之,义可得也[八]。

凡象者,统论一卦之体者也;象者,各辩一爻之义者也[九]。
故履卦六三为兑之主,以应于乾;成卦之体,在斯一爻,故象叙
其应,虽危而亨也[一〇]。象则各言六爻之义,明其吉凶之行。
去六三成卦之体,而指说一爻之德,故危不获亨而见咥也[一一]。
讼之九二,亦同斯义[一二]。

凡彖者,通论一卦之体者也。一卦之体必由一爻为主,则
指明一爻之美以统一卦之义,大有之类是也。卦体不由乎一
爻,则全以二体之义明之,丰卦之类是也。

凡言无咎者,本皆有咎者也,防得其道,故得无咎也[一三]。
吉,无咎者,本亦有咎,由吉故得免也[一四]。无咎,吉者,先免于
咎,而后吉从之也[一五]。或亦处得其时,吉不待功,不犯于咎,
则获吉也[一六]。或有罪自己招,无所怨咎,亦曰无咎。故节六

三曰:"不节若,则嗟若,无咎。"象曰:"不节之嗟,又谁咎也?"
此之谓矣。

【校释】

〔 一 〕"体",指卦体。"四德",指元、亨、利、贞。邢璹注:"元为
生物之始,春也;亨为会聚于物,夏也;利为和谐品物,秋
也;贞能干济于物,冬也。乾用此四德,以成君子大人之
法也。"

〔 二 〕如离卦"利贞亨",王弼注:"离之为卦,以柔为正,故必贞
而后乃亨,故曰利贞亨也。"邢璹注:"离卦云利贞亨。"

〔 三 〕如既济卦六二王弼注:"居中履正,处文明之盛,而应乎
五……然居初、三之间,而近不相得。"邢璹注:"既济六二
与初、三相近而不相得,是志各有所存也。"

〔 四 〕如比卦六三爻辞"比之匪人",王弼注:"四自外比,二为五
应,近不相得,远则无应,所与比者,皆非己亲,故曰比之匪
人。"卢文弨据邢璹注引随之六三为例说明"无应而相
得",认为王弼正文"近而不相得"之"不"字为衍文。按,
此为据宋本等邢注,然据闽、监、毛本、汉魏丛书本等邢璹
注,均作:"比之六三,无应于上,二、四皆非己亲,是无应则
近而不相得之例。"观王弼前后文义,当作"无应而近不
相得。"

〔 五 〕如同人卦,六二志在九五,不顾三、四之阻,而终与五应。
卢文弨以为"有应则虽远而相得",当作"有应则虽近而不
相得"。按,此亦为据宋本等邢璹注误文而改者。闽、监、
毛本、汉魏丛书本等邢璹注均作:"同人六二,志在乎五,是

有应则虽远而相得之例。"

〔六〕语出系辞上。参看明卦适变通爻校释〔三〕。邢璹注:"否险、泰易,遁小、临大。"

〔七〕"救",助。卢文弨:"古本作'求'。""辟",通"避"。邢璹注:"睽之初九、九四,阴阳非应,俱是睽孤。同处体下,交孚相救,而得悔亡,是同救相亲。困之初六,有应于四,潜身幽谷,九四有应于初,来徐徐,志意怀疑,同避金车,两相疏远也。"

〔八〕此句意为,间或也有违反"凡阴阳者,相求之物也"的常例者,然而根据卦、爻之适时与否来考察,也可明了卦、爻之意义。邢璹注:"或自情伪生,违此例者,存其时,考其验,莫不得之。"

〔九〕"象",象辞,此处指爻辞下之象辞,也即所谓"小象"。邢璹注:"彖统论卦体,象各明一爻之义。"

〔一〇〕邢璹注:"彖云'柔履刚,说而应乎乾,是以履虎尾,不咥人,亨'也。"

〔一一〕邢璹注:"六三:'履虎尾,咥人,凶。'彖言不咥,象言见咥,明爻彖其义各异也。"

〔一二〕邢璹注:"讼彖云:'有孚窒惕,中吉,刚来而得中。'注云:'其在二乎,以刚而来,正夫群小,断不失中,应斯任矣。'九二:'不克讼,归而逋其邑人三百户,无眚。'"

〔一三〕邢璹注:"乾之九三:'君子终日乾乾,无咎。'若防其失道,则有过咎也。"

〔一四〕邢璹注:"师:'贞丈人,吉,无咎。'注云:'兴役动众,无功,罪也,故吉乃免咎。'"

〔一五〕邢璹注:"比初六'有孚,比之无咎。终来,有它吉'之
　　　例也。"

〔一六〕邢璹注:"需之九二:'需于沙,小有害,终吉。'注云:'近不
　　　逼难,远不后时,履健居中,以待其会,虽小有言,以吉
　　　终也。'"

卦略〔一〕

䷂屯。此一卦,皆阴爻求阳也。屯难之世,弱者不能自
济,必依于强,民思其主之时也。故阴爻皆先求阳,不召自往;
马虽班如,而犹不废;不得其主,无所冯也。初体阳爻,处首居
下,应民所求,合其所望,故大得民也〔二〕。

䷃蒙。此一卦,阴爻亦先求阳。夫阴昧而阳明,阴困童
蒙,阳能发之。凡不识者求问识者,识者不求所告;暗者求明,
明者不谘于暗。故童蒙求我,匪我求童蒙也。故六三先唱,则
犯于为女;四远于阳,则困蒙吝;初比于阳,则发蒙也。

䷉履。杂卦曰:"履,不处也。"又曰:履者,礼也;谦以制
礼。阳处阴位,谦也。故此一卦,皆以阳处阴为美也〔三〕。

䷒临。此刚长之卦也。刚胜则柔危矣,柔有其德,乃得免
咎。故此一卦,阴爻虽美,莫过无咎也。

䷓观之为义,以所见为美者也。故以近尊为尚,远之为
吝〔四〕。

䷛大过者,栋桡之世也。本末皆弱,栋已桡矣。而守其
常,则是危而弗扶,凶之道也。以阳居阴,拯弱之义也,故阳爻
皆以居阴位为美。济衰救危,唯在同好,则所赡褊矣。故九四

有应,则有它吝;九二无应,则无不利也〔五〕。

☰☵遁。小人浸长。难在于内,亨在于外,与临卦相对者也。临,刚长则柔危;遁,柔长故刚遁也〔六〕。

☳☰大壮。未有违谦越礼能全其壮者也,故阳爻皆以处阴位为美。用壮处谦,壮乃全也;用壮处壮,则触藩矣。

☷☲明夷。为暗之主,在于上六。初最远之,故曰"君子于行"。五最近之,而难不能溺,故谓之"箕子之贞,明不可息也"。三处明极而征至暗,故曰"南狩获其大首"也〔七〕。

☲☱睽者,睽而通也。于两卦之极观之,义最见矣。极睽而合,极异而通,故先见怪焉,洽乃疑亡也〔八〕。

☳☲丰。此一卦明以动之卦也。尚于光显,宣阳发畅者也。故爻皆以居阳位又不应阴为美,其统在于恶暗而已矣。小暗谓之沛,大暗谓之蔀。暗甚则明尽,未尽则明昧;明尽则斗星见,明微故见昧。无明则无与乎世,见昧则不可以大事。折其右肱,虽左肱在,岂足用乎?日中之盛而见昧而已,岂足任乎〔九〕?

【校释】

〔 一 〕此章为举例略论卦中阴阳、刚柔相互感应、消长之关系,以及一卦之根本意义。

〔 二 〕邢璹注:"江海处下,百川归之;君能下物,万人归之。"

〔 三 〕"皆以阳处阴为美也",卢文弨:"古本'阴'下有'位'字。"
邢璹注:"九五:'夬履,贞厉。'履道恶盈,而五处尊位,三居阳位则见咥也。"

〔 四 〕邢璹注：“远为童观，近为观国。”

〔 五 〕邢璹注：“大过之时，阳处阴位，心无系应为吉。阳得位有
　　　　应则凶也。”

〔 六 〕邢璹注：“遁以远时为吉，不系为美。上则肥遁，初则
　　　　有厉。”

〔 七 〕邢璹注：“远难藏明，明夷之义。”

〔 八 〕邢璹注：“火动而上，泽动而下，睽义见矣。”

〔 九 〕邢璹注：“丰之为义，贵在光大，恶于暗昧也。”